JN028558

第5版

佐野　寛……著

国際取引法

有斐閣

第 5 版 は し が き

　第 4 版を出版後 8 年あまりが経ち，この間に，民法（債権法），商法（保険・海商法）など，わが国の主要な法律で改正が行われた。これらの改正は，社会・経済のグローバル化に対応して，わが国の法制度の抜本的な見直しを図ったものであり，国際取引に関連したものが少なくない。また，国際取引の実務において重要な役割を果たしている国際的統一規則インコタームズ（Incoterms）が 2020 年に改訂された。今回は，これらの改正・改訂に関連する部分を中心として本書の全体を見直し，加筆修正を施した。

　新型コロナウイルス感染症の世界的な拡大とロシアによるウクライナへの侵攻は，世界経済に大きな影響を及ぼし，サプライチェーンの見直しを迫るなど，国際取引のあり方にも衝撃を与えている。本書では，これらの課題を直接に扱うことはできていないが，現在のような予測不能な時代においてこそ，基本に立ち返り，それぞれの制度の意義と目的をしっかりと確認しておくことが重要であると考えている。本書が，このような時代に国際取引法を学ぼうとする人々の一助となれば幸いである。

　今回の改訂に関しては，有斐閣編集部の大原正樹さんに大変お世話になった。心からお礼申し上げたい。

　2023 年 2 月

佐　野　　寛

初版 は し が き

　本書は，大学の講義における国際取引法の教科書として書かれたものである。

　国際化の時代といわれてすでに久しいが，現代のわれわれの生活は，何らかの形で国際取引と結び付いているということができる。とくに，わが国の経済が国際取引を基盤として成立していることは，改めていうまでもないであろう。その意味で，国際取引をめぐる法的な問題の解明は今日における法律学の重要な課題の一つであるといっても，あながち不当とは思われない。国際取引法の研究および教育は，今後も益々その重要性を増していくものと考えられる。

　ところで，国際取引法の対象は広範であり，その内容も多様である。したがって，そのすべての領域にわたって一人の研究者が検討を加えることは至難の業といってよい。すでに公刊されている何冊かの優れた概説書が多数の専門家の分担執筆によっているのも，そのためである。しかし，本書では，むしろ全体の内容的・形式的な一貫性を重視して，そのような分担執筆の方法を採らず，予め，全体の構想・内容について十分に話し合った上で，佐野が全編にわたり原稿を作り，山田が手を加えることにした。ただ，紙数の制約から，資料としては「国際物品売買契約に関する国連条約」の試訳を本書の末尾に載せるにとどめ，金融取引や国際課税などとり上げることができなかった重要な問題も残った。これらの問題については，また他日を期する

ことにしたい。

　国際取引法をどのような観点から研究するかについても，さまざまな立場があると思われる。われわれは，これまで主として国際私法を研究してきた。したがって，本書も，国際取引における「法適用のあり方」の問題をつねに念頭に置いて叙述することにした。序論において，それぞれの法の適用についてやや詳しくふれたのも，そのためである。

　また，わが国では，国際取引法の研究は，むしろ実務において活発に行われており，これら取引実務の実態を無視することができない。しかし，これらの点については，十分に検討するまでには至らなかった。本書の注（＊）において，比較的細かく参考文献を挙げているので，それを参考にしていただきたい。また，法律や条約の引用に当たっては，とくに神経を使ったが，完全とはいえず思わぬ過誤があるかもしれない。読者のご叱正を得られれば幸いである。

　最後に，本書を公にするに当たっては，有斐閣編集部の堀田一彌氏に大変お世話になった。心からお礼を申し上げたい。

　　1992 年 3 月

山 田 鐐 一

佐 野　寛

目　　次

本書に使用した主な略語

最判	最高裁判所判決
大決	大審院決定
高判	高等裁判所判決
地判	地方裁判所判決
地決	地方裁判所決定
民集	最高裁判所民事判例集
	大審院民事判例集
高裁民集	高等裁判所民事判例集
下民集	下級裁判所民事裁判例集
労民集	労働関係民事裁判例集
判時	判例時報
判タ	判例タイムズ
金融法務	金融法務事情

＊『国際私法判例百選〔第3版〕』掲載の事件については，本文中で〔百選31〕などとして事件番号を示した。

第1章　序　　論

第1節　国際取引の意義および特色

1　国際取引の現状

　私たちの日常生活を見まわしてみると，私たちの生活が国際取引に支えられていることがよく分かる。**表1**にみられるように，2020年の世界の貿易総額は35兆1790億ドル（輸出額17兆5842億ドル，輸入額17兆5948億ドル）にのぼっている。これは，2000年の貿易総額（12兆8740億ドル）の3倍近い金額であり，この20年ほどの間に世界の貿易の規模はほぼ3倍に拡大したことを意味している。このうち，日本の貿易総額は1兆2758億ドル（約3.6%）で，アメリカ，中国，ドイツに次いで世界第4位であるが，2000年（約6.7%）に比べると世界の貿易に占める割合は相対的に低下している。近年の発展が最もめざましいのは中国であり，輸出額ではアメリカを超えて世界第1位となっている。日本にとっても，中国は最大の貿易相手国である。また，EUは，加盟国の拡大を背景として，世界貿易においても大きな地位を占めているが（**表2**参照），イギリスの脱退によりその勢いには陰りがみられる。

　一方，2020年の新型コロナウィルス感染症の拡大は世界経済にも大きな影響を及ぼしている。2020年の日本の貿易額は，2010年

表1　主要国の貿易額推移

輸出額

(単位：百万ドル)

	1980 年	1990 年	2000 年	2010 年	2020 年
中　　　　　国	18,099	62,091	249,203	1,578,270	2,590,646
アメリカ合衆国	225,566	393,592	781,918	1,278,490	1,434,117
ド　イ　ツ	193,071	410,135	550,223	1,261,577	1,380,379
日　　　　　本	129,810	287,648	479,274	769,772	641,341
世　界　全　体	2,000,746	3,375,787	6,356,452	15,109,860	17,584,213

輸入額

(単位：百万ドル)

	1980 年	1990 年	2000 年	2010 年	2020 年
アメリカ合衆国	256,984	516,987	1,259,300	1,969,180	2,334,330
中　　　　　国	19,941	53,345	225,024	1,396,200	2,056,612
ド　イ　ツ	188,139	346,179	495,450	1,056,170	1,170,726
日　　　　　本	140,522	235,424	379,490	692,435	634,431
世　界　全　体	2,045,050	3,490,068	6,517,592	15,164,381	17,594,834

（注）『数字でみる日本の100年〔改訂第7版〕』（矢野恒太記念会，2020年）349頁以下，『日本国勢図会　2022/23』（矢野恒太記念会，2022年）305・306頁より作成。

表2　地域別の世界輸出貿易（2020年）

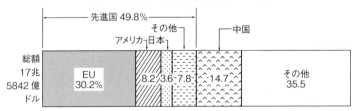

出典：『日本国勢図会　2022/23』（矢野恒太記念会，2022年）305頁より作成。

表 3　わが国の対内・対外直接投資の推移

わが国への対内直接投資

(単位：億円)

暦　　年	ネット（Net）
2000	11,616
2010	6,636
2015	6,272
2020	67,130

わが国の対外直接投資

(単位：億円)

暦　　年	ネット（Net）
2000	48,516
2010	69,147
2015	167,591
2020	163,163

（注）財務省 HP「対外・対内直接投資の推移（国際収支マニュアル第 6 版準拠）」
（https://www.mof.go.jp/policy/international_policy/reference/balance_of_pay-
ments/bpfdi.htm）掲載の統計資料から作成。

に比べても落ち込みがみられる。2021 年にはやや持ち直している
が（速報値で前年より約 35 兆円の増加：『日本国勢図会 2022/23』271 頁），
世界経済の復興のためにも，国際取引の重要性はますます高まって
いると思われる。

　貿易と並ぶ国際取引のもう 1 つの柱である国際投資についても，
世界的な取引の自由化が日本企業の成長と日本経済の発展に大きく
寄与してきた。

　昭和 54（1979）年の「外国為替及び外国貿易管理法」（平成 9 年法
律 59 号により「外国為替及び外国貿易法」に法律名を変更。以下では，い
ずれも外為法と略称する）の改正によりわが国への投資が原則として
自由化されたことによって，外国企業によるわが国への対内直接投
資（投資先の事業に対する経営支配または経営参加を目的とする投資）は
1990 年代以降着実に増加し，いわゆる，リーマン・ショック（2008
年）後の景気後退による大幅な落ち込みがあったものの，2020 年
には投資の実行額から回収額を差し引いたネットが約 6 兆 7130 億
円となっている（**表 3** 参照）。他方，わが国の企業による外国への対

外直接投資は，ネットで 16 兆 3163 億円（実行額 59 兆 7665 億円：回収額 43 兆 4502 億円）に達し，2010 年の約 2.4 倍である。日本企業は，政府の政策もあって，1980 年代から積極的な海外投資を行ってきたが，近年では，賃金の内外格差などを理由とした生産施設の海外移転だけでなく，販売チェーンの国際展開など，より積極的なグローバル化を進めていることも対外直接投資の増加に反映されている。新型コロナウィルス感染症の影響は国際投資にも及んでいるが，企業活動のグローバル化が拡大したことによって，国を越えた資金移動は今後も増加していくものと考えられる。

　このように，今日における国際取引の発展にはめざましいものがあり，私たちの生活は何らかの形でそれと結びついているといってよいであろう。このような状況の下では，国際取引を国家単位で規制することには限界がある。また，企業にとっても，国ごとに規制が異なることは，経済活動の予測可能性やそれに対応するコストの面からみても，望ましいことではない。このような事情が，国際取引に関する統一法の作成や国際的な民間機関による統一ルールの作成，国際的な紛争解決手続の整備のように，法的な面でも国境を越えた協力を生み出している。

2　国際取引の種類

　ひと言で国際取引といっても，そこには多様な形態の取引が含まれ，またその内容も時代によって大きく変化している。第 2 次世界大戦後の経済発展期が始まる 1950 年代までは，国際取引の中心は，物品の売買とそれに関連する諸取引（海上運送，海上保険，代金決済

のための銀行取引など）を内容とする，いわゆる貿易取引であった。しかし，1950年代以降の経済発展，技術革新あるいは交通・通信の発達は，単なる物品の売買だけではなく，運輸，保険，金融，情報，宣伝などのサービスの提供の重要性を増し，今日では，それらの取引が国際取引の中で重要な位置を占めるようになっている。また，このような経済の発展は，大規模な工場施設（プラント）の建設や先端技術の国際的な移転などの新しい取引形態を生み出し，国際取引の内容はますます多様になっている。さらに，近年では，インターネットの普及によって，いわゆる電子商取引（electronic commerce）が急速に発達しつつある。

　＊電子商取引とは，インターネット等のコンピュータ・ネットワークを利用した商取引を広く指す概念であるが，コンピュータの普及によって，企業間取引，消費者取引，さらにはネット・オークションにみられるように消費者間取引にまで広がっている。また，取引の内容も，契約締結の電子化だけでなく，企業間における種々の伝票処理の電子化（EDI；Electronic Data Interchange），決済手段の電子化（電子決済），さらには紛争解決の電子化（オンラインADR）にまで及ぶことが構想されている。このような電子商取引の1つの特色は，インターネットという国境を意識しない取引手段が用いられることによって，容易に国際化することである。しかし，電子商取引に関する各国の法整備は始まったばかりであり，国際取引の面からの法規整についてもその検討が着手された段階である。電子商取引について，詳しくは，松本恒雄＝齋藤雅弘＝町村泰貴編『電子商取引法』（勁草書房，2013年），松井茂記＝鈴木秀実＝山口いつ子編『インターネット法』（有斐閣，2015年）など参照。なお，電子商取引については，経済産業省を中心として作成された「電子商取引等に関する準則」が平成14年に公表されている。この準則は，電子商取引等に関する種々の法的問題について民法等の関係法令がどのように適用されるのかを示したものであり，その後「電子商取引及び情報財産取引等に関する準則」（平成

19 年）に改訂され，国境を越えた取引についても論点と考え方が示されている。同準則は，経済産業省の HP から入手することができる（https://www.meti.go.jp/policy/it_policy/ec/）。

　物品の売買やサービスの提供，プラント建設および技術移転などの取引とともに，国際取引のもう 1 つの中心をなすのは，国際投資である。国際投資とは，国際的な貸付，外国株式の取得，外国での支店・子会社の設立などのように，国境を越えて行われる資本の移転である。国際投資のうち，海外での事業に対する経営支配または経営参加を目的とするものを直接投資，それ以外の利子や配当などを目的とするものを間接投資（証券投資）と呼んでいる。海外に支店や工場を設立する場合，現地企業と合弁契約を締結して事業を行ったり，企業買収のように経営参加の目的で外国会社の株式を取得したりする場合などが前者に当たり，経営支配を伴わない外国企業への貸付や配当を目的とする外国企業の株式の取得などが，後者の例である。このような国際投資，とりわけ対外的な直接投資は，第 2 次世界大戦後急速に増大し，アメリカの巨大企業に代表されるような多国籍企業を生み出した。わが国の企業も，先の表 3 にみられるように，積極的な対外直接投資を行っているが，その目的が多様化しているのが近年の傾向である。

　このように国際取引は，物品や技術，サービスなどの移転を目的とする取引と，資本の移転を目的とする国際投資とに大きく分類することができるが，それぞれに含まれる取引の態様は多様であり，それらすべての取引を本書において扱うことは不可能である。したがって，本書では，これらの国際取引の中でも比較的重要であると思われる，物品の国際売買を中心とした貿易取引，工場施設などの大規模なプラントの建設を目的としたプラント輸出取引，工業所有

権その他の技術に関する権利の移転に関わる技術移転取引および合弁契約を中心とした国際投資の問題を，主として対象とすることにしたい。

3　国際取引の特色

　国際取引も商取引である点では基本的に国内取引と異ならない。しかし，当事者が異なる国に営業の本拠を置いていたり，国境を越えて物品が移動し，サービスが提供されることから，法的にみて国内取引とは異なる考慮を要する点がいくつか存在している。

　(1)　通常，日本の民法，商法等によって規律される日本国内の取引とは異なり，国際取引では複数の国の法が関係する場合が普通である。したがって，当該取引にどの国の法が適用されるのかが，第一に問題となる。たとえば，日本のメーカーがアメリカの商社に対して製品を販売する場合，その輸出取引には日本法が適用されるのか，あるいはアメリカ法が適用されるのかといった問題である。また，適用される法は，争われる問題によって——たとえば，アメリカの会社の代金不払が問題なのか，あるいはその製品の欠陥によって生じた損害の賠償が問題なのかによって——異なりうる。しかも，各国の売買法の内容は必ずしも同一ではないから，どの国の法が適用されるかは，当事者にとってきわめて重要である。

　(2)　国際取引に関しては，各国法の相違を克服するために，二国間または多数国間の条約によって，法の調整もしくは統一が行われている。したがって，そのような条約が存在する分野については，国内法だけではなく，国際条約の適用を考慮しなければならない。

(3)　国内取引においても，商取引については多数の慣習や慣行が存在するのが普通であるが，国際取引においては，それぞれの取引分野について国際的な独自の慣習や慣行が成立している場合が少なくない。たとえば，海上運送保険の分野では，伝統的な海上運送保険市場としての歴史をもつイギリスの法律と慣習に，現在でも世界的な権威が認められており，わが国をはじめ世界の多くの国で発行される保険証券には，イギリスの法と慣習による旨の約款が記載されている。国際取引に関する世界的な法の統一は，地域的にも事項的にもいまだ一部にとどまっており，このような慣習や慣行の重要性は，国内取引に比べてはるかに大きいといえる。

(4)　国際取引は，法律や言語，習慣などの異なる当事者間で行われるため，契約解釈などについて意思の疎通を欠く可能性が大きく，クレーム発生の機会も多い。また，クレームに対する対応についても，各国の法制度や法意識の違いなどから，対応を誤ると思わぬ紛争にまで発展する可能性がある。したがって，国際取引では，国内取引における以上に紛争の発生に対する対策が予め必要となる。そのための1つの方法は，できるだけ詳細な契約書の作成である。当事者間に共通の基盤を欠くことが少なくない国際取引では，予めそれぞれの権利・義務を客観的に明確にしておくことが重要である。

(5)　国際取引から生じる紛争の解決についても，国内取引の場合とは異なる考慮が必要である。現在の国際社会には，私法上の法律問題について裁判を行う国際的な裁判機関が存在していないため，国際取引から生じる紛争について裁判によって解決しようとする場合には，いずれかの国の国内裁判所で裁判を行わなければならない。すなわち，前述した例で，日本の会社とアメリカの会社との間で紛争が生じた場合，まず日本の裁判所で裁判を行うのか，あるいはア

メリカもしくはその他の第三国の裁判所で裁判を行うのかが，問題となる（国際裁判管轄の問題）。後述するように，どこの国の裁判所で裁判をするかによって，当該事件に適用される法が異なり，場合によっては結論も違ってくる可能性がある。したがって，どこの国の裁判所で裁判を行うかはきわめて重要な問題である。しかし，この点についても，各国の国際裁判管轄に関する基準は一様ではなく，当事者がある国での裁判を望んでも，裁判所が訴えを却下する場合がある。また，国内事件の場合とは違って，ある国の裁判所で給付判決を得たからといって，その判決に基づいて他の国で当然に強制執行ができるわけではない（外国判決の承認・執行の問題）。したがって，被告が判決国に十分な財産をもっていない場合には，紛争解決の実効性の点で問題が生じる。

　このように裁判による紛争の解決にはさまざまな問題点があることから，国際取引では，裁判外の紛争処理手続である国際商事仲裁の利用が推奨されている。仲裁は，紛争の解決を私人である第三者に委ねるものであるが，国際取引に関しては，世界的な商業団体によって組織された仲裁組織と仲裁制度が整備されている。

第 2 節 国際取引に適用される法

1 総 説

「国際取引法」の意義 たとえば，日本の自動車メーカーがアメリカのディーラーに自動車を輸出しようとする場合，この取引にはさまざまな法が適用される。まず，当事者はいずれかの国の民法または商法に従って売買契約を締結し，海上運送や海上保険を手配することになる。その場合，どの国の法に従ったらよいかを決定するのが，私法の抵触に関する国際私法である。また，取引分野によっては（たとえば，国際物品売買，国際航空運送など）国際条約の適用が問題となる。さらに，売買契約が締結されたとしても，わが国の外為法やアメリカの通商法のように，各国は輸出入取引についてさまざまな規制を設けており，契約を実際に履行するにはこれらの規制に従わねばならない。また，もしも当事者間に紛争が生じた場合には，紛争を解決するための手続法の適用が問題となる。

このように国際取引はさまざまな法規によって規律されており，その中には，各国の私法（民法，商法など）および公法（外為法，独占禁止法など），国際私法，手続法（民事訴訟法など），さらには二国間および多数国間の条約によって形成された国際法など広範な法分野が含まれている。本書では，国際取引に関する規律の全体像を理解するという観点から，国際取引に関連するこれらの法の全体を「国際取引法」と呼ぶことにする。

＊「国際取引法」をどのように定義するかについては，今日でも確立した見解が存在しているわけではなく，各研究者の問題関心から便宜的に定義がなされているのが現状である。1つの立場としては，「国際取引法」を統一私法や国際私法を中心とした国際取引に対して適用される私法の体系として理解することが可能である。このような立場は，後述する「国際経済法」との関係で用いられることが少なくない（丹宗他編『国際経済法』40頁〔丹宗暁信〕など）。しかし，このような意味における「国際取引法」は，たしかに国際取引に関連する法規の中核をなすものではあるが，あくまでも現実の国際取引を規律している法の一部であって，それによって国際取引に関する規律の全体像を理解するには十分とはいえないように思われる。これに対して，「国境を越えた物品，金銭・資本，技術の移動や役務の提供等を内容とする取引に関する法」が「国際取引法」であるというように（澤田他『国際取引法講義』2頁〔澤田壽夫〕），「国際取引法」を広義でとらえる立場が現在では比較的有力である。本書も，基本的にこの立場に従うものである。

「国際取引法」と「国際経済法」　　国際取引に関連する法の全体を「国際取引法」と理解する場合には，同じく国際取引の規制をその対象とする「国際経済法」との関係が問題となる。「国際経済法」についても今日明確な定義が確立しているわけではなく，その意味では，両者の関係を一般的に論じることは困難であるが，「国際経済法」が主として条約などの国際法を中心として国際経済秩序のあり方との関連で国際取引に関する法規制を問題とするのに対して，「国際取引法」では，主として個人や企業などの個別経済主体の観点から国際取引に関する規律を考察するのが普通である。したがって，本書も，基本的に取引の当事者である個人や企業などの立場から国際取引に関する規律を検討するという方法によることにする。

　＊「国際経済法」の概念については，内外の国際法学者や経済法学者に
　よって諸説が主張されているが，いまだに定説をみない。それらの見
　解については，櫻井雅夫『国際経済法〔新版〕』（成文堂，1997 年）1
　頁以下に要領よくまとめられている。

「国際取引
法」の内容　　以上のような意味での「国際取引法」の内容として
は，各国の私法および公法，私法の抵触に関する国
際私法，紛争の解決に関する手続法，条約によって形成された統一
私法，国際取引に対する公法的な規制を規律する二国間および多数
国間条約，さらには国際的な商事慣習など多様なものが含まれる。
各国の国内法のうち，民法や商法などの規定は，一般に，直接国際
取引のために立法されたものでないことはいうまでもない。しかし，
それが国際取引に関連して適用される場合には，国際取引法として
も機能することになる。これに対して，国際私法，統一私法および
国際取引を規制する公法的規定などは，主として国際取引のために
立法されたものである。また，国家によって制定された国家法や国
家間で取り決められる諸条約の他に，国際取引においては，取引の
当事者が属する民間団体によって作成された自主的規範としての統
一規則や標準契約約款などが重要な意味を有している。

2　国 際 私 法

国際私法の意義　　婚姻や親子関係のような家族法の分野ほどでは
ないにしても，現在のところ，各国の財産法
には種々の違いがある。後述するように，そのような相違を克服する
ために，国際的な法統一の努力が精力的に進められているが，世界

的な法統一が実現するには，まだかなりの時間を必要とするのが現実である。したがって，現在の段階では，各国法の相違を前提として国際取引を規整せざるを得ない。そのような方法が，国際私法による規整である。すなわち，国際私法とは，渉外的な法律関係に関連する国々の法の中から当該法律関係を規律するのに最も適する法を選択し，これを適用することによって実質的にその法律関係を規律しようとするものである。すなわち，そのように複数の国々の法の中から当該法律関係に適用されるべき法を選択する法則が国際私法である。

　＊たとえば，日本の会社とアメリカの会社が韓国で合弁会社を設立するために，日本で合弁契約を締結したところ当事者間に紛争が生じたというような場合に，合弁契約の効力について，それと関連する日本法，アメリカ法および韓国法の中から，最も密接な関係に立つ法として，たとえば契約締結地法である日本法を選択し，それを適用して問題を解決しようとするのが国際私法による規整である。

抵触法と実質法　このように，国際私法は関係国の私法が互いにその内容を異にしていることを前提としており，そのような状態は，あたかも関係する数個の法が相互に抵触しているような外観を呈するために，法の抵触（conflict of laws）とも呼ばれている。そして，国際私法は，そのような抵触を解決するための法という意味で抵触法と呼ばれることがある。とくに，英米法系の諸国では，もっぱら抵触法という用語が用いられている。これに対して，個々の法律関係を具体的に直接規律する各国の民法，商法などの私法を実質法と呼んでいる。そして，それらの実質法が抵触法によって契約締結地や物の所在地などの何らかの要素（連結素，連結点）を通じて，その法律関係に適用されるべく指定されたとき，このような実質法を準拠法と呼ぶのである。

＊前掲の設例によれば，合弁契約の準拠法は，契約締結地法たる日本法
であるということになる。

　なお，以上に述べたような法律の抵触を解決するための法則を狭
義の国際私法と呼び，それに国際民事訴訟法などの国際民事手続法
を加えたものを広義の国際私法と呼ぶことがある。

国際私法の法源　　国際私法に関するわが国の主要な成文法源は，
「法例」（明治 31 年法律 10 号）と呼ばれる法典で
あったが，平成 18 年に全面的改正が行われ，法律名も「法の適用
に関する通則法」（法律 78 号）と改められた（以下では，「法適用通則
法」（法適用）と略称する。また，同法については，巻末資料 322 頁参照）。
同法は，行為能力（4 条），法律行為（7 条〜12 条），物権（13 条），事
務管理・不当利得（14 条〜16 条），不法行為（17 条〜22 条）および債
権譲渡（23 条）などの財産法関係全般について，国際私法規定を定
めている。また，手形および小切手に関する国際私法規定が，手形
法および小切手法の中に存在する（手形法 88 条〜94 条，小切手法 76
条〜81 条）。これらの規定は，「為替手形及約束手形ニ関シ法律ノ或
抵触ヲ解決スル為ノ条約」（1930 年）および「小切手ニ関シ法律ノ
或抵触ヲ解決スル為ノ条約」（1931 年）を国内法化したものである。
その他，国際私法に関連する規定として，国際民事手続法に関する
規定が，民事訴訟法（3 条の 2 以下，33 条・118 条など），民事執行法
（22 条 6 号・同 6 号の 2・24 条），民事保全法（11 条）などの中に置か
れているほか，単行法として「外国等に対する我が国の民事裁判権
に関する法律」，「外国倒産処理手続の承認援助に関する法律」があ
る。

＊法例は，平成元年に親族法を中心として大改正が行われたが，行為能
力や契約，不法行為等の財産法の分野に関しては，制定以来ほとんど

改正が行われてこなかった。しかし，法例制定後の 100 年間に国際社会の状況は大きく変化し，国際取引の内容も複雑化・多様化したこと，ヨーロッパ諸国を初めとして，アジアでも近年国際私法の制定または改正が頻繁に行われていること，他の法令と同様に法文の現代用語化が必要とされたこと等の理由に基づいて，法例の全面改正が行われた。法適用通則法の制定によって，わが国の国際私法は一新されたが，条文化が見送られた問題もあり，引き続き解釈に委ねられている分野も少なくない。なお，法例改正の経緯については，小出邦夫編著『逐条解説 法の適用に関する通則法〔増補版〕』（商事法務，2015 年）3 頁以下，櫻田 = 道垣内編『注釈国際私法 1 巻』3 頁以下〔櫻田嘉章〕などを参照。

国際私法の統一　現在の国際私法は，わが国の法適用通則法のように各国の国内法として存在している。そのため，各国の国際私法が不統一であるときは，どの国の裁判所で裁判が行われるかによって，国際私法が異なり，その結果として，適用される準拠法が異なる可能性がある。これでは，同一の事件が，裁判が行われる国によって異なる判断を受けることになり（判決の国際的不調和），国際社会における私法生活の安全の維持という国際私法の任務は十分に達成されないことになる。また，このような判決の不調和は，自分にとって都合のよい国を選んで訴訟を提起する「法廷地漁り（forum shopping）」のような望ましくない事態を助長することにもなる。そこで，すでに 19 世紀の末から，国際私法統一の運動が積極的に展開され，これまでにいくつかの成果があがっている。

今日，国際私法の世界的な統一の中心となっているのは，ハーグ国際私法会議である。1893 年，オランダ政府の発議により，ヨーロッパ諸国の代表がハーグに集まって国際私法統一のための第 1 回の会議が開催された。その後，何度かの中断はあったものの，現在

では原則として4年ごとに会議が開かれ，これまでに多数の国際私法に関する統一条約が成立している。会議の参加国も，第2次世界大戦後急速に増え，アメリカ，カナダ，アルゼンチン，エジプトなどの加入により，ヨーロッパの枠を超えて世界的規模に拡大しつつある。わが国は，第4回（1904年）の会議以来代表を送っている。ハーグ国際私法会議では，個別的なテーマごとに条約が作成されており，国際取引に関連するものとしては，「有体動産の国際的売買の準拠法に関する条約」（1955年），「外国会社の法人格の承認に関する条約」（1956年），「製造物責任の準拠法に関する条約」（1973年），「代理の準拠法に関する条約」（1978年），「信託の準拠法に関する条約」（1985年），「国際物品売買契約の準拠法に関する条約」（1986年），「口座管理機関によって保有される証券についての権利の準拠法に関する条約」（2006年）などの他，「民事訴訟手続に関する条約」（1954年）や「民事又は商事に関する裁判上及び裁判外の文書の外国における送達及び告知に関する条約」（1965年），「外国における民事又は商事に関する証拠の収集に関する条約」（1970年），「管轄合意に関する条約」（2005年），「民事又は商事に関する外国判決の承認及び執行に関する条約」（2019年）などの民事訴訟に関するいくつかの条約がある。

　また，国際私法統一の努力は，かつての国際連盟や現在の国際連合のような世界的な組織の下でも進められている。重要なものとしては，「外国仲裁判断の執行に関する条約」（1927年），「為替手形及約束手形ニ関シ法律ノ或抵触ヲ解決スル為ノ条約」（1930年），「小切手ニ関シ法律ノ或抵触ヲ解決スル為ノ条約」（1931年），「外国仲裁判断の承認及び執行に関する条約」（1958年）などがある。さらに，地域的な統一の動きとしては，ヨーロッパ連合（EU）におけ

る法統一が注目される。ヨーロッパでは，EU 成立以前にも，諸国間で「民事及び商事に関する裁判管轄及び判決の承認に関する条約」(1968 年，ブリュッセル条約) や「契約債務の準拠法に関する条約」(1980 年，ローマ条約) が締結されていたが，EU が発足し，欧州共同体の立法権限が拡充されたことにより，国際私法についても EU 規則として法統一が進められている。これまでに，上記 2 つの条約がいずれも規則化されるとともに (ブリュッセル I 規則〔2000 年〕：2012 年改正，ローマ I 規則〔2008 年〕)，民事事件における司法協力を進めるために，新たに EU 構成国間の文書送達や証拠収集について規則が制定され，抵触規定についても「契約外債務の準拠法に関する欧州議会及び理事会規則」(2007 年，ローマ II 規則) の制定によって国際私法の EU 法化が顕著となっている。その他，地域的な国際私法の統一は，ラテン・アメリカ諸国においても精力的に進められている。

　　＊ラテン・アメリカ諸国は，19 世紀の末以来，国際私法，国際民事訴訟法の統一に積極的に取り組み，モンテヴィデオ条約 (1889 年) とブスタマンテ法典 (1928 年) という 2 つの重要な成果をあげている。ブスタマンテ法典は，国際私法，国際手続法および国際刑法に関する全文 437 条に及ぶ大法典である。これらの国々では，その後も，米州機構 (OAS) の下で国際私法，国際取引法の統一を進める活動が継続されており，1975 年以降 7 回にわたって国際私法専門会議が開催され，多数の国際私法統一条約が作成されている (高杉直「米州の統一国際私法条約」国際私法年報 3 号 119 頁以下〔2001 年〕参照)。

渉外実質法　各国の実質法の中には，渉外的な私法関係を直接に規律の対象とする法規が存在している。たとえば，民法 3 条 2 項や 35 条などの外国人の権利能力や外国法人の認許および権利能力に関する規定，または会社法 817 条以下の外国会社に

関する規定のような外国人の私法上の地位に関する，いわゆる外国人法がその典型である。これらの法規は，一般に渉外実質法と呼ばれるが，他の私法規定とは異なって，渉外的な法律関係を直接その規律の対象とすることから，内外の実質法を指定する国際私法との適用関係が問題となる。これらの規定も，あくまで抵触規定による指定の結果として適用されるものであって，抵触規定に対する関係では他の実質法一般と異なるところはないと解する見解もある。しかし，実際上，これらの規定は，その規定の予定する要件を充足する限り通常の国際私法規定の仲介を経ることなく直接に適用されるのが普通である。その意味では，渉外実質法の適用に関しては通常の国際私法規定の適用はなく，その適用はそれぞれの規定ごとに別個の根拠（特別な適用規範）によって基礎づけられるものということができる。

　　＊渉外実質規定は，それが通常の国際私法規定の指定を経ることなく直接に適用されるような外観を呈することから，「直接適用法」と呼ばれることがある。しかし，理論的には，それらの規定もその適用を基礎づける規範が必要であり，それは通常の国際私法規定とは別種のものであると解されている。渉外実質法については，溜池良夫「国際私法の概念について」法学論叢 70 巻 2 号 52 頁以下（1962 年），烋場準一「抵触法と外人法との関係再考」一橋論叢 52 巻 1 号 48 頁以下（1964年），同「渉外実質法・直接適用法」『国際私法の争点』19 頁以下，櫻田＝道垣内編『注釈国際私法 1 巻』27 頁以下〔横溝大〕など参照。

3　統 一 私 法

統一私法の意義　　国際取引が安全かつ円滑に遂行されるためには，それが世界中のどの国においても同じ内容の統一的な法によって規律されることが望ましい。とくに経済的合理性に基礎をおく取引法の分野では，法の統一は理論的に可能であると考えられ，実際にも，ローマの私法統一国際協会（UNIDROIT；ユニドロワ）や国連の国際商取引法委員会（UNCITRAL；アンシトラル）などの国際機関によって，これまでにいくつかの努力がなされている。そのような法統一の方法としては，次の 2 つのものがある。

(1)　世界統一私法　　1 つは，現在その内容を異にしている各国の私法を統一することによって，すべての私法的法律関係に同じ内容の私法を適用するという方法である。いわゆる「世界統一私法」の形成である。このような型の条約としては，わが国が手形法および小切手法として国内法化した「為替手形及約束手形ニ関シ統一法ヲ制定スル条約」（手形法統一条約，1930 年）および「小切手ニ関シ統一法ヲ制定スル条約」（小切手法統一条約，1931 年）や知的所有権に関する「文学的及び美術的著作物の保護に関するベルヌ条約」（1886 年），「工業所有権の保護に関するパリ条約」（1883 年）などをあげることができる。

(2)　万民法型統一私法　　もう 1 つの方法は，各国の私法はそのまま存続を認めつつ，国際取引に適用される別個の法を形成することである。たとえば，1999 年の「国際航空運送についてのある規則の統一に関する条約」（モントリオール条約）は，出発地および到

達地または予定寄航地が複数の国にまたがる国際運送を対象としている（1条2項）。このような方法は，かつてローマ法において，ローマ市民とローマ市民以外の者との間の法律関係に適用された万民法（jus gentium）にちなんで，「万民法型統一私法」と呼ばれている。この種の条約としては，「船舶衝突ニ付テノ規定ノ統一ニ関スル条約」（1910年），「海難ニ於ケル救助救援ニ付テノ規定ノ統一ニ関スル条約」（1910年）および国際海上物品運送法としてわが国で国内法化されている「船荷証券に関するある規則の統一のための国際条約」（船荷証券統一条約〔ハーグ・ルールズ〕，1924年）などの海事および運送に関するものを多くあげることができる。また，国際売買に関する「国際物品売買についての統一法に関する条約」（ハーグ統一売買法条約，1964年）や国連によって作成された「海上物品運送に関する国連条約」（1978年），「国際物品売買契約に関する国連条約」（国連物品売買条約，1980年），「物品の国際複合運送に関する国連条約」（1980年）および「国際為替手形及び国際約束手形に関する国連条約」（1988年）などの一連の条約も，この種の条約である。これらの国連条約のうち，日本は国連物品売買条約に加入している。

　いずれの型の統一法によるべきかは，対象となる法律関係の性質，統一の目的，統一を必要とする程度などにより異なり，一般的に決定することはできない。もっとも，対象となる法律関係が渉外的なものに限定されている点で，万民法型の統一私法の方が一般に実現が容易であると考えられている。

　＊条約による統一法の作成には，多くの時間と労力がかかるだけでなく，多数の国の加盟を求めるために，勢いさまざまな——場合によっては政治的・外交的な理由に基づく——妥協がくり返される結果，専門的・実務的な観点からみた場合には，必ずしも最善の内容とはいえな

い結果に終わるおそれがある。そこで，近時，各国法の完全な統一が必ずしも必要でないと考えられる分野については，条約のように拘束力の強いルールによるのではなく，国際機関がモデル法を作成し，各国にその採用を推奨するという方法が用いられている。たとえば，国連国際商取引法委員会の「国際商事仲裁モデル法」(1985年)，「国際振込に関するモデル法」(1992年)，「電子商取引に関するモデル法」(1996年) などがその例である。このようなモデル法は，各国が自国の実情と必要性に応じて，その内容に適当な修正を施して採択することができ，その意味では完全な法統一を保証するものではない。しかし，多くの国がこのようなモデル法を採択することによって，緩やかではあるが，漸進的な法統一が達成されることになる。

統一私法の現状　このような統一法作成の努力にもかかわらず，現在のところ，法の統一は，締約国の数からみても，またその対象としている事項からみても，限られた範囲にとどまっていることは否定できない。その要因としては，大陸法と英米法というような法制度の相違や，海運国と非海運国，先進国と発展途上国といった国家間の利害の衝突など，解決の困難な問題が少なくない。その意味で，国際取引に関する分野においても，近い将来に世界的な法の統一を期待することは困難である。

　＊統一私法の重要な成果の1つといわれる手形法統一条約，小切手法統一条約 (1930年，1931年) においてさえ，それが基本的に大陸法を基礎としたものであるため，当初より英米法系の諸国は加盟していない。また，条約自身がいくつかの留保条項を認めているため，締約国間においても，手形・小切手に関する一切の事項に関して統一が実現されているわけではない。

　しかし，一方で，不完全であるとはいえ，統一法が一定の成果をあげている法分野が存在していることも確かである。たとえば，船荷証券に関する統一条約や国際航空運送に関するモントリオール条約は，世界の主要な国々によって採用されており，これらの法律関

係の規律に関しては，統一法を無視することはできない。また，近時，国連を中心として多数の統一条約が再び作成されるようになったことも注目される。このことは，世界的な法統一への流れが強く存在していることを意味している。さらに，ラテン・アメリカ諸国やEUでは，地域的な法統一が一定の成果をあげていることも見逃すことができない。このようにみると，国際的な統一私法の重要性は，国際取引法の分野では，ますます増大しているといってよいであろう。

統一私法の適用　統一私法の適用に関しては，国際私法との関係で次のような問題が生じる。すなわち，わが国が統一条約の締約国である場合に，わが国の裁判所は，統一法の適用範囲に該当する事案に対して直ちに統一法を適用すべきか，それとも，わが国の国際私法規定である法適用通則法の規定により，まず当該法律関係の準拠法を決定し，その準拠法所属国が統一条約の締約国であるときに統一法が適用されるのかという問題である。

＊たとえば，船荷証券統一条約（1924年）を国内法化した国際海上物品運送法は，船積港または陸揚港が日本の領域外にある海上物品運送に適用されると規定しているが（1条），同法は，そのような要件を満たす海上物品運送に対しては直ちに適用されるのか，それとも，法適用通則法の規定により，日本法が準拠法となった場合にはじめて適用されるのかが問題となる。この点については，後述149頁参照。

これについては，世界的な法の統一や国際取引に固有の法の樹立という統一私法の目的から，統一私法の適用範囲に含まれる事案については，法廷地の国際私法を媒介とすることなく，直ちにその法が適用されるとする見解も考えられる。統一私法優位の考え方である。しかし，理念的にはともかく，現在の統一私法が，限られた国によってしか採用されていない現状を考えると，非締約国からみれ

ば，それはたまたま数カ国が同一内容の法を制定しているに過ぎないともいうことができる。また，統一私法といっても，統一手形法のような強行規定に関する分野を対象とするものから，統一売買法のように任意規定の統一を目的とするものまで，その種類は多様であり，一般的に統一法の適用について論じることは困難である。したがって，統一私法と国際私法との適用関係は，個別的な条約ごとに検討せざるを得ない。

＊国際航空運送に関するモントリオール条約（1999 年）やハーグ統一売買法（1964 年）は，法廷地の国際私法規定の適用を制限または排除する特別な規定を設けているので（モントリオール条約 49 条，ハーグ統一売買法 2 条），これらの場合には，条約の定める適用範囲に該当する事案に対して，直ちに条約の規定が適用されるものと解される（旧ワルソー条約の適用について，東京地判平成 11 年 10 月 13 日判時 1719 号 94 頁〔百選 17〕参照）。これに対して，国際海上物品運送法に関しては，国際私法の規定に従い日本法が準拠法になった場合にはじめて適用されるとする見解が多数である。判例も，運送契約の準拠法が日本法である場合に，国際海上物品運送法を適用している（東京地判昭和 39 年 6 月 20 日判時 382 号 42 頁，東京高判昭和 44 年 2 月 24 日高裁民集 22 巻 1 号 80 頁など）。これらの点については，後述 149 頁参照。なお，国連物品売買条約（1980 年）は，当事者が異なる締約国に営業所を有する場合の他に，法廷地の国際私法規定が締約国法の適用を導く場合にも適用されると規定している（1 条 1 項 b 号）。国連物品売買条約の適用範囲については，後述 105 頁参照。

また，現在の統一私法は，対象とする事項も限られており，統一法の適用範囲外の事項に関しては，国際私法規定による解決が必要とされる。さらに，統一法の適用範囲に含まれる事項に関しても，統一法中に欠缺があるような場合には，国際私法的処理によりそれを補充することも考えられる（国連物品売買条約 7 条 2 項参照）。これ

らの場合には，統一私法と国際私法とは補完的関係にあるということができよう。

4　国際的統一規則・標準契約約款

国際的統一規則の意義　国家によって制定された国家法や国家間で取り決められた諸条約の他に，国際取引においては，国際的な民間団体によって作成された，取引条件およびその解釈に関する統一規則が重要な意味を有している。その代表的なものが，国際商業会議所（International Chamber of Commerce; ICC）が作成した，定型取引条件（trade terms）の解釈に関する国際規則であるインコタームズ（Incoterms）や荷為替信用状取引に関する信用状統一規則などである。これらの統一規則は，一定の取引分野における商慣習あるいは商慣行を整理し，それらを統一して明確化しようとしたものであるが，実際の取引実務では実質的に統一法としての役割を担っている。その意味で，これらの統一規則を国際的な商慣習法（lex mercatoria）であるとする見解もある。

　＊ lex mercatoria とは，元来，中世ヨーロッパにおいて成立した商慣習法の総称である。近時，国際的な民間団体によって作成された統一規則や標準契約約款などについて，それらが国際取引を規律する固有の規範としての性質をもつことから，これらを新たな lex mercatoria と呼ぶ見解が有力に主張されている。これらの見解については，多喜寛「国際取引法における lex mercatoria の理論」法学50巻1号41頁，2号1頁（1986年），山手正史「lex mercatoria についての一考察」法学雑誌33巻3号51頁，4号83頁（1987年）など参照。

主要な国際的統一規則　国際的な統一規則にはさまざまなものがある。代表的な統一規則としては次のものがある。

(1)　インコタームズ（Incoterms）　インコタームズとは,「定型取引条件の解釈に関する国際規則（International Rules for the Interpretation of Trade Terms）」の略称である。貿易取引では, 19世紀の末頃から 20 世紀の初めにかけて, 定型的な取引条件について FOB や CIF というような略語を用いて表示する慣行が成立したが, その取引条件の解釈が国によって異なるという問題が発生した。そこで, 国際商業会議所は, 主要な定型取引条件について各国の実態を調査し, それに基づいて 1936 年に 11 種の定型取引条件に関して売主および買主の義務を定義する統一規則を採択した。これが, 1936 年インコタームズである。その後, 航空運送やコンテナ運送の発達, 通信手段のエレクトロニクス化などの貿易取引の変化に対応して, インコタームズも数度の改正がなされている。最新の2020 年版インコタームズでは, 基本的に 2010 年版を踏襲して, 複合運送を含め輸送手段にかかわりなく使用できる条件と海上および内陸水路運送のための条件に大別して, 11 種の定型取引条件が規定されている（後述 109 頁参照）。

　＊国際商業会議所は, ヨーロッパとアメリカの産業界のリーダーによって 1919 年に設立された, 国際的な民間団体である。世界の産業界を代表することを使命とし, 国際的な取引活動の促進, 取引慣行の統一, 産業界へのさまざまな便宜の供与を目的としている。2022 年現在, 世界の 130 を超える国々の企業および経済団体が加盟している。本部はパリに置かれ, わが国をはじめ 90 の国および地域に国内委員会が設立されている。また, 国連の A 級諮問機関としての資格を与えられているなど, 国際的な地位もきわめて高い。

　なお, 定型取引条件の定義については, インコタームズの他に,

全米貿易協会などの貿易関係団体によって作成された 1941 年改正アメリカ貿易定義および国際法協会が作成した CIF 条件についてのワルソー・オックスフォード規則（1932 年）などがある。

　(2)　信用状統一規則　　買主の取引銀行が，買主のために信用を供与して，売主の振り出す手形の引受けまたは支払を約束する荷為替信用状の制度は，今日の貿易取引における代金決済の中心をなしている。1933 年に国際商業会議所が作成した「荷為替信用状に関する統一規則および慣例（Uniform Customs and Practice for Commercial Documentary Credits）」（信用状統一規則）は，第 1 次世界大戦後に急速に普及した荷為替信用状に関して国際的な統一を図ったものである。信用状統一規則も，コンテナ運送や国際複合運送の普及などに伴って数次の改訂を経ており，2007 年に最新の改訂が行われている。現在では，世界の多数の銀行が信用状の開設に当たって信用状統一規則の承認を条件としているため，信用状による支払決済は，事実上ほとんどすべて信用状統一規則によって規律されているということができる（後述 196 頁参照）。

　また，貿易代金の決済に関しては，信用状統一規則の他に，やはり国際商業会議所が作成した「取立統一規則」（1978 年，1995 年改訂）がある。

標準契約約款　　国際取引を安全かつ円滑に行うために，特定の取引分野では，取引のモデルとなる標準契約書式や標準契約約款（model contract form）が業界団体などによって作成されている。たとえば，イギリスの業界団体（GAFTA や FOSFA など）が作成した穀物，原油などの一次産品の国際取引に関する標準契約書式，プラント輸出契約に関する各種標準約款（後述 224 頁）などがそれである。これらの標準契約約款も，それが特定の取引分

野において頻繁に用いられる場合には，実質的な統一法の機能を果たしている。そのような標準契約約款としては，国連の機関などの公的な機関が作成したものや，保険，運送，建設業界などの業界団体が作成したもの，さらには個々の企業が作成した約款が広く用いられるようになったものなど多様なものがある。

>　＊公的な機関が作成したものとしては，国連欧州経済委員会（ECE）の作成した標準契約書および標準取引条件があり，業界団体が作成したものとしては，プラント輸出契約に関する多数の約款や定期傭船契約に関する約款などが有名である。畑口紘「援用可能統一規則と国際的約款」『現代契約法大系 9』52 頁以下参照。

　　国際的統一　　国際的統一規則や標準契約約款は，当事者が契約の
　　規則の適用　　中でそれらを援用または使用することによって適用
される。たとえば，インコタームズは，取引当事者が契約中に「本契約中における FOB，CIF および CFR の用語の解釈は，2020 年インコタームズによる」として援用することによって適用され，国際的な標準契約約款は，当事者がその約款を使用して契約を締結することによって適用される。つまり，当事者は，国際私法により契約の準拠法として指定された国の強行法規に反しない限りで，統一規則の援用や標準契約約款の使用が許されることになる。このように，これらの統一規則は，当事者が援用することによって国際契約に適用されることから，援用可能統一規則とも呼ばれている。もっとも，実際には，これらの統一規則や標準契約約款の対象とする事項は，ほとんどの国において任意法規の対象とされているものであり，統一規則の援用や標準契約約款の使用が妨げられるような場合はほとんどない。この意味において，これらの統一規則や標準契約約款は，実質上，統一法としての機能を果たしているということが

できる。

＊これに対して，国際的統一規則や標準契約約款を国際的な商慣習法で
あるとみて，それらは直接に国際取引に適用されるとする見解もある。
しかし，実務上も，インコタームズや信用状統一規則は当事者の明示
の援用のある場合に適用されるとされており，上のような意味での商
慣習法といえるかどうかについては，慎重な検討を要するものと思わ
れる。

なお，これらの国際的統一規則を国際私法上準拠法として指定で
きるか否かについては，米州機構の「国際契約の準拠法に関する米
州条約」（1994年）のようにそれを肯定したと解される条約や，国
際商慣習法として，そのような準拠法指定を肯定する見解もあるが，
一般に国際私法による準拠法の指定は「法域」を単位として行われ
ることから，通説は，国際的統一規則のような非国家法を準拠法と
して指定することを認めていない（後述89頁）。

＊「国際契約の準拠法に関する米州条約」では，その立法審議において，
国際的統一規則や国際商慣習法を準拠法として指定できることが前提
とされていたようであり，取引慣行と並んで，「国際取引法に関する指
針，慣習および原則」が適用される旨明文で規定されている（10条）。
同条約については，高杉直「1994年の国際契約の準拠法に関する米州
条約について」帝塚山法学1号166頁以下（1998年）参照。

ユニドロワ国際
商事契約原則　1994年，私法統一国際協会は，国際取引を規律
する新たなルールとして「国際商事契約に関す
るユニドロワ原則（UNIDROIT Principles of International Commer-
cial Contracts）」を公表した。このユニドロワ原則は，単に国際取
引の商慣行をルール化するというのではなく，国際契約についての
「あるべきルール」を明文化することを目的としたものである。そ
の意味で，ユニドロワ原則は，アメリカにおけるアメリカ法律協会
のリステイトメント（Restatement）に相当する，国際取引法に関

するリステイトメントと呼ぶことができる。

　ユニドロワ原則は，当事者がその適用を合意した場合に適用されるが，それ以外にも，当事者が「法の一般原則」あるいは「lex mercatoria」による旨合意した場合，当事者が契約の準拠法を選択しなかった場合などにも適用できるとされ，さらには，各国の立法者が国内立法を行う際のモデルとして参照されることも予定している（前文）。同原則の内容は，契約の成立，有効性，履行，不履行の効果，損害賠償など契約の全般に及び，2016 年の改訂版では，代理，相殺，債権譲渡，時効などについても規定されている。ユニドロワ原則で注目されるのは，一部の規定（信義則（1.7 条），詐欺・強迫（3.1.4 条）など）を強行規定としている点である。したがって，ユニドロワ原則の適用を合意した当事者は，これらの規定の適用を排除できないことになる。

　このように，ユニドロワ原則は，各国の法体系の相違を超えて，国際契約の当事者が負うべき合理的な行動基準を具体的に示していることから，すでに国際商事仲裁における判断基準としてばかりでなく，いくつかの国の国内裁判所でも適用されている。

　　＊ユニドロワ原則は，アメリカのリステイトメントと同様に，ルールに相当するブラック・レターの部分と注釈および設例の部分から構成され，ルールの内容が具体的に示されている。2016 年ユニドロワ原則の翻訳については，内田貴他訳『UNIDROIT 国際商事契約原則 2016』（商事法務，2020 年）がある。また，ユニドロワ原則の適用については，山手正史「商取引法の展開──いわゆる援用可能統一規則とユニドロワ原則を中心として」奥島孝康教授還暦記念『近代企業法の形成と展開』（成文堂，1999 年）79 頁以下，中林啓一「ユニドロワ国際商事契約原則と国際私法」立命館法学 293 号 127 頁以下（2004 年）参照。
　　　なお，EU においても，ヨーロッパの研究者から成るヨーロッパ契

約法委員会によって,「ヨーロッパ契約法原則」(Principles of Europe-an Contract Law) という同様な試みが行われている。ヨーロッパ契約法原則の翻訳としては,潮見佳男＝中田邦博＝松岡久和監訳『ヨーロッパ契約法原則Ⅰ・Ⅱ・Ⅲ』(法律文化社, 2006 年〔Ⅰ・Ⅱ〕, 2008年〔Ⅲ〕) がある。

5　国際取引の公法的規制

公法的規制　　今日,各国は,貿易の振興,国際収支の均衡,国内産業の保護育成などの公益的な目的を達成するために,国際取引に対してさまざまな法的規制を課している。これらの規制は,多くの場合,その実効的な実施のために罰則などの制裁を伴っており,当事者は,国際取引について合意したとしても,それを実際に履行するためには,これらの規制を遵守することが要求される。このような意味で,これらの規制は公法的な規制と呼ぶことができる。

このような公法的規制は,その国の経済政策や外交政策を反映していることから,国により,また時代によって異なっており,きわめて多様である。国際取引を規制するわが国の主要な法規としては,次のものがある。

(1)　貿易管理に関する法規　　わが国の貿易管理の根幹をなすのは,「外国為替及び外国貿易法」(以下,外為法と呼ぶ) である。同法は,貨物の輸出入に関して原則自由の立場を規定しているが,特定の取引に関しては規制を行うことができるとし,その具体的な規制の実施は「輸出貿易管理令」「輸入貿易管理令」(以下,輸出貿管令,

輸入貿管令と呼ぶ）などの政令に広範に委任されている（外為法 48
条・52 条）。

 ＊外為法および輸出貿管令による輸出規制の基本的制度は,「国際的な平
　和及び安全の維持」に関連する特定の貨物の輸出についての経済産業
　大臣の許可制（外為法 48 条 1 項・2 項, 輸出貿管令 1 条）とそれ以外
　の特定の種類のもしくは特定の地域を仕向地とする貨物の輸出または
　特定の取引による貨物の輸出に関しての経済産業大臣の輸出承認の制
　度である（外為法 48 条 3 項, 輸出貿管令 2 条）。これらの輸出管理は,
　核兵器や化学兵器をはじめとする武器の拡散, 軍事転用可能な貨物や
　技術の海外流出を防止するために主要国で結ばれた諸協定による国際
　的な輸出管理の枠組み（いわゆる,「国際輸出管理レジーム」）に基づ
　いて行われている。そのような協定としては, 旧ココム（COCOM；
　対共産圏輸出統制委員会）参加国を中心に設立された「通常兵器及び
　関連汎用品・技術の輸出管理に関するワッセナー・アレンジメント」
　（1996 年）, 原子力技術に関する原子力供給国グループの取り決めなど
　がある。
　　貨物の輸入に関しては, 輸入貿管令により輸入割当制と輸入承認制
　が定められている。それによると, 輸入割当を受けるべきものとして
　指定された品目（いわゆる非自由化品目など）の貨物を輸入しようと
　する者は, まず経済産業大臣に申請して輸入割当を受けた後でなけれ
　ば, 貨物の輸入承認を受けることができない（輸入貿管令 4 条・9 条）。
　また, 特定の原産地もしくは船積地域からの特定品目の貨物の輸入に
　ついては, 経済産業大臣の輸入承認が必要である（輸入貿管令 4 条）。
　これらの規制について詳しくは, 中崎隆編著『詳説外為法・貿易関係
　法』（中央経済社, 2021 年）159 頁以下。

　そのほか, 貿易管理に関する法規としては,「輸出入取引法」が
ある。輸出入取引法は, 不公正な輸出取引を禁止するとともに（3
条）, 輸出入取引の秩序を確立するため, 輸出入業者が輸出または
輸入される商品の価格, 数量, 品質その他の取引条件についてカル
テルを結成することを認めている。これらのカルテルは, 輸出入取

引法により独占禁止法の適用除外とされている（33条）。

　＊輸出入取引法は，業者間の自主的な協定を通じて輸出入取引の秩序維
　　持を図ろうとするものであり，この点で，国みずからが外国貿易を直
　　接管理する外為法とは性格を異にしている。しかし，実際の運用では，
　　通商摩擦の回避などのために，強力な行政指導によりカルテルが結成
　　される場合が多く，輸出入取引法も国の通商政策実現の手段として活
　　用されてきた。松下満雄『日米通商摩擦の法的争点』（有斐閣，1983
　　年）238頁以下参照。

　(2)　通関に関する法規　　通関に関する法規には，関税の確定，
納付，徴収などに関する関税制度と，すべての輸出入貨物に通関手
続を義務づける通関手続の制度がある。わが国の主要な通関法規は
「関税法」と「関税定率法」である。関税法は，関税の確定，納付，
徴収および還付に関する規定と通関手続を定め，関税定率法は，関
税率，関税評価および相殺関税，不当廉売関税，緊急関税などの特
殊関税を規定している。この通関手続によって，税関は貿易に関す
る規制が遵守されているかどうかを最終的に確認することになる。

　＊相殺関税（関税定率法7条）は，外国において補助金の交付を受けた
　　産品に対して賦課されるものであり，そのような補助金の効果を相殺
　　することを目的としている。不当廉売関税（同8条）は，いわゆるダ
　　ンピングに対する規制として賦課されるものである。また，緊急関税
　　（同9条）は，外国からの輸入の急増によって，当該商品に関するわが
　　国の産業が重大な損害を受け，または受けるおそれがある場合に，緊
　　急措置（セーフ・ガード）として賦課される関税である。これらの制
　　度は，国際的にも許容され，多くの国で採用されているが，それが濫
　　用される場合には，自由貿易を阻害する要因となることから，ガット
　　（後述39頁参照）は，その発動の要件について統一的な基準を定めて
　　いる（ガット6条・19条）。上述のわが国の制度も，ガット規定およ
　　び関連諸協定の規定を受けて作られている。これらの制度については，
　　松下『国際経済法』33頁以下，松岡編『現代国際取引法講義』246頁

以下〔佐野寛〕，274 頁以下〔平覚〕参照。

(3)　その他の貿易関連法規　　保険衛生（植物防疫法，食品衛生法，大麻取締法など），警察（銃砲刀剣類所持等取締法，火薬類取締法など），文化財保護（文化財保護法など）または特定の国内産業の規制（主要食糧の需給及び価格の安定に関する法律）などを目的とする法規の中には，それらの国内規制の一環として，特定の貨物の輸出入を規制しているものがある。これらの法規は，その立法目的に従って，輸出入の禁止，許認可制，検査義務，輸出入者の免許または登録制などを規定している。これらの規定により行政機関の許可や承認などを必要とする貨物を輸出入しようとする者は，通関手続前にこれらの許可や承認などを得ておかなければならない。

(4)　投資規制および外国為替管理に関する法規　　貿易以外の国際取引，すなわち投資や貯蓄・貸付などの資本取引，労務やサービスの提供を目的とする役務取引，仲介貿易，技術導入取引などについても，外為法による規制がある。これらの取引に関しては，昭和 54 年の外為法改正によって，それまでの「原則禁止」の立場が「原則自由」に改められたが（1 条），なお例外的に主務大臣の許可や事前届出を要する事項が多岐にわたって存在していた。しかし，金融・資本取引のグローバル化を背景として，わが国の金融・資本市場の一層の活性化を図るという観点から，対外取引の一段の自由化が要請され，その後数次にわたり，外国為替制度の抜本的見直しを中心として外為法の改正が行われた。これによって，一部の役務取引や「対内直接投資等」などわずかの例外を除いて（25 条・27条），許可や事前届出を必要とした従来の規制は撤廃され，取引結果の事後的な報告によることになった（55 条の 3 ないし 55 条の 6）。また，外国投資家による「対内直接投資等」および特定取得（他の

外国投資家から日本の会社の株式等を取得する場合）については，国の安全やエネルギーに関する業種への投資について，国益の観点から，財務大臣および事業所管大臣による審査のために事前の届出を要することとされている（27条・28条）。

＊平成9年の外為法の改正では，対外取引の完全な自由化が目標とされ，その趣旨を明らかにするために，法律の題名も「管理」の語を削除し，「外国為替及び外国貿易法」と改められた。

⑸　独占禁止法　　国際取引が国内の競争秩序に影響を及ぼす場合には，独占禁止法の適用が問題となる。わが国の独占禁止法は，不当な取引制限または不公正な取引方法を禁止するとともに（3条・19条），それらに該当する事項を内容とする国際的協定または国際的契約を締結することを禁止している（6条）。

公法的法規の適用　　国際取引を規制するこれらの法規は，原則として，わが国の領域内で行われる取引活動をその適用の対象としている（属地的適用）。たとえば，外為法が，わが国からの特定の輸出に関して輸出許可を要求し，輸出入取引法が，わが国への輸入に関して輸入業者のカルテル結成を認めるといった場合である。

しかし，企業の活動が国際化し，世界経済が一層緊密化するにしたがって，単に自国の領域内における取引活動を規制するだけでは，その法規の法目的が十分に達成されないという状況が生じている。たとえば，独占禁止法に関してみれば，国内で流通している商品の大半を輸入品が占めているような場合に，外国の製造者が外国において価格協定を結んだときには，単に国内における不当な取引制限だけを規制したとしても，国内市場における競争秩序の維持という法目的は十分に達成されないことになる。このような理由から，ア

メリカやドイツ，EU などは，外国において行われた競争制限的行為に関しても，その行為が自国の市場に実質的な影響（効果）を及ぼす場合には，独占禁止法を適用することができるという立場をとっている（域外適用）。

*独占禁止法をはじめとして，輸出管理法，証券取引法など最も多くの法分野に関して域外適用を認めているのはアメリカである。アメリカでは，1945 年のアルコア事件判決（United States v. Aluminum Co. of America, 148 F.2d 416〔2d Cir. 1945〕）において，外国で締結されたアルミニウムの生産量の制限に関する国際カルテルに対して反トラスト法の適用が認められて以来，独占禁止法の域外適用が判例上確立されている。また，ドイツの競争制限禁止法は，外国で行われた競争制限行為であっても，国内に効果を及ぼすすべてのものに対して適用される旨規定している（185 条 2 項）。EU の競争法（EU の機能に関する条約 101 条・102 条）についても，EU 裁判所の判例や EU 委員会の決定などにより，域外適用が認められている。

　これに対して，わが国の独占禁止法は域外適用に関する明文の規定を有していないため，これまで実務も域外適用に慎重な姿勢をとってきたが，最近では，合理的な範囲での域外適用を肯定する立場が有力となっている。実際にも，公正取引委員会は，日本の市場に関係した国際カルテルの事案で，日本に拠点を持たない外国事業者に対して，独占禁止法を適用し，排除措置ならびに課徴金の納付を命じている。

*日本，イギリス，フランス，イタリアの 4 カ国の企業が送油用のゴム製ホース（マリンホース）の取引に際して，受注予定者を予め決定する国際カルテルを結んでいたという事案で，日本の事業者だけでなく外国事業者に対しても独占禁止法違反を認定し，排除措置を命じた事件（平成 20 年 2 月 20 日排除措置命令・公正取引委員会審決集 54 巻 512 頁）や，テレビ用ブラウン管について最低販売価格を設定する国

際カルテルを日本，韓国，台湾企業の子会社が結んでいたという事案
で，独占禁止法の不当な取引制限に当たるとし，外国企業に対しても
排除措置および課徴金の納付を命じた事件（平成 21 年 10 月 7 日排除
措置命令，課徴金納付命令・公正取引委員会審決集 56 巻第 2 分冊 71
頁，173 頁）などがある。わが国の独占禁止法の域外適用については，
公正取引委員会事務局編『ダンピング規制と競争政策・独占禁止法の
域外適用』（大蔵省印刷局，1990 年）67 頁以下，松下『国際経済法』
327 頁以下，泉水文雄「国際カルテルと域外適用」日本国際経済法学
会編『国際経済法講座 I ──通商・投資・競争』（法律文化社，2012
年）370 頁以下など参照。

＊このような公法的法規の域外適用に関する理論的根拠については，①
違法行為の構成要件に該当する行為の一部が自国の領域内で行われた
場合に域外適用を認める立場（部分的行為理論），②国内の子会社の行
為が外国の親会社に帰属されうる場合には，外国の親会社に対しても
域外適用を認める立場（行為帰属理論），③外国で行われた行為が国内
に一定の効果を及ぼす場合に域外適用を認める立場（効果理論），④国
外の行為が自国の安全に脅威を与えるような場合に域外適用を認める
立場（保護主義）などが主張されている。丹宗他編『国際経済法』445
頁以下〔小原喜雄〕参照。また，アメリカ法律協会による「対外関係
法第三リステイトメント」（Restatement of the Law, Third, the
Foreign Relations Law of the United States）（1986 年）402 条も，
国家の立法管轄権の根拠として，属地主義，効果主義，属人主義，保
護主義など複数のものを規定している。

　ところで，このように公法的法規に関して域外適用を行う場合，
その法規の法目的が外国の法政策と対立するときには，深刻な法適
用の衝突の問題を引き起こす。その典型的な事例が，アメリカの輸
出管理法の域外適用をめぐってヨーロッパ諸国とアメリカとの間で
争われたシベリア・パイプライン事件である。この事件で，アメリ
カは，対ソ経済制裁として，シベリアからヨーロッパへのパイプラ
イン建設に必要な技術および資材の旧ソ連向け輸出を禁止するとと

もに，輸出管理規則を改正して，外国にあるアメリカ企業の子会社およびアメリカ企業から技術ライセンスを得て生産している外国会社にまでこの禁輸措置の適用を拡大した。これに対して，西ヨーロッパ各国は，アメリカ輸出管理法の域外適用は国際法違反であるとして外交抗議を行う一方，イギリスおよびフランスは，対抗立法を発動して自国の企業に対し輸出契約の遵守を命じた。この事件におけるように，各国の法政策が厳しく対立する場合には，公法的法規の域外適用は国家間に緊張関係を生み出し，そこに巻き込まれた当事者は，両国法の板挟みという困難な立場に置かれることになる。

　＊シベリア・パイプライン事件は，1981 年にポーランドにおいて戒厳令が布告されたことに端を発し，アメリカがその背後にある旧ソ連に対して経済制裁を実施したというものである。アメリカの措置がすでに契約済みのものまでも対象としていたこともあって，西欧各国は強く反発し，イギリスは，対抗立法である「通商利益保護法」（1980 年）を発動して，自国の企業がアメリカの禁輸措置に従うことを禁止した。結局，この禁輸措置は，1982 年 11 月 16 日に撤廃された。この事件については，小原喜雄「東西貿易をめぐる先進国間の経済摩擦──主として西シベリア天然ガス・パイプライン事件について」国際法外交雑誌 84 巻 3 号 1 頁以下（1985 年）参照。

　このような域外適用から生じる問題を解決する方法としては，国家間の協議や条約によって法適用の衝突を調整することが最も適当である。たとえば，二国間の二重課税を防止するための租税条約などがその好例である。しかし，シベリア・パイプライン事件のように，国家間の法政策が対立する場合には，この方法には限界がある。そこで，アメリカで主張されている「合理性の原則（rule of reason）」や国際法上の「不干渉原則」に基づいて立法管轄権の行使を制限する見解のように，域外適用の範囲を合理的に限界付ける

ルールが模索されているが，いまだ国際的に確立された原則は見い
だされていない。

> ＊「合理性の原則」とは，自国法の域外適用に当たって，外国法との抵
> 触の程度や当事者の国籍，法の執行と遵守の可能性など多様な要素を
> 考慮し，立法管轄権の行使が合理的でない場合には，それを差し控え
> るべきであるとするものである。この原則は，立法管轄権の競合を前
> 提として，種々の要素の利益衡量により，域外適用の自己規制を説く
> ものということができる。この理論は，アメリカの判例上認められ，
> 「対外関係法第三リステイトメント」403 条にも採用されている。小原
> 喜雄「域外管轄権の不当な行使の抑制方法としての抵触法的アプロー
> チの意義と限界」国際法外交雑誌 88 巻 4 号 1 頁以下（1989 年），松下
> 『国際経済法』369 頁以下参照。これに対して，そもそも立法管轄権の
> 域外的行使に対する国際法上の限界を問題にするのが，「不干渉原則」
> による域外適用の制限論である。これについては，川岸繁雄「域外管
> 轄権の基礎と限界」太寿堂鼎先生還暦記念『国際法の新展開』（東信堂，
> 1989 年）23 頁以下など参照。

　なお，現在のところ，国内裁判所が外国の公法的法規を直接適用
することは原則として認められていない（外国公法不適用の原則）。
しかし，契約が外国の公法的法規に違反している場合のように，私
法上の法律関係に関連して外国の公法的規定の適用が問題となる場
合が考えられる（後述 88 頁参照）。

　公法的規制に
　関する国際法　　国際取引の規制に関して，各国は，二国間および
多数国間で条約を結ぶことにより，国家間の利害
を調整し，国際的な通商が安全かつ円滑に行われるよう図っている。
そのような国際取引の規制に関する代表的な条約としては，次のも
のがある。

　(1)　通商航海条約　　締約国間相互の通商・航海に関する基本的
事項を定める二国間条約が，通商航海条約である。条約の内容は，

それぞれの国の事情により異なるが，通商・航海の自由と関税に関する協定を含むのが普通である。この条約により，両国国民は，相手国における入国，居住，事業活動，財産の取得，出訴権などが保障されることになる。わが国も，アメリカ，イギリスなど多くの国と通商航海条約を締結している。

> ＊近時の通商航海条約では，経済活動の自由を保障するために，相手国の国民に対して内国民待遇と最恵国待遇を認めるものが多い。内国民待遇とは，相手国の国民に対して自国民に与えるのと同等の待遇を認めるものであり，内外人平等の見地に立つものである。これに対して，最恵国待遇とは，自国の領域内で現在および将来において第三国の国民に対して認めるものよりも不利とならない待遇を相手国の国民に与えることを保障するものである。これは，その国の領域内で活動する外国人相互間の待遇を同一にする趣旨である。

なお，二国間では，通商航海条約の他に，租税，投資保護，航空運送など個別的な分野を対象とした条約も結ばれている。

⑵　「関税及び貿易に関する一般協定」（GATT）と世界貿易機関（WTO）　第 2 次世界大戦後の世界の貿易秩序の基本的枠組みを形作ってきたのは，一般にはガットの名で知られる「関税及び貿易に関する一般協定」である。ガットは，もともと，戦後の自由貿易体制の確立を企図して設立が構想された国際貿易機関（International Trade Organization；ITO）が成立するまでの暫定的な協定として締結されたものであった（1947 年）。しかし，ITO 憲章（1948 年）が未発効に終わったため，ガットが，世界貿易を規律する最も重要な国際的制度の役割を担うことになった。

ガットは，戦前における諸国の保護貿易政策が第 2 次大戦の遠因となったとの反省に立って，貿易障壁の実質的な軽減と国際通商における差別待遇の廃止により世界貿易の拡大を図り，同時に国際貿

易関係に一定の法秩序を確立することを基本目的としている。具体的には，国際通商における無差別平等の実現（最恵国待遇原則，内国民待遇原則），関税の引下げ（関税譲許）と関税以外の貿易障壁の撤廃（数量制限の一般的禁止），不公正な貿易慣行の規制（補助金規制，ダンピング規制）などがそれである。このような基本目的を達成するために，ガットは締約国間の通商交渉の場を提供し，8回の多角的な通商交渉（ラウンド）が開催された。とくに，1964年に始まったケネディ・ラウンドでは関税の大幅な引下げが合意され，1973年からの東京ラウンドでは非関税障壁の軽減に関する各種の国際協定が成立するなど，多くの成果をあげた。そして，1986年から開始されたウルグアイ・ラウンドにおいて，新たに世界貿易機関（World Trade Organization ; WTO）の設立が合意され，1994年4月に「世界貿易機関を設立するマラケシュ協定」（WTO協定）が採択された。これによって，ガットは，1995年1月1日，新しく創設されたWTOに生まれ変わることになった。

　WTOは，ガットを発展的に継承しているが，次の点でその機能が一層強化されている。第1に，ガットがその暫定的な性格のために国際組織としての法的基盤が脆弱であったのに対して，WTOは正規の国際機関として設立されたことである。これによって，従来のガットは組織的に整備・拡充されてWTOに引き継がれ，また，これまで「暫定的に」適用されてきたガットの実体規定も，新たに「1994年ガット」として確定的な効力が与えられることになった。第2に，WTO協定では，一部の附属協定（複数国間貿易協定）を除き，加盟国は，WTOへの加盟によって，それに附属するすべての協定を一括して受諾するものとされたことである（「一括受諾方式」）。これは，従来のガットにおいてしばしばみられた，加盟国が自国に

都合のよい協定のみに参加するという事態を防止しようとしたものである。第 3 に，WTO では，従来の物品の貿易の他に，サービス貿易や貿易に関連する知的所有権の保護および直接投資などの，いわゆる新分野が規制の対象に組み込まれたことである。これによって，WTO は，国際貿易に関するあらゆる分野を包括的に規制することになった。さらに，第 4 に，加盟国間の貿易紛争に関する紛争解決手続が整備され，紛争処理機能が一段と強化されたことである。このような紛争処理機能の整備によって，WTO は国際貿易紛争の解決の場として重要な役割を担うことになった。

　＊ WTO の成立，その基本原則，構成および組織などについては，津久井茂充『ガットの全貌』（日本関税協会，1993 年），溝口道郎＝松尾正洋『ウルグアイ・ラウンド』（日本放送出版協会，1994 年），外務省経済局国際機関第一課編『解説 WTO 協定』（日本国際問題研究所，1996 年）などを，また，WTO の紛争処理に関しては，岩沢雄司『WTO の紛争処理』（三省堂，1995 年）を参照。

　2001 年に開催された WTO 閣僚会議では，WTO の下では初めてとなる多角的通商交渉が開始された（ドーハ開発アジェンダ）。ドーハ開発アジェンダは，農業，サービス貿易，非農産品の市場アクセスなどのほか，貿易円滑化，貿易と環境，途上国問題など幅広い分野を交渉の対象としている。しかし，アメリカ，EU などの先進国と中国，インド，ブラジルなどの新興国との間にはその立場に大きな隔たりがあり，現在のところ，交渉は妥結する状況にはない。

　⑶　自由貿易協定　　近時，二国間または一定の地域における取引の自由化を図るため，各国が積極的に採用しているのが，自由貿易協定（Free Trade Agreement；FTA）や経済連携協定（Economic Partnership Agreement；EPA）による地域的な経済の自由化である。このような特定国間での自由化は，協定国以外の国との間に差異を

もたらすことから，ガットの最恵国待遇原則に反する側面がある。しかし，地域的にではあるが貿易の自由化を促進する効果が認められるため，一定の条件を満たす場合に限って，WTO の下でも例外的にそうした協定の締結が認められている（ガット 24 条）。日本も，シンガポール，メキシコ，マレーシア，フィリピン，ベトナム，インド，アメリカ，イギリス，EU などと経済連携協定を結んでいる。さらに，2010 年代に入ると，太平洋を取り巻く諸国間での包括的な経済連携の取り組み，いわゆる環太平洋パートナーシップ（Trans-Pacific Partnership；TPP）交渉が進められた。TPP は，トランプ政権によるアメリカの離脱があったものの，残った 11 カ国で交渉が継続され，一部の規定の発効を停止した上で，「環太平洋パートナーシップに関する包括的及び先進的な協定」（TPP11）として取りまとめられた。同協定は，日本，シンガポール，カナダ，オーストラリア，メキシコ，ニュージーランドの 6 カ国の批准を得て，2018 年 12 月 30 日に発効している。

>　＊一般に，自由貿易協定は，関税その他の貿易障壁を撤廃し，自由貿易地域の結成を目的とした協定であるのに対して，経済連携協定は，貿易の自由化にとどまらず，人の自由な移動，投資保護や競争政策における協力など幅広い分野での連携を目指すものである。こうした地域的な協定が増加している背景には，グローバルな経済の自由化を目指すドーハ開発アジェンダの展望が開けないこともその一因となっている。地域的な経済統合については，中川他『国際経済法』268 頁以下参照。

⑷　「国際通貨基金協定」（1945 年）　　第 2 次世界大戦後の経済復興と国際通貨・金融体制の確立を目的として，国際復興開発銀行（International Bank for Reconstruction and Development；IBRD，世界銀行）とともに戦後直ちに設立されたのが，国際通貨基金（International Monetary Fund ; IMF）である。両者は，その協定が採択された地にちなんで，ブレトン・ウッズ体制とも呼ばれている。国際通貨基金は，通貨に関する国際協力と為替の安定・自由化を通じて，国際貿易の均衡のとれた発展を図ることを目的として設立されたものである。しかし，1960 年代以降のアメリカ経済の悪化により，金・ドルに代わる新たな基準としての特別引出権（special drawing right ; SDR）の創設や，変動相場制の容認など，当初の制度からは大幅な変化を遂げている。

> ＊ IMF 協定については，丹宗他編『国際経済法』69 頁以下〔滝澤健三〕，中川他『国際経済法』15 頁以下，394 頁以下参照。

第2章　国際取引の当事者

第1節　総　　　説

　国際取引の当事者となりうるものとしては，まず個人および法人があげられる。とくに，今日の国際取引の中心をなしているのは，株式会社に代表される私企業である。また，社会主義国や発展途上国との取引においてよくみられるように，国家および国家機関が直接私法上の取引の当事者になる場合がある。このような場合には，これらの国家および国家機関も国際取引の主体である。さらに，最近では，条約によって設立された国際機関の増加に伴って，これらのいわゆる国際法人が国際取引の当事者として登場することが多くなっている。これらの当事者がわが国において国際取引に従事するためには，それがわが国において法律上の主体として認められるとともに，わが国の法規の定める一定の規制に服することが要求される。ここでは，それぞれの当事者について，わが国の法的規整がどのようになっているかをみることにする。

第2節　個　　　人

1　権 利 能 力

　個人が単独で有効な取引を行うためには，その者が私法上の権利義務の主体としての資格を有しているとともに，単独で有効な法律行為を行う能力を備えていることが必要である。前者は自然人の権利能力の問題であり，後者は行為能力の問題である。

　今日，自然人に対してその権利能力を一般的に認めないような国は存在していないと考えられる。したがって，この点での法の抵触はほとんど存在しない。また，たとえそのような国が存在したとしても，そうした国の法を適用して自然人の権利能力を一般的に否定することは，国際私法における公序（法適用42条）に反する場合が多いと考えられる。したがって，一般的権利能力の存否自体について準拠法を問題にする必要はない。

　これに対して，自然人が土地所有権や株主権などの個々の権利を享有することができるか否かは，それらの個々の権利自体の帰属または取得に関わる問題であるから，問題となる権利自体の準拠法によって判断されることになる。

2　外国人の私法上の地位

　自然人について一般的に権利能力が認められるといっても，外国人に対してどの程度の権利を内国において認めるかに関しては，各国の対応はさまざまである。歴史的にみれば，外国人を敵視して法律上の保護を何ら与えなかった時代や，その権利の享有を著しく制限した時代があった。しかし，国際的な取引活動が成立するためには，外国人に対してその私権の享有を認めることが必要であり，今日では，多くの国で外国人の私法上の地位が保証されている。

外国人法　外国人が内国において権利を享有し，または法的な活動を行うことを規制する法律を一般に外国人法または外人法と呼んでいる。外国人法の中には，外国人の選挙権や出入国管理などの外国人の公法上の地位に関するものも含まれるが，国際取引との関連でとくに問題となるのは，私法上の地位に関する規定である。すなわち，外国人の土地所有権の取得および利用を制限する法律や外国企業の活動を規制する法律などがそれである。各国は，それぞれの社会政策，経済政策または国家政策などの観点から，これらの外国人法を制定している。外国人の法的地位について，今日，多くの国の立法において採用されている立法上の立場は，相互主義と平等主義である。相互主義とは，自国の国民が相手国において認められるのと同程度の権利の享有をその相手国の国民に対して認めるものである。これに対して，平等主義とは，外国人にも自国民と同等の権利の享有を認めるものである。相互主義は，なおその根底に自国民中心の思想を包含しており，また外国人の本国が異

なるに従ってその取扱いが異なることになるため，とくに国際的な私法交通の安全を保障するには不十分である。そこで，現在，多数の諸国では平等主義が採用されており，民法 3 条 2 項も，わが国が原則として平等主義に立つことを明らかにしている。

　　＊相互主義には，「相互の保証」が条約によることを要求する条約上の相互主義，相手国の法律上自国民が保護されていれば足りるとする立法上の相互主義，さらに，判例・先例などで事実上自国民が保護されていればよいとする事実上の相互主義がある。わが国の国家賠償法 6 条などは立法上の相互主義に立つものと解されている。山内惟介「国家賠償法と相互の保証」池原季雄＝早田芳郎編『渉外判例百選〔第 3 版〕』（有斐閣，1995 年）256 頁参照。

わが国における外国人の私法上の地位　ところで，民法 3 条 2 項は一般に平等主義を宣言しているが，同時に，法令または条約の規定によって外国人の権利享有が禁止される場合のあることを予定している。現に，わが国では，1970 年代後半まで，国内産業保護の政策から国際経済活動とくに外資に対する規制が多く，また外国人に対しても権利享有の認められない事項が少なくなかった。しかし，その後の諸外国からの強い経済自由化の要求と国際人権規約の批准（1979 年）という 2 つの要因によって，外国人の権利享有が制限される分野は大幅に縮減されている。また，条約上とくに外国人の私権の享有を禁止または制限するものも見当たらない。したがって，わが国における外国人の私法上の地位を知るためには，法令中に例外的に定められている制限規定をみれば足りるということになる。ここでは，国際取引との関連で重要と思われる若干の規定をみることにする。

　(1)　土地所有権に関するわが国の外国人法としては，大正 14 年に制定された「外国人土地法」がある。同法は，それまで禁止され

ていた土地所有権の享有を原則として外国人にも認めたものであるが，同時に，相互主義によってその権利が制限されうることを規定している（1条）。しかし，現在のところ，そのような制限を定める政令は存在しないので，土地に関する権利の享有については，外国人は日本人と平等の地位にあるということができる。

　これに対して，鉱業権および租鉱権は，国家の基本的資源に関わるものであることから，外国人は享有することができないとされている（鉱業法17条・87条）。また，外国人は原則としてわが国の領海内で漁業をすることができないとされているのも，同様の理由によるものである（外国人漁業の規制に関する法律3条）。さらに，船舶法（1条）および航空法（4条）によれば，外国人は日本船舶および日本航空機を所有することはできない。

　(2)　わが国の著作権法および特許権，実用新案権，意匠権，商標権などのいわゆる産業財産権に関する法律は，それらの権利の保護に関して，外国人と日本人との間に差を設けている（著作権法6条2号，特許法25条，実用新案法2条の5，意匠法68条，商標法77条）。しかし，これらの知的財産権については，わが国は「文学的及び美術的著作物の保護に関するベルヌ条約」(1886年)，「万国著作権条約」(1952年)，「工業所有権の保護に関するパリ条約」(1883年) などの国際条約に加入しており，それらの条約が外国人に対する内国民待遇を定めているので，実際上，外国人は日本人とほぼ同様の保護を受けることができる。

　(3)　特別法による特殊な会社や銀行などについて，外国人による会社支配を避けるため，外国人による株式の保有が制限されている場合がある。もっとも，現在，このような規制があるのは，日本電信電話株式会社（日本電信電話株式会社等に関する法律6条）などわず

かに過ぎない。なお，外国投資家が日本法人の株式または持分を取得するには，事前に財務大臣および事業所管大臣に届け出なければならない場合がある（外為法27条・28条）。

　(4)　銀行，保険，証券，運送などの事業活動については，国内法上種々の規制があることから，外国人がわが国の国内でそれらの活動を行うについて一定の制限が設けられている（銀行法47条以下，保険業法185条以下，金融商品取引法58条以下など）。もっとも，WTOなどにおけるサービス取引の自由化の要請から，これらの制限もさらに緩和される方向にある。

　なお，外国人も，わが国の国内に源泉を有する所得については，税法上納税の義務を負うものとされている（所得税法5条，法人税法4条など）。

　　＊わが国における外国人の法的地位については，外務省条約局法規課法令研究会編『全訂わが国における外国人の法的地位』（日本加除出版，1993年），手塚和彰『外国人と法〔第3版〕』（有斐閣，2005年）211頁以下，早川眞一郎「外国人の私権の享有」山野目章夫編『新注釈民法（1）』（有斐閣，2018年）358頁以下など参照。

　ところで，上に述べたことは日本における外国人の私法上の地位についてであるが，現在のところ，どの国においても，何らかの範囲で，外国人に対して自国民とは異なる取扱いをしているのが普通である。したがって，日本人が外国において取引活動に従事しようとする場合には，当該外国にどのような外国人法上の規制が存在するかを予め知っておくことが肝要である。

3　行 為 能 力

　行為能力とは人が単独で有効な法律行為をなしうる能力である。各国の実質法上，心神の発達が未成熟であったり，精神上の何らかの障害によって事理を弁識する能力に問題がある者については，行為能力を制限し，能力を補充する措置を講じることによって，それらの者の保護が図られている。しかし，行為能力が制限される者の範囲やその保護の態様などに関する各国の法律の内容はまちまちであり，たとえば成年年齢についてみても，高いものは 21 歳から低いものは 16 歳までさまざまである。したがって，外国人がわが国において取引を行う場合，その者の行為能力がどの国の法によるのかが問題となる。

　法適用通則法 4 条 1 項は，行為能力の準拠法について，その者の本国法によるとしている。したがって，外国人の成年年齢や能力補充の問題は，原則としてその者の本国法によることになる。これは「身分および能力は属人法による」という大陸法諸国の伝統に従ったものであり，行為能力制度が制限能力者の保護を直接の目的とする制度であるということを基礎にしている。しかし，このような本国法主義を貫くときは，外国人と取引する場合に，いちいちその者の本国法によって行為能力の有無を確認せねばならず，取引の安全と迅速性が損なわれることは容易に想像できる。そこで，同法 4 条 2 項は，本国法によって能力を制限された者であっても，その者が法律行為を行った地の法律（行為地法）によれば能力者とされるときは能力者とみなすと規定している。行為地における取引保護を図

った規定である。その結果，外国人が日本の国内で取引を行う場合には，実際上日本法に従って行為能力を判断すればよいことになる。なお，外国人が海外から日本の会社に対して契約を申し込み，日本の会社が承諾したような場合には行為地の確定が問題となるが，このような隔地的な法律行為の場合にまであえて行為地を特定し，行為地における取引保護を図る必要はないとの考慮から，行為地法の適用は，当該法律行為の当時すべての当事者が「法を同じくする地に在った場合」に限るとされている（法適用4条2項）。

　精神上の障害により事理弁識能力に問題のある者については，法適用通則法5条が適用される。同条によれば，外国人がわが国に住所または居所を有するときは，日本の裁判所は外国人についても後見開始の審判等をすることができる（日本人については，外国に居住する場合でも日本の裁判所が後見開始等の審判をすることができる）。この場合，被後見人等の保護を確実に実施するという配慮から，後見開始の審判等の原因およびその効力については，法廷地である日本の法律によるとされている。したがって，行為能力の制限の程度，能力補充の方法は，すべて日本法によることになる。なお，外国で成年者保護の裁判を受けた者が日本に渡来した場合，外国の後見開始の裁判を承認し，わが国でも成年被後見人として取り扱うことができるか否かについては，国内における取引保護の問題とも関連して，見解が分かれている。

　手形能力および小切手能力についても本国法主義が原則とされているが，その流通性の確保のために，広く行為地における取引保護が定められている（手形法88条2項，小切手法76条2項）。

第 3 節　企　業・法　人

1　総　　　説

　国際取引の中心的担い手は企業・法人である。わが国に対する直接投資の増加にも見られるように（前掲 3 頁，**表 3**），1980 年代以降，外国企業のわが国への進出は着実に増加し，現在では 5700 社を超える外資系企業が日本国内で企業活動を行っている。それらの中には，世界的にも著名な企業の日本子会社も少なくない。他方，日本企業の海外進出も着実に増加している。2021 年現在，約 3 万 3000社の日系企業が世界各地で事業活動を展開している。とくに，アジア諸国の経済発展を反映して，アジアにおける現地法人数が全体の6 割以上を占めていることが注目される（次頁**表 4** 参照）。

　　＊経済産業省の調査によれば，2020 年 3 月末の時点で，外資比率が 3 分の 1 を超える企業が 5700 社あまり存在している（経済産業省『第 54回令和 2 年外資系企業動向調査（令和元年度実績）』より）。

　このように，今日，各国の企業は国境の枠を越えてその活動を展開しており，それらの中にはいわゆる多国籍企業と呼ばれる超国家的企業も存在している。しかし他方で，これらの企業に対する諸国の法的な規制は，原則として国ごとに独立して行われているのが現状である。後に述べるように，わが国の法規制も，日本法に従って設立された日本法人と外国法に従って設立された外国法人という，国家単位の一般的な基準に基づいてその枠組みが作られており，企

表4　現地法人数の地域別内訳

アフリカ 142社
オセアニア 720社
中近東 76社
中南米 941社
北米 4,086社
中国 1,502社
ヨーロッパ 3,407社
アジア(除く中国) 6,141社

1995年(計17,015社)

中近東 259社
オセアニア 805社
アフリカ 212社
中南米 1,604社
北米 4,575社
中国 6,913社
ヨーロッパ 4,931社
アジア(除く中国) 13,716社

2022年(計33,015社)

出典:『海外進出企業総覧〔国別編〕』(東洋経済新報社)1996年版,2022年版より作成。

業の国際化という現実の下で,立法的にその見直しが迫られている。

　ところで,外国企業あるいは外国会社をめぐる法律問題といわれるものの中には,2つのものが含まれている。1つは,外国会社または外国法人が有効に設立されているかどうか,取締役などの役員の権限の範囲はどこまでか,株主など社員はどのような権利をもち義務を負うかなどの,法人をめぐる諸問題はどこの国の法によって規律されるのかという,国際私法上の準拠法決定に関する問題である。もう1つは,外国会社は日本において当然に法人として権利を享有し活動することが認められるか(民法35条),あるいは外国会社は日本の会社とは別個の特別な監督規定に服するか(会社法817条以下)といった,わが国の外国人法上の問題である。この2つの問題は,実際には相互に密接に関連して発生する問題であるが,理論的にはその存在の平面を異にする別個の問題である。

＊かつては，法人に関しても「国籍」の概念を認め，これを基準にして法人に関するすべての渉外的問題を一律に解決しようとする見解（法人国籍論）が有力であった。しかし，今日では，便宜上法人の国籍という用法を用いることはともかく，理論的には，内外法人の区別は問題となる事項によって相対的に把握されるべきものと考えられている。山田鐐一「外国会社」『株式会社法講座 5 巻』（有斐閣，1959 年）1789 頁以下，溜池良夫「外国法人の認許及びその権利能力」林良平＝前田達明編『新版注釈民法 (2)』（有斐閣，1991 年）193 頁以下参照。

2　法人をめぐる国際私法上の問題

法人の従属法　法人はある国の法に従って法人格を付与されることによって成立し，また法人が存続し活動するための組織および機関なども，その国の法に従って構成されるのが普通である。したがって，法人が有効に成立したかどうか，またはその法人格の範囲および法人の組織・機関などの問題は，原則として，その法人格を付与する国の法によって規律される。このように，法人をめぐる法律問題に関して原則として常に適用されるという意味で，法人格を付与する国の法を，法人の属人法または自然人の場合と区別するために，法人の従属法と呼んでいる。

従属法の決定　法人の従属法をどのように決定するかについては，わが国の国際私法上これを直接に定めた明文規定がないため，従来から，学説上さまざまな見解が主張されている。今日最も有力なものは，設立準拠法主義と本拠地法主義である。設立準拠法主義とは，法人の本質があくまでも法技術的手段であることに着眼して，設立の際に準拠した法を法人の従属法とするもので

あり，英米法系の諸国およびスイス，オランダなどの一部の大陸法諸国において採用されている。これに対して，本拠地法主義とは，法人はその本拠地──業務統轄地または営業の中心地──において法人格を付与されなければならず，したがって法人の従属法は本拠地法であるとするものである。この立場は，ドイツ，オーストリアなどの大陸法諸国において従来支持されてきたものである。わが国では，設立準拠法説が多数説である。

　設立準拠法主義によれば，法人を設立しようとする者は，自由に設立地を選んでその国の法に従い法人を設立することができ，いったん設立されれば，その法人がどこで活動しようと常にその法が従属法となる。この点で，設立準拠法主義は，従属法の決定が容易であり，また当事者の自由を広く認めるものということができる。しかし，その反面，会社法の規制の緩やかな国で設立をしながら他国に本拠を置いて活動するというような，法律回避的な設立を可能とすることになる。たとえば，アメリカのデラウェア州会社やヨーロッパのリヒテンシュタイン会社などはその典型である。これに対して，本拠地法主義は，「本拠地法による設立」という要件を付加することによって，そのような脱法的設立を防止しようとするものである。しかし，本拠地法主義によれば，本拠地の事実上の移動によって従属法が変更することになり，そのことによってすでに成立した法律関係が影響を受けるなど，法人をめぐる法律関係の法的安定性の点で問題がある。また，国際的に広く活動している会社などでは「本拠地」の確定自体がそもそも困難な場合も生じる。

　＊このように，いずれの見解にも問題があることから，両説を折衷する
　　見解も主張されている。すなわち，設立準拠法を原則としながら，法
　　人と設立国との間に事実上のつながりがない場合には，設立準拠法の

代わりに法人の本拠地法を適用することができるとするもの（制限的設立準拠法説）や，法人をめぐる問題を法人の設立および法人格，法人の内部関係，外部関係などに分け，それぞれの法律問題につき準拠法を検討しようとするものなどである。これらの見解は，脱法的な会社の設立や多国籍企業の実効的規制を意図したものであるが，前者については，本拠地法適用の要件が明確でない点に問題があり，また後者については，そのような単位法律関係の分割が果たして適当であるか疑問がある。制限的設立準拠法説については，川上太郎「会社」『国際私法講座 3 巻』（有斐閣，1964 年）736 頁以下，後者については，山内惟介「西ドイツ国際私法における法人の属人法について──いわゆる『個別化説』を中心として」法学新報 90 巻 7＝8 号 113 頁以下（1984 年）など参照。

　本拠地法の適用は，自国内で活動する法人を規制しようとする国家の利害に合致するとともに，一般に取引地法の適用を信頼する会社債権者などの第三者の期待に沿うという点で，本拠地法主義にも相当の理由が認められる。しかし，企業活動が国境を越えて展開されることが常態となった今日，法人の活動の本拠を具体的に特定し，法人の成立およびその存続に関する基本的な問題にその法を適用することは，企業のグローバルな展開を妨げるだけでなく，企業の相手方にとっても準拠法の予測をかえって困難にすることが考えられる。したがって，法人の従属法は設立準拠法によるべきであろう。わが国の会社法が，外国会社を「外国の法令に準拠して設立された法人その他の外国の団体」（2 条 2 号）と定義し，外国会社の登記事項として「外国会社の設立の準拠法」（933 条 2 項 1 号）をあげているのは，会社の従属法を設立準拠法とする解釈と整合的である。法人の活動の実質的な規制など，本拠地法主義の意図するところは，各国の外国人法上の規制に委ねるのが適当であると思われる。

従属法の適用範囲　それでは，法人をめぐるどのような問題に従属法が適用されるのであろうか。法人の従属法は，法人の設立から消滅にいたるまでの法人に関する諸問題を規律するとされている。しかし，具体的に何がその問題に含まれるかについては争いがある。とくに第三者との関係では，取引保護の観点から，従属法の適用が制限される場合が少なくない。さらに，外国会社が日本国内で継続して営業しようとする場合には，わが国の外国人法上の規制を受けるため，第三者との取引関係においては，従属法の意義はかなり限定されるということができる。

(1) **法人の設立および消滅**　まず，法人が有効に設立されたかどうか，その実質的および形式的要件などは，法人の従属法によって判断される。会社の解散および清算などの会社の消滅に関する問題も，原則として同様である。いずれも，法人格の取得もしくは喪失の問題だからである。

(2) **法人格の範囲（法人の一般的権利能力）**　法人は，その人格を一定の法によって付与されるものであるから，法人の人格の範囲も，その従属法によって決定されることになる。しかし，取引保護との関係でとくに問題となるのは，法人の権利能力に関して，従属法の認める法人格の範囲が取引地の法が認める範囲よりも狭い場合である。たとえば，英米法のように，会社の権利能力が定款に定めた事業目的の範囲に制限されるというような場合——能力外の理論（ultra vires doctrine）——がそれに当たる。このような場合，法人の従属法であるからといって，取引の相手方にはなじみのない，予期しない外国法によって取引の効力を否定することは取引の安全を害するおそれがある。そこで，この問題については，取引の安全の観点から，自然人の行為能力に関する法適用通則法4条2項の規定

を類推適用して，同種の内国法人と同一範囲の法人格をもつものとみなし，従属法の適用を制限する見解が有力である。もっとも，法人格の範囲に関して，このように一般的に取引保護を優先することは，株主や会社債権者の利益とのバランスを欠くとの批判もある。

(3)　法人の内部的事項　　法人の内部的事項，とくに法人の機関の構成および権限，法人と社員との関係，社員相互間の関係などは，従属法に照らして一律に解決されねばならない。したがって，ある者が会社の代表取締役として適法に選任されているか，その権限の範囲はどこまでかなどの問題は，法人の従属法によることになる。問題となるのは，法人の機関の権限が第三者との関係で争われる場合である。たとえば，外国会社の代表者がその権限を越える取引を日本でしたような場合，その外国会社の責任が従属法である外国法に従って判断されるとすると，取引の相手方である日本企業が不測の損害を被ることが考えられる。そこで，法人の機関の代表権の範囲やその制限の問題については，法適用通則法 4 条 2 項を類推適用することにより，従属法の適用が行為地である日本法によって制限されるとする立場が有力である。

株主などの社員が対外的にどのような責任を負うか，会社に対していかなる権利をもつかも，会社の従属法による。社員の入社・退社，持分の譲渡なども従属法による。国内における外国会社の株券の発行，株式の移転などについては，内国取引保護の考慮から，商法の規定が準用されていた（旧 483 条）。しかし，日本法に基づく権利移転を外国会社に対して主張してもその実効性は疑わしいことから，平成 16 年の商法改正で上記規定は廃止された。

(4)　企業の組織再編　　会社の合併や株式交換などの可否およびその要件も会社の存続に関する問題であるから，その従属法による。

従属法の異なる会社同士のいわゆる国際合併も，理論上はそれぞれの従属法が許容すれば可能であると解されている。しかし，日本の会社と外国会社が合併できるか否かについては，わが国の会社法が外国会社との合併や株式交換を予定していないとして，実務はこれを否定的に解している。もっとも，会社法は合併に際して交付できる対価の制限を緩和し，金銭その他の財産を交付することも可能となったことから（会社法749条1項2号・751条1項3号），直接的な合併は困難であるとしても，日本に設立された子会社が日本会社と合併し，その対価として外国の親会社の株式を交付する，いわゆる三角合併などの方法により国際的な組織再編を行うことはできるとされている。

　＊日本会社が外国会社と直接に合併できない理由としては，①法令上の明確な根拠がないこと，②従属法上組織再編行為の効力発生時期や効果が異なる場合，包括承継のような一体的効果を発生させることが困難であること，③組織再編法制は国により異なるため，どのような手続で組織再編を行った場合に，その行為を有効とするかを予め確定し得ないことなどがあげられている。相澤哲編著『一問一答 新・会社法〔改訂版〕』（商事法務，2009年）212頁。しかし，②と③の点については，それぞれの会社の従属法の内容を具体的に検討することにより解決可能な場合もあり，理論的には日本会社が外国会社と合併することも可能であるとの見解も有力である。江頭憲治郎『株式会社法〔第8版〕』（有斐閣，2021年）890頁。

3　外国法人に対する外国人法上の規制

　わが国の民法および会社法あるいはその他の実質法の中には，外国法人を日本法人と区別して，外国法人の権利の享有を制限したり，

特別の監督規定を置いたりしているものがある。そのような場合における外国法人または外国会社の意義は，立法論的には，その規制の目的に応じて個別的に決定されるべきものと思われる。しかし，現行法では，外国法によって設立された法人および会社を外国法人（民法 35 条）および外国会社（会社法 2 条 2 号）と呼び，特別法などで一部特別の考慮が払われている他は，原則として従属法の内外によって内国法人と外国法人が区別されている。したがって，外国からの出資比率が 100％ の外資系企業も，日本法に基づいて設立されている限り，原則として日本法人である。

外国法人の認許　現在のところ，外国法上有効に設立された法人が，内国において当然に法人として活動することを承認されるとは限らない。その理由としては，法人は一国の法によって法人格を付与されるものであるから，法人の存在は本来属地的なものであるという考えや，外国法人の活動をそのまま認めた場合には国内の公益が侵害されるおそれがあるとの考慮などがあげられる。したがって，各国は，外国法人が国内において活動しようとする場合には，あらためてその法人格を承認するという制度を設けている。このように，外国法人が国内において法人として活動するためにその法人格を承認することを「認許」と呼んでいる。民法 35 条 1 項は，そのような意味での認許に関する規定である。もっとも，わが国の採用する認許は，一定種類の外国法人については自動的にこれを認許するというものであるから（一般的認許主義），何らかの特別な承認行為を必要とするものではない。

　民法 35 条は，民法制定当時の国際状況を前提としているため，外国法人は認許しないことを原則とし，例外的に国およびその行政区画，外国会社，法律または条約によって認許された法人について

のみ認許すると定めている。このうち，外国会社とは，外国の法令に準拠して設立された営利を目的とする法人を広く指すものと解される。会社法にいう「外国会社」（2条2号）には，法人格をもたないものも含まれるとされるが，認許の対象となるのは法人に限られる。これに対して，同条によれば，学問，芸術，宗教，スポーツなどを目的とする公益法人は，認許されないことになる。したがって，外国の公益法人は，あらためて日本法人として設立し直さなければ，日本で法人として活動することはできない。このように外国の公益法人を認許しないのは，外国の公益が必ずしも日本の公益に合致するとは限らないからであると説明されている。しかし，国際交流の現実からみると，このような立法は時代遅れのものということができよう。

　　＊特別法により認許される法人としては，保険事業に関する外国相互会社がある（保険業法193条）。また，条約による外国法人の認許としては，戦後わが国が締結した通商航海条約による認許があげられる。外国法人の認許については，溜池・前掲論文194頁以下，櫻田＝道垣内編『注釈国際私法1巻』170頁以下〔西谷祐子〕，早川吉尚「外国法人」山野目章夫編『新注釈民法（1）』（有斐閣，2018年）747頁以下参照。

　認許されない外国法人は，わが国において法人として活動することは認められない。しかし，このような外国法人も設立準拠法上は法人格を付与されるだけの社団または財団としての実体を備えているものであり，わが国においても，法人に準じて，権利能力なき社団または財団の法理によりその活動が規律される。

擬似外国会社の規制　設立準拠法主義に立つ場合，従属法の内外という基準に基づけば，日本に本店を置き，あ

るいは日本での営業を主として目的とする会社でも，外国法に準拠して設立されたものは外国会社である。しかし，このような会社を外国会社として扱うことは，一種の脱法的行為を許すことに通じる。そこで，諸国の会社法では，このようないわゆる擬似外国会社に対して特別な規制を設けているものが少なくない。わが国の会社法も，上記のような外国会社は「日本において取引を継続してすることができない」として，擬似外国会社の日本国内における継続取引を禁止している（821条1項）。この規定に違反して取引した者は，相手方に対し，外国会社と連帯して，その取引から生じた債務を弁済する責任を負い（2項），さらに会社設立の登録免許税に相当する過料の制裁が科せられる（979条2項）。もっとも，わが国の擬似外国会社規制の規定は，その要件および規制の方法が概括的，一般的であるため，それを厳格に適用した場合には，かえって企業による柔軟な事業運営に影響を及ぼすおそれがある。そこで，実際の運用に当たっては，同規定の適用は慎重に行うこととされている。たとえば，わが国の企業は，ケイマン諸島などの外国で設立した特別目的会社（SPC）を，会社資産を証券化する，いわゆる資産流動化の手段として利用しているが，当該SPCが，日本国内だけでなく海外でも資産の購入や証券発行を行っているときは，擬似外国会社に当たらないとされ，また日本国内において資産の取得や証券の発行を複数回行っても，それが1つの基本契約の一環として行われる場合は継続取引にならないと解釈されている。

　＊平成17年改正以前の商法では，上記のような会社は「日本ニ於テ設立スル会社ト同一ノ規定ニ従フコトヲ要ス」と定められていた（旧482条）。しかし，同条の趣旨が不明確なことから，そうした会社は，日本法に従って設立し直さない限り，日本国内で法人として活動できない

ことになるのか，あるいは外国で有効に設立された以上，法人格は承認されるのかについて争いがあった。そこで，平成17年の法改正では，後者の見解を採ることを明らかにするため，上述のように規定が改正された。擬似外国会社に関する規定については，神作裕之「会社法総則・擬似外国会社」ジュリスト1295号142頁以下（2005年），櫻田＝道垣内編『注釈国際私法2巻』449頁以下〔横溝大〕参照。

　擬似外国会社の規制については，日本法のように一般的な監督規定を置く以外にも，会社法の個別的な規定ごとに規制を加えることが考えられる。たとえば，アメリカの一部の州では，会社の資産，給与の支払額および売上高の州内で占める比率が50％を超え，かつ株式の過半数が州内に居住する者によって所有されている会社を擬似州外会社（pseudo-foreign corporation）とし，取締役の責任や反対株主の権利などの一定の事項については，自州の会社法が適用されるとしていることなどがその例である。

　　＊擬似州外会社について詳細な規定を置いているのは，カリフォルニア州会社法（1975年）である。同法2115条は，会社の資産，給与の支払額および売上高の州内で占める割合の平均が50％を超え，かつ議決権のある株式の過半数が州内に居住する者によって所有されている州外会社については，取締役の責任や反対株主の権利などの内部事項についても同法の規定が適用される旨規定している。アメリカにおける州外会社の規制については，河村博文『外国会社の法規制』（九州大学出版会，1982年）3頁以下参照。

　外国法人の監督　　認許された外国法人は，日本国内で法人として活動することが許される。しかし，国内において活動する以上，その取引秩序を害さないことが要請される。そこで，民法および会社法は，外国法人および外国会社に対して一般的な監督規定を置いている。すなわち，外国会社以外の非営利法人が日本に事務所を設けた場合には，3週間以内に所定の登記をしなけ

ればならない（民法 37 条 1 項）。登記に当たっては，設立準拠法も登記することとされている（同項 1 号）。このように登記を要求するのは，法人の組織内容を一般に公知させるためである。外国会社は，日本で継続して取引しようとする場合には，日本における代表者を定め，一定事項を登記しなければならない（会社法 817 条 1 項・933 条 1 項）。従前は，外国会社が国内で継続取引する場合には，営業所を設置することが義務づけられていた。しかし，インターネット取引の普及によって，わが国での取引について営業所の設置を義務づける必要性も小さくなったことから，平成 14 年の商法改正で営業所の設置義務は廃止された。外国会社が日本に営業所を設けない場合には，日本における代表者の住所地で登記をすることになる（会社法 933 条 1 項 1 号）。このため，日本における代表者のうち 1 人以上は，日本に住所を有する者でなければならない（817 条 1 項）。外国会社は，上記の登記をするまでは，日本において継続取引をすることができない（818 条 1 項）。これに違反して取引を行った者は，その取引につき会社と連帯して責任を負うとともに（同条 2 項），過料の制裁を科せられる（979 条 2 項）。また，わが国の株式会社に相当する外国会社は，貸借対照表に相当するものを公告して，財務状況を開示しなければならない（819 条）。外国会社と取引する国内の債権者の保護を図ったものである。なお，外国会社の解散はその従属法所属国の管轄に属すると解されており，日本の裁判所は，解散命令に代わるものとして，外国会社の取引継続の禁止または営業所の閉鎖を命じることができるとされている（827 条）。

外国法人の権利の享有　認許された外国法人は，同種の日本法人と同一の私権を享有することができる（民法 35 条 2 項）。内外人平等主義の帰結である。ただし，法律または条約に特別な規定があ

る場合は別である。もっとも，現在のところ，外国法人の権利享有を一般的に禁止または制限する規定は存在しないので，外国法人は，法人という性質上取得できない権利を除いて，外国自然人と同様な権利の享有が認められている（同項但書，前述48頁参照）。

　この場合の外国法人も，外国法に準拠して設立された法人を意味するから，外資系の日本法人などはここでいう外国法人に当たらないことになる。そこで，外国人の権利享有を禁止または制限している特別法の中には，法人の構成員および資本など法人の実体を考慮して，権利の享有を決定するものがある（外国人土地法2条，船舶法1条など）。

　　＊外国法人，外国会社の監督および権利の享有については，溜池・前掲論文200頁以下，342頁以下，岡本善八「外国会社」上柳克郎＝鴻常夫＝竹内昭夫編『新版注釈会社法（13）』（有斐閣，1990年）525頁以下，高桑昭「わが国の外国法人制度について」法学論叢140巻5＝6号16頁以下（1997年），櫻田＝道垣内編『注釈国際私法2巻』455頁以下〔横溝大〕，早川（吉）・前掲論文750頁以下，早川吉尚「外国法人の登記」山野目編・前掲書754頁以下参照。

4　法人格のない社団および財団

　各国の立法の中には，英米法上のパートナーシップやドイツの合名会社のように，法人格は認められていないが，会社に準じる法的な規制を受けている社団または財団が存在している。このような法人格のない社団および財団の取扱いについては，それが法人としての実質を有するものであれば，前述した法人に関する法理が準用されるものと解される。したがって，法人格のない社団および財団を

めぐる抵触法上の問題は，原則として，その団体が設立の際に準拠した法による。また，これらの社団および財団は，法人のように認許は必要ないが，その権利の享有または活動に関する監督については，外国人法上，外国法人に準じて取り扱われることになる。

5　日本企業が海外進出する場合の法規制

わが国の企業が海外へ進出する方法としては，現地の代理店または販売店を通じて販売活動を行うという段階から，外国に現地法人を設立し，その国の企業として営業活動を行うという段階まで多様な形態がある。それぞれ経営政策上の観点からどの方法を採用するかが決定されるが，進出の形態により異なる法規制を受けることがある。

現地の企業と代理店または販売店契約を結ぶ場合には，当該契約の締結に伴う取引法上の問題が生じる。しかし，わが国の企業が直接海外へ進出するわけではないので，会社法上の規制は問題とならない。現地の市場調査や情報収集，広告・宣伝などの営業以外の目的のために外国に置かれる駐在員事務所も，現地で営業活動を行わない限り，会社法上規制されることは少ない。

　＊メーカーその他の商品の売主が，海外での商品の販路を維持・拡大するために，現地における特定の販売業者を代理店と定めて，自己の商品を継続的に供給し，その販売を委ねる契約が国際代理店契約である。その形態としては，売主の代理人として，もっぱら売主と顧客との間の取引を仲介または媒介するもの（狭義の代理店契約）や自己の計算とリスクで売主から商品を買い取り，それを第三者に転売するという方式のもの（特約店・販売店契約）など多様である。国際代理店契約

の多くは，販売店契約である。

　国際代理店契約では，最低販売数量を定める条項や代理店の営業地域を限定する条項（テリトリー制），売主以外の者の競合商品を取り扱うことを禁止する条項（競業禁止条項）などが規定されることが少なくない。これらのうち，とくに競争制限的効果が強い条項については，各国法上，独占禁止法違反の問題が生じるので注意が必要である（前掲34頁参照）。また，一般に代理店は売主に対して経済的および法的に従属的な立場に立つことから，ヨーロッパ諸国（ベルギー，ドイツ，フランスなど）および発展途上国（中東，ラテン・アメリカ諸国）を中心として，代理店保護の法制をとる国が少なくない。それらの法制では，とくに代理店契約の終了の制限と終了後の補償に関して強行規定が置かれている。なお，国際代理店契約に関しては，高桑＝江頭編『国際取引法』352頁以下〔中田裕康〕，澤田他『マテリアルズ国際取引法』138頁以下，高桑『国際商取引法』227頁以下など参照。

　これに対して，外国に支店を設置し，あるいは現地法人を設立する場合には，進出先国の法規制を受けるとともに，わが国の外為法上も対外直接投資として一定の規制を受ける（外為法23条）。すなわち，外国に支店を設置する場合には，現地の商法または会社法により登記や登録を必要とするのが一般的であり，外国法人として現地の外国人法上の規制を受けることになる。また，現地法人を設立する場合には，設立手続から営業活動まですべて現地の法律によることになるが，外資系企業であるため，国によっては内国法人とは異なる規制を定めている場合がある。

　なお，わが国企業の海外進出に当たっては，会社法の定める手続に従って機関決定がなされる必要がある。とくに，海外支店の設置や現地法人の設立については，取締役会の決議が必要である（会社法362条4項4号）。

第 4 節　国家および国家機関

1　総　　　説

　国家および国家機関は，私人が営む国際取引を規制するだけではなく，自ら国際取引の当事者としてさまざまな経済活動を行っている。とくに，発展途上国では，自国に経済開発をするだけの十分な資本や技術が乏しいために，資源開発や産業育成のための国際取引も国家主導で行われることが少なくない。また，社会主義諸国では，対外通商が国家に独占されていることが多く，国際取引も国家機関や国営企業によって行われるのが普通である。さらに，わが国をはじめとする先進諸国においても，政府機関や地方自治体が直接または間接に国際取引の主体として登場する場合が増えている。このように，今日，国家および国家機関は，国際取引の主体として重要な地位を占めるにいたっている。

　すでに述べたように，国家および国家機関は，法人として認許され，わが国において私法的な経済活動を行うことができる（民法 35 条 1 項）。しかし，このような国家および国家機関との取引は，当事者の一方が主権国家であることから，私人間の取引とは異なる問題を含んでいる。第 1 に，国家との間の契約，とくに国家が外国の私企業に対して鉱物資源の探査・開発に関する特別の認可，いわゆるコンセッション（concession）を付与する協定などでは，通常の国際契約と異なり，準拠法として「法の一般原則」や国際法が合意

される場合がある。第 2 に，国家との間の取引で紛争が生じた場合，日本において外国の国家または国家機関を相手として裁判を行うことが許されるかどうかが問題となる。これは，いわゆる外国国家に対する主権免除あるいは裁判権免除の問題である。さらに，これらの問題と関連して，国家と私人との間の紛争解決のために，仲裁制度の活用が説かれている。

2　国家および国家機関との契約

今日では，国家および国家機関といえども，私法的な経済活動を行う場合には，私人と同様に，各国の実質私法および国際私法の適用を受けると考えられている。したがって，国家および国家機関が民間の企業と締結する私法上の契約も，通常の国際契約と同様に，原則として国際私法によって指定される各国の実質私法により規律される。

国家契約　　国家および国家機関が民間の企業と締結する契約の中でも，自国の鉱物資源や石油，天然ガスなどを開発するために締結される経済開発協定のような，いわゆる国家契約（state contracts）の場合には，それが国家の重要な経済・産業政策と密接に関連することから，その法的性質および準拠法をめぐって議論が分かれている。

伝統的な見解によれば，このような国家と私人との間の契約も，私企業間の契約と同様に，いずれかの国の国内法（一般に，現地国の国内法）によって規律されると考えられてきた。しかし，第 2 次世界大戦後，発展途上国と先進国企業との間に多数の経済開発協定が

締結されるにおよんで，それらの途上国に十分に成熟した私法秩序が存在しないことや，国有化に伴い国家の側が自国法に基づいて一方的に協定を改定したり，破棄したりすることが問題となった。そこで，これらの協定では，紛争の解決を仲裁に委ねるとともに，準拠法として国際法の原則や「法の一般原則」を規定することが，実務上広く行われている。また，仲裁についてではあるが，「国家と他の国家の国民との間の投資紛争の解決に関する条約」(1966 年) 42 条は，紛争解決の基準として，紛争当事国の法とともに国際法の規則を掲げている（後述 77 頁参照）。

　　＊国家契約については，川岸繁雄「コンセッションと国際法」国際法外交雑誌 79 巻 1 号 1 頁（1980 年），多喜寛「国家と私人との国家契約──コンセッション契約を中心に」民商法雑誌 85 巻 3 号 74 頁（1981 年），山本敬三「国家契約における裁判権免除と準拠法」国際法外交雑誌 82 巻 5 号 23 頁（1983 年），澤木敬郎「国家との契約」『現代契約法大系 8』158 頁など参照。

国家契約を規律する法　このように国家契約において国際法や「法の一般原則」を準拠法とする理由は，契約関係を国内法から分離することによって，国家の側が自国法に基づいて一方的に当該契約を改定したり，破棄するのを抑制しようとすることにある。しかし，他方で，「天然資源に対する恒久主権に関する決議」(1962 年) や「国家の経済的権利義務憲章」(1974 年) を通じて，国家の側にも，外国投資や多国籍企業の規制に関する国家の権利が承認されており，発展途上国を中心として，このような国家契約の「国際化」には異論が強い。また，学説上も，当然には私人に国際法主体性が認められない以上，国家と私人との契約がその準拠法として国際法に言及するとしても，そのことによって契約が国際法上の契約になるわけではなく，あくまでもそれは国内法秩序に帰属するとい

う見解が有力に主張されている。いずれにしても，現在のところ，私法に関する国際法の体系はいまだ未成熟であり，たとえ国際法を準拠法として指定することが国際私法上認められるとしても，私法上の権利義務の詳細に関しては，なおいずれかの国内法による補充を必要とするといわざるを得ない。

　　＊国家契約の準拠法に関しては，国家による一方的な法改正を防止するために，契約締結時の国内法を準拠法と定めたり，締結時以後の立法を当該契約に適用しない旨の条項（安定化条項）をコンセッション協定に規定することなども行われている。学説上も，「合意は拘束する」（pacta sunt servanda）の原則や既得権尊重原則などにより，準拠法は契約締結時の実質法に固定され，国家が一方的に法改正を行うことは国際違法行為を構成するとの見解もある。しかし，このような見解には批判が強い。川岸・前掲論文 22 頁以下，澤木・前掲論文 166 頁以下，高杉直「国際開発契約と国際私法──安定化条項の有効性と非国家法の準拠法適格性」阪大法学 52 巻 3 = 4 号 1007 頁以下（2002 年）など参照。なお，資源開発契約の一方的改廃の問題を総合的に分析・検討するものとして，中川淳司『資源国有化紛争の法過程』（国際書院，1990 年）参照。

　このように国家契約を国際法や「法の一般原則」によって直接規律することには，理論上さまざまな問題があるとともに，実際上も発展途上国の反対がある。そこで，国家契約の一方的破棄や国有化などの危険から自国の企業を保護するために，通商航海条約で投資保護を規定したり，二国間で投資保護協定を結ぶことが多くなっている。わが国は，エジプト，スリランカ，中国，トルコ，香港，バングラデシュ，ロシア，パキスタン，韓国，モンゴル，ベトナム，カンボジア，ラオス，ウズベキスタン，ペルーなどと投資保護協定を結んでいる。

3　外国国家に対する裁判権の免除

裁判権免除の原則　　国際法上，国家およびその国有財産は，一般に外国の裁判権に服さないとされてきた。すなわち，国家は，原告として外国の裁判所に訴えを提起することはできるが，自発的に応訴しない限り，被告として外国の裁判権に服することはない。この原則が，外国国家に対する裁判権免除または主権免除（sovereign immunity, state immunity）の原則である。この原則によれば，国家および国家機関との取引において紛争が生じた場合，私人が外国国家を相手として国内裁判所で裁判を行うことができるか否かが問題となる。とくに，私人が外国国家を直接に訴えることができるような国際裁判制度が存在していない現在において（EU 裁判所は私人の出訴権を認めているが，かなり限定されたものである），この問題は私人の法的救済にとってきわめて重大である。

絶対免除主義と制限免除主義　　裁判権免除の原則は，ヨーロッパ各国の国内裁判所で形成された慣行（たとえば，イギリスにおける国王無答責の原則）が，19 世紀になって，国家主権の独立・平等の観念と結びつけられ，一般に認められるようになったものといわれている。しかも，その適用範囲は広く，国家が免除を自ら放棄して応訴した場合以外は，法廷地に存在する不動産に関する訴訟などわずかな例外が認められるだけであった（絶対免除主義）。当時は，経済自由主義の思想の下に国家の役割が著しく縮小し，国家が私人の経済活動にかかわることが少なかったため，このような原則を広く認めても社会的な弊害は小さかったのである。しかし，その後，

国家の活動領域が拡大し，もともと私人の分野とされてきた経済活動にまでそれが及ぶようになるにつれて，裁判権免除の原則をそのまま維持することに対しては次第に批判が強まり，各国の判例および学説においても，裁判権免除の適用を制限しようとする傾向が有力になってきた（制限免除主義）。

とりわけ，1970年代以降，ヨーロッパ理事会による「国家免除に関するヨーロッパ条約」（1972年）の作成や，イギリス，アメリカなどの有力諸国による国内法の制定にみられるように，制限免除主義を基調とした立法化の方向が急速に進展した。このような制限免除主義への動きは，国連においても国際法委員会による国家免除条約の法典化作業という形で進められ，種々の困難を経ながらも，2004年12月の国連総会において，制限免除主義に基礎を置く「国及びその財産の裁判権からの免除に関する国際連合条約」（国連国家免除条約）が成立した（未発効）。

＊外国国家に対する裁判権免除については，太寿堂鼎「民事裁判権の免除」『新・実務民事訴訟講座7』45頁，高桑昭「民事裁判権の免除」『国際民事訴訟法の理論』147頁，岩沢雄司「外国国家・国有企業との国際取引上の問題点」総合研究開発機構編『多国籍企業と国際取引』（三省堂，1987年）275頁など参照。また，国連国家免除条約については，山田中正「国連国家免除条約」国際法外交雑誌105巻4号213頁以下（2007年）参照。

わが国の動向　このような世界の動向に対して，わが国においては，昭和3年の大審院決定（大決昭和3年12月28日民集7巻1128頁）が，中華民国に対する約束手形金の請求に関して，典型的な絶対免除主義の立場を採用して以来，同決定がリーディング・ケースとされ，判例上は絶対免除主義が長く維持されてきた。もっとも，わが国政府は，国際会議において，制限免除主義を支持

する見解をしばしば表明し，また昭和 28（1953）年の日米友好通商航海条約（18 条 2 項）のように，実質的に制限免除主義を盛り込んだ条項をもつ条約を特定国との間に結んでおり，裁判権免除に関するわが国の態度は必ずしも明確とはいえなかった。しかし，前述した諸外国の動向や国連における法典化作業などを背景として，近年に至り，わが国においても制限免除主義を採用する下級審判決が現れ（東京地決平成 15 年 7 月 31 日判時 1850 号 84 頁，東京地（中間）判平成 17 年 9 月 29 日判時 1907 号 152 頁），ついに最高裁も，コンピュータ等の売買に関連して，日本企業が売買代金に係る準消費貸借契約を理由にパキスタン政府に対して貸金債務の返済を求めた事案で，前述の大審院判例を変更し，「外国国家は，その私法的ないし業務管理的な行為については」，民事裁判権の行使がその主権を侵害するおそれがあるなどの特段の事情がない限り，わが国の民事裁判権から免除されないと判示した（最判平成 18 年 7 月 21 日民集 60 巻 6 号 2542 頁〔百選 75〕）。この判決によって，わが国も明示的に制限免除主義を採用したものということができる。

　その後，わが国は，前述した国連国家免除条約に署名し，平成 22 年 5 月 11 日に批准書を寄託するとともに，同条約が発効した場合の実施を担保するため，条約に準拠した国内法として「外国等に対する我が国の民事裁判権に関する法律」（平成 21 年法律 24 号）を制定している（以下では，民事裁判権法と略称する）。同法は，外国の国家および政府機関だけでなく，国の行政区画や独立の法人格をもった公共企業体について，裁判権免除が認められない場合を詳細に定め，外国の国家等に対してわが国の民事裁判権が及ぶ範囲を明らかにしている。これによって，外国の国家等との取引に関して，日本の裁判所でそれらを相手に裁判を提起することが可能となった

（わが国の民事裁判権の範囲について，詳しくは後述 274 頁参照）。

　＊制限免除主義を採用した判決としては，自国の金融公社が発行した円
　　貨債券について，それを保証した外国国家（ナウル共和国）に対し裁
　　判権免除を否定した事案（東京地決平成 15 年 7 月 31 日判時 1850 号
　　84 頁），州港湾局日本代表部に雇用されていた職員の解雇無効が争わ
　　れた事件で，米国ジョージア州に対し裁判権免除を否定した事案（最
　　判平成 21 年 10 月 16 日民集 63 巻 8 号 1799 頁）等がある。裁判権免除
　　に関する裁判例については，吉田勝栄「主権免除——その現状と課題」
　　判タ 1152 号 60 頁（2004 年）参照。

4　仲裁による紛争の解決

　国家および国家機関との取引において紛争が生じた場合，その解
決を裁判ではなく仲裁に委ねることが少なくない。外国国家を相手
に訴訟を起こすには前述した裁判権免除の問題があることや，当事
国の国内裁判所で裁判を行った場合，果たして公正な裁判が行われ
るかどうかについて当事者間に不信感のあることなどがその理由で
ある。また，仲裁には当事者で仲裁手続や準拠法を決定できるとい
う利点があるとされる（後述 309 頁参照）。このようなことから，国
家および国家機関との取引，とくに国家契約などでは，将来発生す
る紛争を仲裁によって解決する旨規定することが多い。

　このような場合に利用される仲裁制度には，当事者間の合意した
仲裁条項に基づくアド・ホックな仲裁や，条約に基づいて設立され
た常設仲裁裁判所による仲裁などがあるが，とくに私人と国家との
間の投資紛争の解決のために設けられた特別な紛争解決制度が「国
家と他の国家の国民との間の投資紛争の解決に関する条約」（投資紛

争解決条約，1966 年）である。この条約は，国際復興開発銀行（世界銀行）のイニシァティブによって作成された多数国間条約であり，わが国も加盟国である。

　投資紛争解決条約は，投資受入れ国と投資家との間の投資から直接に生じる法律上の紛争を，当事者の合意を前提として，仲裁または調停によって解決しようとするものである。この条約によって設立された「投資紛争解決国際センター」（International Centre for Settlement of Investment Disputes）は，それ自身で調停や仲裁を行うのではなく，調停人および仲裁人の名簿を常備し，施設を提供するなど，調停委員会および仲裁裁判所の運営に必要な基盤を提供することを任務としている（1 条）。紛争がこの条約に定める仲裁に付託されたときは，投資家はその本国の外交的保護に訴えることは許されない（27 条）。当事者間の紛争を，国家間の紛争に発展する前に解決することが，この条約の目的だからである。仲裁裁判所は当事者の合意によって構成され，裁判所が下す仲裁判断は当事者を拘束する。仲裁裁判所は，当事者が合意する法規に従って紛争を解決するものとされ，当事者自治が認められている。また，当事者間に合意がない場合には，紛争当事国法および該当する国際法の規則が適用される（42 条）。仲裁判断の承認および執行については，締約国は仲裁判断を拘束力あるものとして承認し，それによって課される金銭上の債務を執行することが義務づけられている（54 条）。

　　＊投資紛争解決条約の詳細については，小島武司＝高桑昭編『注解仲裁法』（青林書院，1988 年）402 頁以下〔横田洋三〕など参照。

第 5 節　国 際 法 人

1　国際法人の意義

　国家および国家機関とならんで，さまざまな国際機関が条約によって設立され，それらが国際取引の当事者となる場合が増大している。それらの国際機関の中には，国際復興開発銀行や国際金融公社などの経済開発援助を目的とする政府間国際組織や，欧州鉄道資材購入融資会社（EUROFIMA），欧州照射済核燃料化学処理会社（EUROCHEMIC）などの政府間条約によって設立された国際共同企業など，私法的な経済活動を任務とするものも少なくない。

　このような「国際法人」の概念については種々の見解が主張されているが，ここでは，私法的な経済活動との関係における法主体性を問題とし，国際条約によって設立された法人を「国際法人」と呼ぶことにする。

2　国際法人の従属法

　条約によって設立された「国際法人」は，直接，条約の規定に準拠して設立されたものと，条約の規定に従い特定の国の国内法に準拠して設立されたものとに大別される。たとえば，国際復興開発銀行や国際金融公社などは，直接，条約に準拠して設立されたもので

あるが，欧州照射済核燃料化学処理会社はベルギー法に準拠して設立されている。

　これらの国際法人では，条約および付属の定款などで，法人の組織や運営を詳細に定めている場合が多い。また，特定国法に準拠して設立された国際法人でも，条約の規定および定款が本店所在地法に優先するとされているのが普通である。したがって，これらの法人については，条約や付属の定款が従属法として適用されると解されている。

　　＊国際法人の従属法については，岡本善八「外国法人の認許と混合経済会社」国際法外交雑誌 81 巻 4 号 7 頁以下（1982 年）参照。

3　国際法人の認許

　これらの国際法人の法人格は，わが国がその法人の設立の基礎となった条約の加盟国である場合には，当該条約に基づいて当然に承認される（民法 35 条 1 項但書）。また，わが国が加盟国でない場合には，民法 35 条 1 項本文に従い，その国際法人の性格に応じて，国または外国会社に準じるものとして承認してもよいと考えられる。

　　＊国際法人の認許については，溜池・前掲論文 197 頁以下，櫻田＝道垣内編『注釈国際私法 1 巻』172 頁以下〔西谷祐子〕，早川吉尚「外国法人」山野目編・前掲書 749 頁以下参照。

4　国際法人と裁判権免除

　これらの国際法人の中には，それぞれ加盟国との条約および協定などで裁判権の免除を定めているものがある。たとえば，国連は，国連憲章 105 条および「国際連合の特権及び免除に関する条約」（1946 年）に基づいて，加盟国において必要な特権および免除を享有するとされている。わが国の判例では，国連大学（東京地決昭和 52 年 9 月 21 日判時 884 号 77 頁），欧州共同体委員会（東京高判昭和 58 年 12 月 14 日労民集 34 巻 5 = 6 号 922 頁，東京地判昭和 57 年 5 月 31 日労民集 33 巻 3 号 472 頁）について裁判権免除を問題にしたものがある。

　　＊国際機関の裁判権免除については，太寿堂鼎「民事裁判権の免除」『新・実務民事訴訟講座 7』67 頁，高桑昭「民事裁判権の免除」『国際民事訴訟法の理論』193 頁など参照。

第 3 章　国際的な物品の売買

第 1 節　総　　　説

1　国際売買の構造

　今日においても，最も典型的な国際取引は，物品の売買を中心とする貿易取引である。貿易取引には，取引の対象となる物品の種類，輸送の方法，代金決済の方法などに応じて，さまざまな形式の取引が存在し，その態様も多様である。それらの中で，荷為替信用状に基づいて代金の決済を行い，仕向港までの海上運賃および海上貨物保険の保険料を売主が負担する代表的な取引条件である CIF 売買では，通常，次のような基本的過程を経て取引が実行される。

　①売主および買主は，基本的な取引条件を取り決めて，売買契約を締結する。

　②買主は，売買契約に基づいて，自己の取引銀行（B 銀行）に対して，代金決済のために荷為替信用状（letter of credit ; L/C）の開設を依頼する。

　③買主の取引銀行は，信用状を発行し，売主所在地の自行本支店や提携先の銀行などに信用状の通知（交付）を指図する。

　④信用状の通知の指図を受けた銀行（通知銀行，後述 194 頁）は，信用状を売主に通知（交付）する。

図1 **貿易取引の基本的流れ**（信用状決済の場合）

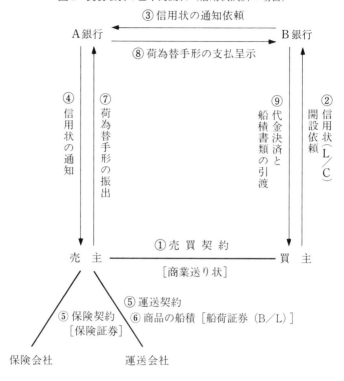

⑤信用状の通知（交付）を受けた売主は，売買契約の条件に従って，運送会社と運送契約を締結するとともに，保険会社と保険契約を締結し，保険証券を受領する。

⑥売主は，売買契約の条件に従って，商品を船積みし，運送人から船荷証券（bill of lading；B/L）を受領する。

⑦売主は，B銀行または買主を支払人とする為替手形を振り出し，信用状とともに信用状の条件に適合する船積書類（商業送り状

(commercial invoice)，船荷証券，保険証券など）を添付して（これを荷為替手形と呼んでいる），自己の取引銀行（A 銀行）に提供し，手形の買取りを求めて，売買代金を回収する。

⑧売主の取引銀行は，買い取った荷為替手形を信用状の発行銀行（B 銀行）に呈示し，売主へ支払った売買代金を回収する。

⑨買主は，信用状取引の約定に従って，売買代金を信用状発行銀行に支払い，船積書類の引渡しを受け，運送人に船積書類を提供して，商品を受け取る。

（前頁**図 1** を参照）

　このように今日の国際売買は，物品の売買契約を中心として，その履行のために必要な銀行取引，運送取引，保険取引などのさまざまな取引が複合し，それらが効率的に結び付けられて成立している。そこで，以下では，それらの中の主要な取引である物品の売買契約，国際運送契約，国際保険契約および国際取引の決済について述べるとともに，国際的な物品の売買に関連して問題となることが多い，製造物責任にも触れることにする。

2　国際契約の準拠法

　貿易や投資などの国際取引活動は，主として，契約という法的手段を媒介として行われるのが普通である。後述するように，国際契約の規整に関しては，種々の統一私法条約が作成されており，運送契約に関する分野のように，法統一がかなりの成果を収めているものもある。しかし，一方で，不統一の分野はまだ多く残されており，また法統一が進んでいる分野についても，いずれかの国の実質法に

よる補充を必要とする場合が存在している。したがって，ここでは
まず，個別の契約を検討する前に，国際契約の準拠法の決定につい
て述べることにする。

　＊国際契約の準拠法に関しては，ハーグ国際私法会議による「有体動産
　の国際的売買の準拠法に関する条約」(1955 年)がすでに発効してい
　るが，わが国は未批准である。この条約は，1980 年に国連の国際物品
　売買条約が採択されたことに対応して，その見直しが検討され，1985
　年のハーグ国際私法会議特別会期において，「国際物品売買契約の準拠
　法に関する条約」が採択されている(未発効)。その他，国際契約の準
　拠法に関しては，ハーグ国際私法会議の「ある種の消費者売買の準拠
　法に関する条約」決議(1980 年)，「国際商事契約における準拠法選択
　に関する原則」(2015 年)，EC の「契約債務の準拠法に関する条約」
　(1980 年，ローマ条約)，米州機構の「国際契約の準拠法に関する米州
　条約」(1994 年)などがある。ローマ条約と米州条約は，すでに発効
　しているが，ローマ条約は，2008 年に，「契約債務の準拠法に関する
　欧州議会及び理事会規則」(ローマ I 規則)として EU の規則とされて
　いる。

当事者自治の原則　　　今日，契約の準拠法に関しては，諸国の立法，
判例および学説上，その決定を当事者の意思
に委ねるという立場が広く採用されている。すなわち，契約準拠法
を契約の締結地法や履行地法のように客観的な連結点によって一律
的，定型的に決定する(客観主義)のではなく，準拠法の決定自体
を当事者の意思に任せるというものである。これが，当事者自治の
原則(Prinzip der Parteiautonomie)あるいは契約準拠法の決定に関
する主観主義(意思主義)と呼ばれる立場である。

　このように，契約準拠法の決定に関して当事者自治の原則が主張
される理由は，次の点にある。第 1 に，契約関係が主として当事者
の意思によって形成される関係であるという特質から，実質法上の

契約自由の原則あるいは意思の自律の原則に対応するものとして，国際私法上，当事者自治の原則が承認されるというものである。これは，当事者自治の原則の思想的および沿革的な根拠ということができる。つぎに，国際契約といってもその態様は多様であり，他の法律関係のように合理的な客観的連結点を決定することが難しいという事情がある。すなわち，契約関係には，契約締結地法，履行地法，目的物の所在地法，当事者の営業所所在地法など複数の法秩序が関係するが，その中のいずれが最も密接な関係をもつ法秩序かを一般的に決定することは困難である。したがって，個々の事例ごとに，当該契約関係を最も熟知する当事者に準拠法の決定を委ねることが，当該法律関係と最も密接に関連する法秩序の選択および適用という国際私法の理念に合致するとされるのである。さらに，実際的観点からは，当事者の選択した法を適用することが，当事者の準拠法に関する予測可能性や正当な期待の保護の要請に合致し，ひいては国際取引の安全かつ円滑な遂行を保障するということができる。また，裁判所にとっても，当事者の選択した法を適用することは，準拠法の決定が容易であり，同時に国際的な判決の調和の要請にも合致している。

　＊当事者自治の原則の成立および各国法における動向については，折茂豊『当事者自治の原則』（有斐閣，1970 年）15 頁以下，西賢「当事者自治の原則と比較法的動向」『現代契約法大系 9』65 頁以下参照。

　当事者自治の　　当事者自治の原則が肯定されるとして，問題とな
　原則の制限　　るのは，当事者による準拠法の選択は，まったく自由に，無制限に認められるべきかどうかという点である。この点については，当事者自治の原則が確立された 19 世紀の末葉以来，さまざまな制限論が主張されてきた。すなわち，当事者自治を任意

法の範囲に限定しようとする見解（質的制限論）や，当事者による
準拠法選択の範囲を当該契約と実質的な関連を有する一定の法秩序
に限定する見解（量的制限論），あるいは準拠法の選択が法律回避の
目的で行われた場合には当事者自治が制限されるとする見解などが
それである。

　＊質的制限論については，任意法の範囲において当事者自治を認めると
　　いうことは，当事者の選択に先立つ契約準拠法の存在を予定するもの
　　であり，結局，当事者自治の原則そのものを否定するものであるとの
　　批判がある。また，量的制限論については，当事者自治の原則がそも
　　そも客観的な基準によって契約の準拠法を決定することができないと
　　いう点に根拠をもつ以上，一定の範囲の法秩序に選択の自由を限定す
　　ることは合理的理由に乏しいとされる。さらに，当事者に準拠法選択
　　の自由を許す以上，適用を回避すべき法の存在を予定する法律回避論
　　も理由がないということができる。これらの制限論およびそれに対す
　　る批判については，折茂・前掲書80頁以下，山田鐐一「契約の準拠法
　　──いわゆる当事者自治の原則」『契約法大系Ⅵ』（有斐閣，1963年）
　　229頁以下など参照。

　これらの見解は，今日，当事者自治の原則を制限する理論として，
一般的に支持されているものではない。しかし，そこで提起された
当事者自治の原則の問題点は，正当に評価されねばならない。すな
わち，第1に，当事者自治の原則によれば，社会・経済秩序の維持，
取引の保護，経済的弱者の保護などの観点から各国が制定している
強行法規の適用を当事者が容易に回避することができるという点で
ある。このことは，消費者契約や労働契約のように，実質法上契約
自由の原則が一定の制限を受けている分野において，とくに問題と
なる。第2に，契約類型によっては，当該契約と一定の法秩序との
間に密接な関係が客観的に存在する場合が認められるという点であ
る。たとえば，一般に，わが国で雇用されている日本人労働者と外

国企業との間の労働契約は，労働者が，通常，労務を提供している
わが国と密接な関係があると考えられる。

　このように，当事者自治の原則を無制限に認めることには問題が
あることから，近時の諸国の立法および条約では，当事者自治の原
則を一般的に肯定した上で，契約の類型に応じて個別的な制限を設
けるという立場が有力である。たとえば，EC の「契約債務の準拠
法に関する条約」（ローマ条約，1980 年）が，当事者による自由な法
選択を認めながら（3 条），消費者契約と労働契約について，それぞ
れ消費者の常居所地国および労働者が通常労務を提供している国の
強行法規が定める消費者および労働者の保護は当事者の法選択によ
って奪われないと規定していること（5 条・6 条）などは，その好例
である。同趣旨の規定は，韓国国際私法（27 条・28 条）やローマ条
約を規則化した EU のローマ I 規則（6 条・8 条）においても採用さ
れている。また，ローマ条約は，裁判所が，当該事件と密接な関係
に立つ，契約準拠法所属国以外の第三国の強行法規に効力を与える
ことができるとして（7 条），より一般的に当事者自治の原則を制限
する規定を置いている。これらの規定は，当事者自治の原則を前提
としつつ，経済的弱者保護や社会・経済秩序の維持の観点から，当
該契約と密接な関係にある法秩序の強行法規を契約準拠法とは別個
に特別に適用しようとするものである（強行法規の特別連結理論）。
わが国においても，法適用通則法によれば，消費者契約および労働
契約について，当事者が準拠法を選択している場合であっても，消
費者または労働者は，その常居所地法または労働契約に最も密接に
関係する地の強行規定の適用を主張することができるとされている
（法適用 11 条 1 項・12 条 1 項。後述 96 頁参照）。これらの規定も，契約
準拠法とは別個に，契約と密接な関係にある国の強行規定の適用を

認める点で，強行法規の特別連結理論を基礎にしたものということができる。

＊もっとも，法適用通則法では，上述のローマ条約やローマⅠ規則とは異なり，消費者または労働者の「特定の強行規定を適用すべき旨の意思」表示が必要とされている（法適用11条1項・12条1項）。これは，ローマⅠ規則のように，消費者または労働者に有利な規定を適用するということになると（「優遇原則（Günstigkeitsprinzip）」などと呼ばれている），当事者が選択した法と特別連結される法との比較が必要となり，訴訟関係者にとって準拠法決定の負担が大きくなるとの理由によるものである。この点については，櫻田＝道垣内編『注釈国際私法1巻』258頁〔西谷祐子〕参照。

＊なお，労働法規や経済法規などの強行法規の適用については，それらは公法的性質をもつものであり，その適用関係は国際私法とは別個の規則により属地的に適用されるべきであるとする見解がある（公法の属地的適用の理論）。折茂・前掲書301頁以下参照。また，わが国の判例にも，労働契約について当事者自治の原則の適用を認め，アメリカ法が準拠法となるとしながら，解雇の効力につき，「準拠法選定の自由の原則は属地的に限定された効力を有する公序としての労働法によって制約を受ける」として，わが労働組合法7条の適用を肯定したものがある（東京地決昭和40年4月26日労民集16巻2号308頁）。しかし，この理論によれば，外国の労働法規や経済法規についても，その適用が認められるのか否かが必ずしも明確ではなく，理論的には強行法規の特別連結論の方が優れていると思われる。強行法規の特別連結論については，桑田三郎「国際私法における強行的債務法の連結問題」法学新報59巻11号50頁以下（1952年），折茂・前掲書186頁以下，横山潤「外国公法の適用と"考慮"」国際法外交雑誌82巻6号45頁以下（1984年），櫻田＝道垣内編『注釈国際私法1巻』34頁以下〔横溝大〕など参照。

法適用通則法──明示の選択のある場合　法適用通則法は，契約の成立および効力について，当事者自治の原則を採用している

（7条）。したがって，契約書中で「本契約の準拠法は日本法とする」とか「本契約から生じるすべての問題はドイツ法による」というように，当事者の意思が明示されている場合には，それによることになる。口頭による選択も有効である。

　(1)　準拠法として選択できる法　　当事者は，準拠法として，いずれかの国家法ではなく，国際的統一規則やユニドロワ国際商事契約原則などの「非国家法」を選択することができるか。国際私法による準拠法の選択は「法域」を単位として行われるのが原則であることや「非国家法」は法律関係の一部のみを対象とし，体系性に欠ける場合が多いことなどから，否定説が多数である。この立場によれば，「非国家法」の選択は，準拠法である国家法を前提とした実質法的指定（後述91頁）と解されることになる。一方，米州機構の「国際契約の準拠法に関する米州条約」10条やハーグ国際私法会議の「国際商事契約における準拠法選択に関する原則」3条のように「非国家法」の選択を容認したとも解される立法も現れており（前述28頁），とくに体系性を備えたユニドロワ国際商事契約原則などについては準拠法としての適格性を認める見解も有力に主張されている。また，当事者の合意が優先する国際商事仲裁では，仲裁判断の基準として「非国家法」を選択することもできるとされている（後述316頁）。

　国家や国家機関と民間企業で締結される国家契約では，国家法の適用を回避するために，国際法や「法の一般原則」による旨を規定することが行われている（前述71頁）。このような法の選択についても，私法上の法律関係の規律の詳細には国家法による補充が必要となることから，通説は実質法的指定と解している。

　＊ハーグ国際私法会議の「国際商事契約における準拠法選択に関する原

則」も，当事者が準拠法として選択できる法規範（rules of law）を「中立で公平な体系性ある規範」としており（3条），規範としての体系性を要求している。詳しくは，西谷祐子「当事者自治の現代的意義──『国際商事契約の準拠法選択に関するハーグ原則』をめぐって」国際私法年報17号21頁以下（2015年）参照。

(2)　準拠法選択行為の有効性　　当事者による準拠法の選択は有効なものでなければならない。したがって，当事者の法選択自体に錯誤や詐欺・強迫などの瑕疵がある場合には，法選択の有効性が問題となる。この場合の有効性の判断は，抵触規定の解釈の問題として，国際私法自体の立場から解決されるとするのがわが国の通説である。しかし，近時の諸外国の立法では，むしろ当事者によって一応選択された法によるとする立場が有力である（ローマⅠ規則3条5項，スイス国際私法116条2項）。これは，有効性の要件および効果の判断基準を明確にし，国際的な判決の調和の観点を重視したものということができる。

　問題となるのは，保険契約や運送契約にみられるような附合契約中の準拠法約款の効力である。附合契約は，経済的に優位な地位にある一方当事者のみがその内容の決定権を有する特殊な契約であり，当事者の合意を擬制することは虚構であるとして，当事者自治の原則は妥当しないとする見解がある。しかし，附合契約には大量契約としての統一的処理の必要があり，また不特定多数の顧客を相手にする企業は，統一的な計算と計画に基づいて事業を遂行しなければならない。また，準拠法約款によって選択された法の適用が，常に弱者である一方当事者に不利な結果をもたらすとは限らない。このような理由から，通説・判例は，附合契約についても，当事者自治の原則の適用を肯定している。

　＊判例も，附合契約である定期預金契約について，当事者自治の原則の
　適用を認めている。最判昭和 53 年 4 月 20 日民集 32 巻 3 号 616 頁参照。

　(3)　実質法的指定と抵触法的指定　　実際の契約では，特定の国
の実質法上認められている契約自由の原則に基づいて，当事者が契
約内容を自ら細目的に定める代わりに，いずれかの国の法規または
慣習を援用することがある。これは，いわゆる実質法的指定であっ
て，契約そのものを支配する法律の選択を当事者に委ねる，当事者
自治の原則に基づく準拠法の選択（抵触法的指定）とは異なる。実
質法的指定の場合には，契約準拠法が許容する範囲内において，契
約内容をいずれかの国の法規または慣習によらしめうるに過ぎない。
また，選択された法規の属する国で法律の改正がなされても，原則
として，選択当時の法が適用されることになる（これに対して，抵触
法的指定の場合には，準拠法所属国の時際法により，新・旧いずれの法が
適用されるかが決定される）。契約書中の準拠法条項が抵触法的指定
を意味するか実質法的指定にとどまるかは，他の契約条項との関係
やその指定の仕方など，具体的事情に応じて個別に判断されなけれ
ばならない。わが国では，日本の保険会社が発行する英文保険証券
の「英法準拠約款」や船荷証券中の「至上約款」の性質に関して議
論が分かれている（後述 178 頁）。

　(4)　準拠法単一の原則と分割指定　　契約の成立と効力は本来不
可分のものであるから，一個の契約を分割し，それぞれ別個の準拠
法によるというような分割指定は許されないとするのが，従来のわ
が国の多数の見解であった（準拠法単一の原則）。分割指定を認めた
場合には，複数の準拠法相互間の調整・適応が問題となり，準拠法
の適用が複雑になることは確かである。しかし，国際私法上の単位
法律関係としての契約が分割不可能なものとは考えられず，また当

事者自治の本旨からすれば，分割指定を認めることの方が，当事者の期待を保護し，取引の安全にも資すると考えられる。このような観点から，法適用通則法7条は分割指定を否定するものではないとの見解が有力である。近時の諸国の立法および条約が分割指定を認めるのも，同様の趣旨によるものと思われる。

> ＊分割指定を認める最近の立法としては，韓国国際私法25条2項，ローマⅠ規則3条1項，国際物品売買契約の準拠法に関するハーグ条約（1986年）7条1項などがある。また，東京地判平成14年2月26日判例集未登載〔百選27〕は，わが国の損害保険会社が発行した英文保険証券の英法準拠約款について，保険契約に関する法律問題のうち，「一切の請求に対する責任及びその決済に関して」はイギリス法を適用し，それ以外の事項・法律問題については日本法を適用する旨の分割指定を定めたものと解している。後述178頁参照。

(5)　準拠法選択の時期　　契約の準拠法は，契約の成立を支配するものであるから，原則として契約締結時に決定されているはずである。法適用通則法7条および8条も，この点を明確にするために，準拠法決定の基準時を「法律行為の当時」としている。しかし，実際には，契約締結後に準拠法の合意をしたり，すでにした合意を変更する必要が生じたりすることがある。この点について，法適用通則法9条は，明文で準拠法の変更を認めている。契約準拠法の決定を当事者の選択に委ねる以上，準拠法の変更を認めないとする積極的な理由はないからである。選択の時期については，法文上とくに限定がないため，いつでも行うことができると解される。後述するように，準拠法の選択は黙示的でもよいとされているので，準拠法の黙示的な変更も許される。

準拠法の変更に遡及効をもたせることができるか否かについても，それを制限する文言がないことから，当事者の意思に委ねる趣旨と

解されている。もっとも，将来にわたってのみ準拠法を変更することは契約の準拠法を時間的に分割して適用することになるため，法適用の複雑化が避けられない。したがって，とくに明示的な意思が示されていない場合には，遡及的に準拠法を変更するものと解すべきであろう。

　契約当事者は自由に準拠法の変更ができるとしても，そのことによって，その契約に利害を有する第三者の権利が害されることは妥当ではない。そこで，法適用通則法は，準拠法の変更が第三者の権利を害することとなるときは，その変更を当該第三者には対抗できないとして，第三者の利益を保護している（9 条但書）。ここにいう第三者とは，当該契約に法的な利害関係を有する第三者をいい，契約債務の保証人や第三者のためにする契約の第三者などが該当する。したがって，準拠法の変更によって，これらの第三者が従前有した権利を主張できなくなるような場合には，契約当事者はその者に対して準拠法の変更を主張できないことになる。

　＊法例には準拠法の変更を明示的に認める規定がなかったが，当事者双
　　方が準拠法に関する合意がなかったことを理由に行為地法である日本
　　法の適用を主張した事件で，契約準拠法を日本法とする旨の裁判上の
　　合意を認めた裁判例（東京地判昭和 31 年 11 月 29 日下民集 7 巻 11 号
　　3430 頁）や準備手続期日における準拠法の合意を認めた裁判例（東京
　　地判平成 2 年 4 月 25 日判時 1368 号 123 頁）が存在した。また，当該
　　契約が一定の国の法に準拠して締結されたことにつき当事者間に争い
　　がないとして，その国の法を準拠法と認定したものも少なくない（大
　　阪地判昭和 41 年 9 月 24 日下民集 17 巻 9 = 10 号 839 頁，東京高判昭和
　　49 年 8 月 28 日労民集 25 巻 4 = 5 号 354 頁，東京地判昭和 51 年 1 月 29
　　日下民集 27 巻 1〜4 号 23 頁など）。法適用通則法の下では，このよう
　　な事案については，裁判所が準拠法の変更に関する当事者の意思を明
　　確にしていくことが望ましい。9 条により，訴え提起後の準拠法の合

意を認めた事例として，東京高判平成30年8月22日判例集未登載
〔百選29〕がある。

法適用通則法——明示　当事者自治の原則による場合には，当事者
の選択のない場合　が明示的に準拠法を選択していない場合の
準拠法の決定が問題となる。法例は，当事者の意思が明らかでない
ときは，当事者の意思の推定として行為地法によると規定していた
（法例7条2項）。しかし，多種多様な契約について一律に行為地法
によるとの意思を推定することに対しては，契約との密接関連性の
観点から，立法論として批判が強かった。

(1)　黙示の選択　　そこで，従来の判例・学説は，当事者による
明示の選択がない場合にも，直ちに当事者の意思不明として行為地
法を適用するのではなく，契約関係の諸般の事情から合理的に当事
者の黙示の意思を探求して準拠法を決定してきた（前掲最判昭和53
年4月20日）。ことに，わが国においては，一律的な行為地法の適
用を避けるために，黙示意思の探求に当たっては，契約の型・内
容・性質，契約当事者，契約の目的物，裁判管轄条項や仲裁条項な
ど，もろもろの主観的・客観的事情を総合的に考慮すべきであると
して，準拠法の黙示的選択を広範に認める傾向にあった。法適用通
則法の下においても，当事者の利益の観点から，明示的な法選択の
みならず，黙示的な準拠法の選択も許されると解する点については
異論がないものと思われる（7条）。しかし，一律に行為地法が適用
された法例とは異なり，法適用通則法では，最密接関係地法の適用
によって具体的な事案に即した準拠法の決定が可能となったことを
考えると（8条1項），当事者の現実の意思を超えて，裁判所が当事
者の意思を推定するような黙示意思の探求は許されないというべき

であろう。

　＊黙示の意思の探究については，当事者の主観的・客観的事情を総合的
　　に考慮するもの（東京地判昭和 44 年 5 月 14 日下民集 20 巻 5 = 6 号
　　342 頁，東京地判昭和 52 年 4 月 22 日判時 863 号 100 頁など）の他，
　　日本所在の不動産賃貸借契約について日本法による意思のあったもの
　　とした判決（大阪高判昭和 44 年 8 月 5 日高裁民集 22 巻 4 号 543 頁）
　　や定期預金契約について取引銀行所在地である日本法による意思であ
　　るとした判決（前掲最判昭和 53 年 4 月 20 日）などがある。

　(2)　最密接関係地法　　当事者が明示的にも黙示的にも準拠法を
選択していない場合には，契約の成立および効力は，契約締結当時，
当該契約と最も密接な関係のある地の法（最密接関係地法）による
（法適用 8 条 1 項）。これは，もっぱら意思主義を採用していた法例
とは異なり，契約準拠法の決定について客観的連結を採用したもの
である。具体的な準拠法の決定に当たっては，「最密接関係地法」
の決定が問題となるが，法適用通則法は，準拠法の予測可能性を図
るために，若干の推定規定を置いている。すなわち，当事者の一方
のみが当該契約に特徴的な給付を行う場合には，その給付を行う者
の常居所地法（会社については当該契約に関係する事業所の所在地法）
が最密接関係地法と推定される（同条 2 項）。特徴的給付とは，契約
関係を特徴的に基礎付ける給付，すなわち双務契約では金銭給付の
対価として履行される給付を意味している。具体的には，売買契約
における売主，賃貸借契約における貸主，請負契約における請負人，
委任契約における受任者などが行う給付が特徴的給付である。この
ような準拠法の決定方法は，特徴的給付理論と呼ばれ，ローマ条約
（4 条 2 項）やスイス国際私法（117 条 2 項）などですでに採用されて
いるものである。また，不動産を目的とする契約については不動産
所在地法（法適用 8 条 3 項），労働契約については労務提供地法（労

務提供地が特定できないときは，労働者を雇い入れた事業所の所在地法。12条2項・3項）が最密接関係地法と推定される。これらの規定はいずれも「推定規定」であるから，具体的な契約においてより密接な関係のある地が他に存在する場合には，法適用通則法8条1項の原則に立ち返り，その地の法が最密接関係地法として適用されることになる。

　＊特徴的給付理論は，典型契約のような比較的単純な契約類型には妥当するものの，現代の複雑化した形態の契約には必ずしも適合しないという問題がある。そこで，法適用通則法は，特徴的給付理論の適用を「特徴的な給付を当事者の一方のみが行うものであるとき」に限定している（8条2項）。法適用通則法における契約準拠法の決定については，森下哲朗「国際私法改正と契約準拠法」国際私法年報8号20頁以下（2006年），佐藤やよひ「契約──法適用通則法適用に当たっての問題点」ジュリスト1325号47頁以下（2006年），佐野寛「法適用通則法における契約準拠法の決定」民商法雑誌136巻1号1頁以下（2007年）など参照。

**法適用通則法
──消費者契約**　法適用通則法は，国際契約における経済的な弱者の保護を図るために，消費者契約について特則を設けている（11条）。すなわち，当事者は消費者契約についても準拠法を自由に選択することができるが（7条・9条），消費者の常居所地法以外の法が契約準拠法とされたときは，消費者保護の観点から，消費者はその常居所地法中の強行規定の適用を事業者に対して援用することによって，その強行規定による保護をも受けることができる（11条1項）。これは，当事者自治の原則を前提としつつ，消費者にとって馴染みの深い常居所地法上の保護を，消費者による強行規定の援用という方法によって保障したものである。当事者が準拠法を選択していないときは，当該契約の「最密接関係地

法」によるのではなく，消費者の常居所地法が適用される（同条2項）。交渉力の相違から考えて，準拠法を選択していない以上，もっぱら消費者の常居所地法によっても事業者にとって不当とはいえないからである。

　もっとも，消費者が自ら外国に赴いて契約を締結したような場合（事業者の勧誘による場合を除く）についてまで消費者の常居所地法の適用を認めることは，かえって事業者の期待を害し，取引の安全にも支障をきたすことから，このような「能動的消費者」については上記の特例は適用されない（同条6項1号・2号）。また，契約締結当時，事業者が消費者の常居所地を知らなかったり，相手方を消費者でないと誤認した場合も，事業者の予測可能性を考慮して，特例の適用除外とされている（同項3号・4号）。

　＊消費者契約について，消費者の常居所地の強行規定を適用すること（強行法規の特別連結）はローマ条約などでもすでに採用されているが，法適用通則法は，当事者の選択した法と消費者の常居所地法とで消費者により有利な法を適用するという，いわゆる「優遇原則」によるのではなく，強行規定の適用を消費者の意思に委ねた点に特色がある（前述87頁参照）。

　＊法適用通則法は，労働契約についても，消費者契約と同様に特則を設け，当該労働契約の最密接関係地法（通常は労務提供地法）の強行規定による労働者の保護を保障している（12条1項）。契約準拠法の決定における弱者保護については，西谷祐子「契約の準拠法決定における弱者保護」法律のひろば2006年9月号22頁以下参照。

国際契約の方式の準拠法　各国の実質法上，契約によっては，その成立のため，書面の作成その他の一定の方式が必要とされる場合がある。たとえば，一定の消費者契約については必ず書面を必要とするとか，一定金額以上の目的物に関する契約について書面

を要求する場合などがそれである。

　＊一般に法律行為の「方式」とは，法律行為において当事者がその意思
　　を表示すべき外部的形式をいうとされている。具体的には，個々の要
　　件の目的，行為地法によることの合理性などの観点から「方式」か否
　　かの判断がなされるべきである。

　(1)　「場所は行為を支配する（locus regit actum）」の原則　　法
律行為の方式については，各国の国際私法上，行為地法の定める方
式を具備したときは方式上これを有効とするという原則が広く認め
られている。これが「場所は行為を支配する」と呼ばれる原則であ
る。この原則は，かつては法律行為の方式のみならず実質をも支配
する原則であったが，その後，実質の問題が各々の法律行為に応じ
て多様な法に服することになった結果，方式にのみ妥当する原則と
して今日に残ったものである。この原則の根拠としては，次の点が
あげられる。すなわち，方式の問題を法律行為の実質の準拠法によ
らしめるときは，その準拠法所属国以外の場所で有効な法律行為を
行うことが実際上困難な場合が生じうる。行為地法の定める方式を
具備した法律行為を方式上有効とするのは，そのような支障を除去
するための実際上の便宜に基づくものである。また，当事者にとっ
て行為地法の適用は最も便利であるばかりか，国際取引の安全と円
滑な履行の確保という観点からも望ましい。このような理由から，
今日きわめて多数の国がこの原則を採用するに至っている。

　(2)　法適用通則法　　法適用通則法は，まず法律行為の方式はそ
の行為の成立を定める法によるとした上で（10条1項），行為地法
によった方式も有効とするとして（同条2項），「場所は行為を支配
する」の原則を任意的・選択的に採用している。したがって，契約
は，契約準拠法の定める方式か，あるいは契約締結地法の定める方

式に従っていれば方式上有効である。

　方式の要件を充足していないことの効果も方式の準拠法による。契約準拠法と行為地法で方式違背の効果が異なる場合が問題となるが，法適用通則法 10 条は，方式上契約をできるだけ有効に成立させようという趣旨の規定であるから，契約が成立の準拠法と行為地法の要件をともに備えていない場合には，契約の効力をより維持することになる法が適用されるべきである。

　契約が電子メール等によって異なる国に所在する者の間で締結される場合（隔地的契約），契約締結地法の適用には締結地の確定という困難が伴う。そこで，法適用通則法は，近時の諸国の立法（ローマ I 規則 11 条 2 項，スイス国際私法 124 条 2 項）に倣い，当事者は，契約の方式について申込地および承諾地いずれの法に従ってもよいこととしている（10 条 4 項）。

　(3)　消費者契約の方式　　消費者契約では，消費者保護のために，各国の実質法上厳格な方式が要求されている場合が少なくない。したがって，当事者の便宜を考慮した「場所は行為を支配する」の原則を適用し，契約の成立を容易にするという連結政策は消費者契約には適さない。このような考慮から，法適用通則法は，消費者契約の方式についても，消費者の常居所地法の優先を認めている。すなわち，①契約準拠法として消費者の常居所地法以外の法が選択されている場合でも，契約の方式について消費者がその常居所地法中の特定の強行規定を適用すべき意思を事業者に表示したときは，もっぱら当該強行規定が適用される（11 条 3 項）。②契約準拠法として消費者の常居所地法が選択されている場合に，消費者が方式についてはもっぱらその常居所地法による意思を事業者に表示したときは，消費者の常居所地法のみが適用される（同条 4 項）。③契約準拠法に

関する選択がないときは，方式はもっぱら消費者の常居所地法による（同条5項）。

第2節　国際売買契約

1　統一売買法とインコタームズ

　各国の実質法上，売買は当事者の私的自治に広く委ねられている分野であり，当事者は比較的自由に契約内容を決定することが認められている。したがって，その意味では，各国の売買法の相違は，現実の取引において必ずしも顕著な支障を来さないともいうことができる。しかし，起こりうるすべての問題を当事者が事前に想定し，それらの場合に対応する約定を予め定めておくことが実際上不可能であることを考えると，当事者の予測可能性および国際取引の安全かつ円滑な遂行の観点からみても，当事者の意思の補充規定または解釈規定としての売買法が世界的に統一されていることが望ましい。また，各国の売買法は，主として国内売買を念頭において立法されており，国際取引にそのまま適用することは必ずしも適当でないという問題がある。このような理由から，国際売買についても法統一の努力が着実に続けられている。

　国際売買における法統一の方法としては，条約による統一法の作成とともに，標準契約書式および標準約款の使用による契約内容の統一や，民間機関の作成による国際的統一規則の利用などをあげることができる。

統一売買法　国際売買に関する統一法としては，1964 年にハーグで採択された「国際物品売買についての統一法に関する条約」および「国際物品売買契約の成立についての統一法に関する条約」（以下，両条約をあわせて「ハーグ統一売買法条約」と呼ぶ）の 2 つの条約と，国連の国際商取引法委員会（UNCITRAL）によって作成された「国際物品売買契約に関する国際連合条約」（以下，「国連物品売買条約」として引用する）とがある。ハーグ統一売買法条約は 1972 年に発効し，国連物品売買条約も 1988 年 1 月 1 日に発効している。わが国は，平成 20（2008）年 7 月 1 日に国連物品売買条約について加入書を寄託し，同条約は平成 21（2009）年 8 月 1 日に日本について発効した。とくに，国連物品売買条約は，実質的にハーグ統一売買法条約を改定するものであり，法体系や社会・経済体制の異なる世界の主要な国々が加盟国となっている（2023 年 1 月末現在，締約国は 95 ヵ国に上っている）。また，後述するように，条約の適用が締約国に営業所を有する企業間の国際売買に限られていないため，物品の国際売買に従事する事業者は，同条約の適用を常に念頭に置いておく必要があるといえよう。

　(1)　ハーグ統一売買法条約　　1930 年に開始された私法統一国際協会（UNIDROIT）による統一売買法作成の努力は，第 2 次世界大戦後，「国際物品売買についての統一法に関する条約」（売買条約）および「国際物品売買契約の成立についての統一法に関する条約」（成立条約）の 2 つの条約として結実した。売買条約は，国際物品売買契約から生じる売主および買主の権利・義務を対象とし，成立条約は，国際物品売買契約の成立に関する規定の統一を目的としている。いずれの条約も，条約本文と付属書の形式で定められている統一法から構成され，締約国は付属書に定められた統一法を自国の立

法に組み入れることとされている（売買条約 1 条，成立条約 1 条。なお，以下では付属書に定められた統一法をそれぞれ「売買統一法」，「成立統一法」として引用する）。両条約は，一部のヨーロッパ諸国の加盟によって 1972 年にともに発効したが，その後，国連物品売買条約の成立によって締約国が減少し，現在の締約国はイギリス，ガンビアの 2 国となっている。

　ハーグ統一売買法は，国際売買を対象とする万民法型の統一私法である。同法の特色は，その適用に当たって，一般的に国際私法規定の適用を排除していることである（売買統一法 2 条，成立統一法 1 条 (9)）。したがって，統一売買法が定める「国際売買」に該当する場合，締約国は，国際私法の規則によって準拠法を決定するのではなく，直ちに同法を適用すべきものと解されている。また，統一法の対象となる国際売買は，異なる国の領域に営業所を有する当事者間の物品売買契約のうち一定の条件を満たすものとされているが（次頁**図 2** 参照），締約国の領域に営業所があることを要件としていないため，条約に加盟していない国の企業にも統一法が適用される可能性があった。

　＊統一売買法が適用されるのは，異なる国の領域に営業所を有する当事者間の物品売買契約であって，（ⅰ）一国の領域から他国の領域へ，契約締結の時に，目的物が現に輸送中であるか，または将来輸送されることが予定されている場合，（ⅱ）申込みおよび承諾を構成する行為が異なる国の領域でなされた場合，（ⅲ）目的物の引渡しが，申込みおよび承諾を構成する行為のなされた国以外の領域でなされるべき場合のいずれかに該当するときである（売買統一法 1 条 (1)，成立統一法 1 条 (1)）。しかし，このようにハーグ統一売買法が非締約国に営業所を有する者の国際売買についても適用されることについては，条約制定当時から強い反対があった。そのため，条約では，締約国が，統一法

図2　ハーグ統一売買法の適用される国際売買

（異なる国に営業所を有するA社・B社間の物品売買）

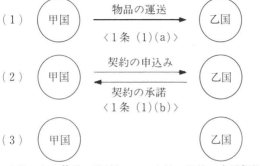

（1）　甲国　→　物品の運送　→　乙国
〈1条 (1)(a)〉

（2）　甲国　→　契約の申込み　←　契約の承諾　乙国
〈1条 (1)(b)〉

（3）　甲国　　　　　　　　乙国
A社からの物品の引渡し　　A社＝B社　売買契約締結
〈1条 (1)(c)〉

図3　国連物品売買条約の適用される国際売買

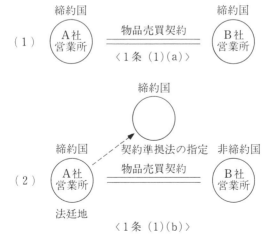

（1）　締約国　A社営業所　＝物品売買契約＝　B社営業所　締約国
〈1条 (1)(a)〉

締約国

（2）　締約国　A社営業所　契約準拠法の指定　物品売買契約　B社営業所　非締約国
法廷地
〈1条 (1)(b)〉

の適用を，異なる締約国に営業所を有する当事者間の売買契約にのみ
限定することができるという留保を認めている（売買条約3条，成立
条約3条）。ハーグ統一売買法の適用に関しては，高桑昭「国際的統一
売買法」『現代契約法大系8』75頁以下参照。

　ハーグ統一売買法は，内容的には精緻で優れたものであるとの一
定の評価を受けながら，それが必ずしも国際取引の実務を反映して
いないことや，統一売買法の作成に当たって参加した国が西側の先
進国を中心とした比較的少数の国々であったことなどから，制定当
初から世界的に受容されるかどうかが危惧されてきた。そして，ハ
ーグ統一売買法の改訂を企図した国連物品売買条約が成立し，発効
したことによって，ハーグ統一売買法は，事実上，その使命を終え
たということができる。

　　＊ハーグ統一売買法が一般的に国際私法規定の適用を排除した理由とし
　　ては，統一法の適用に優位を認め，法統一の促進を図ろうとしたこと
　　とともに，国際私法規定による準拠法決定の不確定さに対する不信が
　　あったものということができる。そのため，統一売買法の欠缺補充に
　　ついても，国際私法により指定されるいずれかの国の実質法によるの
　　ではなく，統一法を基礎づけている一般原則によるものとされている
　　（売買統一法17条）。しかし，統一売買法の欠缺補充に関して，「一般
　　原則」という漠然とした概念により，統一法の体系内だけでの解決が
　　可能かどうかについては異論がある。これらの点については，石黒一
　　憲「統一法による国際私法の排除とその限界」海法会誌復刊24号22
　　頁以下（1980年），奥田安弘「国内裁判所における統一法条約の解釈」
　　国際法外交雑誌86巻5号46頁以下（1987年）など参照。

　(2)　国連物品売買条約　　1966年，国連に国際商取引法委員会
（UNCITRAL）が設置されると，同委員会は，ハーグ統一売買法が
観念的で国際取引の実務を考慮していないことや，発展途上国およ
び社会主義諸国の意見が十分に反映されていないことなどを理由と

して，同法の再検討を開始した。その結果として，1980 年にウィーンで採択されたのが「国際物品売買契約に関する国際連合条約」である。この条約は，1988 年 1 月 1 日に発効し，アメリカ，中国，ロシア，ドイツ，イタリア，エジプト，アルゼンチン，オーストラリア，韓国など法体系や社会・経済体制の異なる世界の主要な国々が締約国となっており，世界的な標準ルールとしての地位を確立するに至っている。このような状況を受けて，わが国も平成 20（2008）年 7 月 1 日に加入書を寄託し，条約に加盟することになった。

＊国連国際商取引法委員会は，「国際商取引法の漸進的調和および統一の促進」を目的として設立された国連総会直属の委員会である。国際取引に関する法整備の中心的な国際機関として，これまでに国際海上物品運送，国際商事仲裁，国際決済，国際物品売買などの分野で統一法やモデル法の作成などの作業を行っている。

＊国連物品売買条約は，ハーグ統一売買法を実質的に改訂しようとするものであるため，ハーグ統一売買法条約の締約国が国連物品売買条約を批准・受諾・承認または加入するときは，同時にハーグ条約を廃棄する手続をとらなければならないとして，締約国にどちらかの条約への一本化を義務づけている（国連物品売買条約 99 条（3））。この規定に従って，すでにイタリア，オランダ，ドイツ，ベルギー，ルクセンブルク，イスラエルなどがハーグ統一売買法条約の廃棄を通告している。

　国連物品売買条約は，ハーグ統一売買法の改訂を目的としたものであり，同法を受け継ぎながら，いくつかの点でそれを修正している。重要な修正点の 1 つは，条約の適用範囲である。すなわち，国連物品売買条約は，異なる国の領域に営業所を有する当事者間の物品売買契約であって，次の場合に適用される。（ⅰ）当事者の営業所の所在する国がいずれも締約国である場合，（ⅱ）国際私法の準則により締約国の法を適用すべき場合である（103 頁図 3。1 条（1））。

前者は，ハーグ統一売買法に対する批判を受けて，条約の適用範囲を異なる「締約国」に営業所を有する当事者間の売買に限定したものである。その結果，ハーグ統一売買法よりも，条約の適用範囲は狭くなっている。しかし，この点は，締約国の増加により実質的に解決されている。この場合，締約国の裁判所は，自国の国際私法規定によって準拠法を決定するのではなく，直ちに条約を適用すべきものと解されている。これに対して，1条（1）（b）は，当事者の営業所が締約国に存在しない場合であっても，法廷地の国際私法規定により締約国法が準拠法とされる場合には，条約の適用を認めるというものである。これは，条約の適用範囲を当事者の営業所の所在する締約国間の国際売買以外にも拡張しようとしたものということができる。この規定によれば，非締約国に営業所を有する企業間の売買であっても，締約国の裁判所に訴訟が提起され，その国の国際私法規定により締約国法が準拠法とされるときには，国連物品売買条約が適用されることになる。したがって，条約に加盟していない国の企業にとっても，国際取引に従事する上で，国連物品売買条約を無視することはできないものといえよう。

　なお，国連物品売買条約も任意規定であって，当事者が条約の規定の全部または一部の適用を排除し，もしくはその効力を変更することができる（6条）。当事者が条約を積極的に排除した場合はもちろん，当事者が締約国以外の法を準拠法として選択した場合にも，条約の適用を排除する黙示の意思があるとされる場合が多いであろう。

　　＊なお，国連物品売買条約は，締約国は1条（1）（b）に拘束されない旨の宣言ができると規定している（95条）。この規定は，国際取引に適用すべき国内法を有する一部の国（アメリカ，ハンガリーなど）が強

く主張した結果，加えられた規定である。条約の適用を留保すること
によって，自国法が準拠法となる場合に，そのような国内法の適用を
確保することを企図したものである。すでに，アメリカ，中国，スロ
ヴァキア，シンガポールなどがその宣言を行っているが，わが国は宣
言をしていない。

　法廷地の国際私法によって指定された準拠法の所属国がそのような
宣言をしている場合，締約国である法廷地の裁判所は，条約を適用す
べきかあるいは準拠法所属国の国内法を適用すべきかが問題となる。
しかし，この点は条約の規定からは必ずしも明らかではない。そこで，
ドイツは，95条の宣言をした国は1条（1）（b）の「締約国」とみなさ
ない旨の解釈宣言を行い，条約は適用されないとの立場をとっている。
わが国では，1条（1）（b）による条約の適用は自国法としての適用で
あり，95条の留保によって影響を受けないとする見解（相対的留保
説）が多数であるが，条約は準拠法所属国法の一部として適用され，
それが適用留保国の場合には，条約は適用されないことになるとの見
解（絶対的留保説）も有力に主張されている。

　いずれにせよ，1条（1）（b）のように，法廷地の国際私法規定に基
づいて条約の適用範囲を画定することについては，各国の国際私法上，
契約準拠法の決定が必ずしも明確でないために条約の適用を不安定に
するとか，当事者自治の原則との関連で，締約国法の指定が条約の適
用を意味するのか，あるいは条約の規定を排除して締約国の国内法を
適用する意思であるのかといった困難な問題が生じるとの批判がある。
国連物品売買条約の適用については，曽野＝山手『国際売買法』29頁
以下，『注釈国際統一売買法Ⅰ』27頁以下〔樋爪誠〕，曽野裕夫
「CISG の締結手続と国内的実施」国際私法年報12号6頁以下（2010
年），高桑『国際商取引法』89頁以下など参照。

　国連物品売買条約は，売買契約の成立と当事者の権利・義務のみ
を対象としている点では，ハーグ統一売買法と異ならない（4条）。
しかし，条約の欠缺補充については，第1に，条約の基礎を成す一
般原則により，そのような原則がない場合には，国際私法の準則に

より適用される法律により解決されるとして，いずれかの国の国内法による補充を認めている（7 条（2））。これは，ハーグ統一売買法のように統一法の完結性を主張せず，現実的に国内法による補充を許容したものということができる。

さらに，国連物品売買条約の特徴は，ハーグ統一売買法に比べ，実際的で具体的なアプローチが採られていることである。これは，ハーグ統一売買法における教訓を参考にして，法体系や社会・経済体制の異なる諸国の意見を取り入れながら条約の起草が行われたことと，とくに，条約のアプローチが国際的にも評価の高いアメリカの統一商法典（Uniform Commercial Code；UCC）の影響を強く受けていることによるものである。この点でも，国連物品売買条約は，ハーグ統一売買法に比べ，多くの国にとって受け入れ易いものになっている。

なお，国際売買に関する統一法としては，その他に，やはり国連国際商取引法委員会によって作成された「国際物品売買における制限期間に関する国連条約」（1974 年，1980 年改正議定書）がすでに発効している（日本は未加入）。この条約は，国際物品売買契約に関して生じる売買当事者間の請求権について，その時効または出訴期間の統一を目的としたものである。時効期間を原則として請求権が発生した日から 4 年とすること（8 条）や，時効中断の国際的効果を認めたこと（30 条）などに特色がある。

インコタームズ　国際売買では，目的物の引渡方法や当事者間の費用負担および危険負担といった取引条件について，FOB や CIF というような略語を用いて表示する慣習が成立している。このような定型取引条件（trade terms）は，価格条件として，いつの時点までのいかなる費用を各当事者が負担するかを定

めると同時に，目的物の引渡場所や危険の移転時期などの物品の引渡条件をも意味している。

　　＊たとえば，原則として，FOB は，価格条件として船積港での船積みまでの費用を売主が負担し，したがってその時点までの費用が売買代金に含まれることを意味するとともに，契約上定められた船積港において，売主が指定された船舶に物品を船積みすることによって売主の引渡義務が完了し，物品についての危険も売主から買主に移転することを表わしている。

　しかしながら，このような定型取引条件は，国によって必ずしもその解釈が一致しているわけではなく，そのような解釈の相違がしばしば当事者間の紛争を引き起こすことになった。そこで，定型取引条件の統一的解釈を目的として，国際商業会議所によって作成された，定型取引条件の解釈に関する統一規則がインコタームズである（前述 25 頁）。インコタームズは，1936 年に採択されて以来，数次の改正がなされ，新たな取引条件が付け加えられたり，取引実務の変化に対応して，取引条件の内容もその都度整理されている。2020 年版の最新のインコタームズでは，以下の 11 種の定型取引条件が定義されており，それぞれの取引条件について売主および買主の義務が列挙されている。このうち，①〜⑦は，海上運送だけでなく，陸上，航空運送を含むすべての運送手段を用いた取引に対応しているが，⑧〜⑪はもっぱら海上および内陸水路運送のためのものである。なお，2010 年版からは，用語も取引条件（terms）ではなく，規則（rules）が用いられている。

　⑴　すべての運送手段に対応した規則

　① EXW（Ex Works：工場渡し）　　売主が，その施設またはその他の指定場所（工場，倉庫など）において物品を買主の処分に委ねた時に引渡義務を果たしたことになる条件。売主は，物品を受取りの

ための車両に積込む義務はなく，買主が引き取れる状態にすれば，その後の運送，輸出のための手続，費用等は買主が負担する。インコタームズの中で売主の義務が最も小さい条件である。

②FCA（Free Carrier：運送人渡し）　　売主が，その施設またはその他の指定地で，買主によって指名された運送人その他の者に物品を引き渡した時に引渡義務が完了する条件。買主は，運送人と運送契約を締結する義務があり，引渡し以後の危険と費用を負担する。

③CPT（Carriage Paid To：輸送費込み）　　売主が，指定された仕向地までの物品の運送契約を締結する義務を負う条件。輸出手続および通関手続は売主の義務であるが，物品を運送人に引き渡せば引渡義務は完了し，それ以後の危険および費用は買主の負担となる。

④CIP（Carriage and Insurance Paid To：輸送費保険料込み）　　売主が，指定仕向地までの運送契約に加えて保険契約も締結する義務を負う条件。売主の引渡義務が運送人への引渡しで完了し，それ以後の危険および費用を買主が負担する点は CPT と異ならない。

⑤DAP（Delivered At Place：仕向地持込渡し）　　売主が，指定された仕向地の合意された地点において，荷卸しの準備ができた状態で，運送手段上で物品を買主の処分に委ねた時に引渡義務が完了する条件。売主は，輸出手続および通関手続を行い，合意された地点までの運送契約を締結する義務を負う。合意された地点において引き渡された後の危険と費用は買主が負担する。

⑥DPU（Delivered At Place Unloaded：荷卸込持込渡し）　　売主が，指定仕向地において，物品が荷卸しされ，買主の処分に委ねられた時に引渡義務が完了する条件。売主は，輸出手続および通関手続を行い，指定地までの運送契約を締結するか，または運送を手配し，荷卸しに伴う一切の危険を負担する。物品の引渡し後は，危険と費

用は買主の負担となる。

⑦ DDP（Delivered Duty Paid：関税込持込渡し）　　売主が，指定された仕向地までの物品の持込みに加えて，物品の輸入に必要な輸入手続および通関手続を負担する条件。輸入のための関税の支払いも売主の負担となる。物品の引渡しは DAP と同じであり，引渡し後の危険と費用は買主が負担する。インコタームズの中で，売主の義務が最も大きい条件である。

(2)　海上および内陸水路運送のための規則

⑧ FAS（Free Alongside Ship：船側渡し）　　売主が，指定された船積港で，買主が指定した本船の船側（埠頭や艀の上など）に物品を置いた時に引渡義務が完了する条件。売主は輸出手続および通関手続をする義務を負うが，引渡し後の運送，危険および費用は買主が負担する。

⑨ FOB（Free On Board：本船渡し）　　売主が，指定された船積港で，買主が指定した本船上に物品を置いた時に引渡義務が完了する条件。売主は輸出手続および通関手続を行い，船積みにかかる費用を負担するが，引渡し後の運送，危険および費用は買主が負担する。実際の国際取引で広く用いられている定型取引条件の 1 つである（後述 124 頁）。

⑩ CFR（Cost and Freight：運賃込み）　　売主が，引渡地から指定された仕向港までの物品の運送契約を締結する義務を負う条件。売主は，輸出手続および通関手続を行い，船積費用と仕向港までの海上運賃を負担するが，指定された船積港で物品を本船上に置けば引渡義務は完了し，それ以後の危険および費用は買主の負担となる。

⑪ CIF（Cost, Insurance and Freight：運賃保険料込み）　　売主が，指定された仕向港までの運送契約に加えて保険契約も締結する義務

を負う条件。売主は，運賃の他に保険料を支払わなければならない。売主の引渡義務が指定された船積港で物品を本船上に置いた時に完了し，それ以後の危険および費用を買主が負担する点は CFR と異ならない。FOB とともに国際取引で広く用いられている取引条件である（後述 125 頁）。

　これらの規則のうち，⑤⑥⑦の D 系の規則は，仕向地国に物品が持ち込まれるまでの費用と危険を売主が負担する条件であるが，他は売主の所在地が引渡地となる取引条件（いわゆる積地売買）である。また，従来のインコタームズでは，FOB や CIF の船積みにおける危険の移転および費用負担の分岐点として「本船の手すりを通過した（passed the ship's rail）時」が用いられてきたが，2010 年版のインコタームズ以降，「本船の船上に物品を置いた（placing them on board the vessel）時」とされている。これは，「本船の手すりを通過した時」という基準がすでに象徴的な意味しかもたず，現実の取引実務と一致していないことから，より適切な基準時に改められたものである。

　　＊ヨーロッパを中心とした国際取引では，運送中の物品を他へ転売することがしばしば行われるが（インコタームズは，そうした売買を「連続売買（string sales）」と呼んでいる），その場合，物品はすでに船積みされていることから，2010 年版のインコタームズ以降，第 2 の売主から第 2 の買主への物品の引渡しは船積みされた物品の「調達（procure）」によることとされている（このような連続売買については，後述 126 頁参照）。インコタームズについては，朝岡良平『貿易売買と商慣習〔第 3 版〕』（東京布井出版，1981 年），新堀聡『貿易売買』（同文舘，1990 年）65 頁以下，高桑『国際商取引法』97 頁以下など参照。なお，2020 年版インコタームズについては，国際商業会議所日本委員会から邦訳が出版されている。

　インコタームズは，あくまでも民間機関による統一規則であるか

ら，原則として，当事者がそれによる旨を合意することが必要である。もっとも，アメリカ統一商法典のように，定型取引条件に関して成文の規定をもつ国はごく少数であるので，各国法上，定型取引条件に関する慣習としてインコタームズが参照される可能性は少なくない。わが国の裁判例の中にも，定型取引条件の解釈に関してインコタームズを参照したものがある（神戸地判昭和 61 年 6 月 25 日訟務月報 32 巻 12 号 2908 頁）。また，ハーグ統一売買法および国連物品売買条約も，定型取引条件に関しては明文の規定を置いていない。これらの条約では，定型取引条件について，もっぱら慣習または慣行として，インコタームズなどの統一規則によるという立場が採られている（ハーグ統一売買法 9 条，国連物品売買条約 9 条）。

2　国際売買契約の成立

　国際売買契約の中には，定型的・日常的な商品の売買のように比較的簡単に契約締結に至るものもあるが，長期にわたる売買契約やプラント輸出契約のように，当事者のさまざまな交渉を経て契約が成立することも少なくない。このような国際売買契約の成立において問題となるのは，申込みの拘束力や承諾の効力発生時期などの契約成立に関する法制が国によって異なっており（後述 116 頁），契約の成立が事後的に争われるような場合には，その解決に困難が生じることがあるという点である。

　ところで，売買契約が有効に成立するためには種々の要件を満たす必要がある。それらの要件のうち，契約の成立自体に関する問題（契約の成立には申込みと承諾を常に必要とするか，申込みないし承諾に瑕

疵がある場合，契約は無効となるかなど）については，各国の国際私法上，契約の準拠法によることに異論はない。しかし，契約の要素である申込みおよび承諾自体の成否および効力については，契約準拠法によるとする立場に対して，意思表示を行う者の利益保護の観点から，意思表示の発せられた地の法（表意地法）やその者の常居所ないし営業所所在地の法によるとする見解も有力である。

*たとえば，わが国の商法 509 条のような「沈黙は承諾とみなす」という規定に関して，日本の企業が，そのような法理の存在しない国の企業に対して，契約準拠法を日本法とする旨の条項を挿入した申込みをした場合，相手方の諾否の通知がなくても契約は成立するか否かが問題となる。契約準拠法説によれば，契約準拠法である日本法により，申込みは承諾されたものとみなされるのに対して，表意地法または本人の営業所所在地法によれば，承諾はないと解されることになる。わが国では前者の見解が通説であるが，近時の立法では，契約の成立については，原則として契約準拠法によりながら，合意の成否について本人の常居所地法の援用を認めるものがある（ローマ I 規則 10 条 2 項，国際物品売買契約の準拠法に関する条約 10 条 3 項。沈黙の効力について，スイス国際私法 123 条）。このような意思表示自体の成否および効力の準拠法については，澤木敬郎「債権契約における意思表示の準拠法」『国際私法の基本問題』195 頁以下，出口耕自「西ドイツ国際私法判例における『意思表示の特別連結』問題」金沢法学 29 巻 1 = 2 号 253 頁以下（1987 年）など参照。

　契約の目的が，適法であること，確定しうること，可能であることなどの問題も契約準拠法による。また，契約成立のために官庁の許可を必要とするか否か，許可を得られない場合の効果なども契約準拠法によるが，このような官庁の許可に関しては，契約準拠法所属国以外の国の強行規定の適用も問題となりうる（東京高判平成 12 年 2 月 9 日判時 1749 号 157 頁参照）。なお，契約の成立に関する要件

のうち，契約当事者の行為能力や契約の方式の問題は，それぞれ行為能力の準拠法（法適用 4 条・5 条）および方式の準拠法（10 条）によることはいうまでもない。

契約交渉　　長期にわたる売買契約やプラント輸出契約などでは，交渉の開始から正式契約の締結までにかなりの期間を要するため，正式契約締結前に，それまでの交渉によってまとめられた基本的事項につき双方が確認した旨の文書を取り交わすことがある。このような文書は，実務上，レター・オブ・インテント（letter of intent）などと呼ばれている。このような文書にどのような法的効力があるかは，事案により一様ではない。一般に，レター・オブ・インテントによって契約が成立するか否かは，当該契約の準拠法によることになろう。このような文書に法的効力をもたせたくない場合には，その旨を当該文書に明記しておくことが肝要である。

＊レター・オブ・インテントの実務については，則定隆男『契約成立とレター・オブ・インテント──契約成立過程におけるコミュニケーション』（東京布井出版，1990 年）125 頁以下参照。裁判例としては，コンピューター・ソフトのライセンスに関連して，契約交渉の経過などから，当事者間で作成されたメモランダム・オブ・アンダスタンディング（memorandum of understanding）と題する文書による契約の成立を否定したものがある。東京高判平成 12 年 4 月 19 日判時 1745 号 96 頁。

契約交渉を経て，いわゆる予備的合意にまで至ったような段階で，その後の交渉が一方的に打ち切られると，すでに商品の調達など契約の成立に向けての準備を開始した当事者は不測の損害を被ることになる。そこで，各国の法律上，このように契約が最終的に成立せず，予備的合意のみにとどまった場合にも，契約の不成立につき当

事者の一方に責任があるとされるときには，その者に一定の責任を課すことが認められている。たとえば，ドイツ法系の諸国で認められている「契約締結上の過失」の法理などがそれである。このような契約不成立の際の責任の準拠法については，一種の不法行為責任として法適用通則法 17 条によることも考えられるが（東京地判昭和 60 年 7 月 30 日判時 1170 号 95 頁，東京高判昭和 62 年 3 月 17 日判時 1232 号 110 頁参照），これらの責任が当事者間の特別な関係から生じる責任であることを考えると，むしろその関係と密接に関連する契約準拠法によることが妥当であろう。

　＊法適用通則法によれば，不法行為の準拠法について，「当事者間の契約に基づく義務に違反して不法行為が行われたことその他の事情に照らして」，明らかに不法行為地（結果発生地）よりも密接な関係がある他の地があるときは，その地の法が適用されるとして，不法行為地法主義の例外を定めている（20 条）。したがって，この規定に従えば，契約不成立の際の責任を不法行為の問題と性質決定しても，当事者間の予備的合意に適用される法が契約不成立の責任についても適用されるように解される。これらの問題について詳しくは，国友明彦『国際私法上の当事者利益による性質決定』（有斐閣，2002 年）7 頁以下参照。

申込みおよび承諾　契約が申込みに対する承諾によって成立するということについては，今日，多くの国において一致が見られる。しかし，契約の申込みは自由に撤回することができるか，承諾はいつの時点で効力を発生し契約が成立するかなどの点については，各国の法制にかなりの違いがある。とくに，約因（consideration）理論を中心としている英米法とわが国の法との間には，いくつかの相違点があり，注意が必要である。また，国連物品売買条約は，このような各国法の相違を考慮して，国際売買契約の成立に関して独自の規定を設けている。

(1)　申込み　　申込みとは，一定の契約を締結しようという意思表示であり，相手方の承諾によって契約が成立するものである。承諾があれば直ちに契約が成立するという点で，「申込みの誘引」とは区別される。国連物品売買条約は，特定の者に向けられた契約締結の申入れは，それが十分に確定的であり，かつ，承諾がなされた場合にはそれに拘束される旨の意思が表示されているときは，申込みとなると規定している。十分に確定しているというためには，少なくとも物品が特定し，数量・価格ないしその決定方法が決まっていることが必要である（14 条（1））。

　日本民法によれば，申込みは一定期間撤回することができないが（523 条・525 条），英米法では，約因が存在しない限り，たとえ承諾期間を定めた申込みの場合でも，いつでも撤回できるのが原則である。これは，英米法独自の約因の法理に基づくものであって，日本法の立場とは原則的に異なっている。もっとも，このような原則は，実際の取引上，相手方の期待を裏切ることになりかねず，英米法においても，相手方の期待保護の観点から，判例および立法により次第に修正を受けている。

　＊アメリカ統一商法典は，商人により署名された書面による確定的申込み（firm offer）は，その承諾期間中，約因の欠缺を理由として撤回することができないとして，撤回自由の原則を修正している（2-205 条）。もっとも，この撤回不能期間は 3 カ月を超えないとされているので，それよりも長期にわたり承諾期間を保持したい場合には，対価を支払って，一定期間申込みを撤回しない旨のオプション契約を結ぶ必要がある。

　国連物品売買条約は，申込みは，相手方が承諾の通知を発するまではいつでも撤回することができるとして，申込みの撤回可能性を一般的に肯定している。ただし，申込み中に承諾期間が定められて

いるなど申込みが撤回不能であることが示されている場合，または相手方が申込みを撤回不能であると信頼したことが合理的であり，かつ，相手方がその申込みを信頼してすでに行動した場合には申込みの撤回は認められないとの制限規定を置いている（16条）。これは，英米法と大陸法との妥協を図ったものである。

　(2)　承諾　　承諾はいつから効力を発生し，契約が成立するかについても，各国法の間には相違がある。多くの国は，一般の意思表示と同様，承諾も相手方に到達したときに効力を生じるとしている（たとえば，ドイツ民法130条1項）が，英米法では，郵便および電報による承諾については発信主義が採られている。日本の民法も，契約をできるだけ簡易かつ迅速に成立させようとの配慮から，例外的に発信主義を採用していたが，通信手段の発達に対応して，原則通り，到達主義に改められた（平成29年の債権法改正によって，隔地者間の契約の成立時期に関する民法526条1項が削除された）。国連物品売買条約も，承諾は申込者に到達した時に効力を生じるとして，到達主義の立場を採用している（18条(2)）。

　各国法上，申込みを受けたとしても，それに対して諾否を通知する義務まではないのが原則である。しかし，例外的に申込みを受けた者に通知義務が課せられる場合がある。たとえば，わが国の商法によれば，商人が平常取引を行っている者からその営業の部類に属する契約の申込みを受けたときは，遅滞なく諾否の通知を発することを要し，これを怠ると承諾したものとみなされる（509条）。しかし，国連物品売買条約は，このように一般的に「沈黙は承諾とみなす」ということは否定している（18条(1)）。もっとも，当事者間に明示の承諾がなくても契約が成立する旨の慣行が存在している場合には，それによることになる（同条(3)）。

　(3)　書式の闘い　　申込みに対して変更を加えたり，新たな条件を付加した承諾は，申込みを拒絶し，新たな申込みをしたものとみなされる。これは，各国法に共通して見られる原則である（たとえば，日本民法528条，国連物品売買条約19条（1））。

　問題となるのは，申込者は自社の契約書で申し込んだが，申込みを受けた者がその者の書式で承諾してきた場合に，両者の契約書の条項に食い違いがあったとき，果たして契約が成立しているのかどうか，成立しているとして，どのような内容の契約が成立しているのかという点である。国際取引では，当事者が，自己に有利な内容の契約を締結しようと，契約の締結に当たって，自社に有利な自社の契約書によって契約を結ぼうとするために，しばしばこのようなことが生じる。これが，いわゆる「書式の闘い（battle of forms）」と呼ばれる現象である。この問題の解決は，契約の成立に関する問題として契約の準拠法によるが，わが国の民法のように，明文の解決を定めていない国が少なくない。

　　＊たとえば，売主から送付された契約書には引渡時点での価格を請求できる旨の「価格変更条項」が挿入されていたのに対して，買主がそのような条項のない自社の契約請書で承諾した場合，売主は引渡しの時点で「価格変更条項」に従って上乗せ価格を請求することができるかどうかが問題となる。

　　　また，書式中の準拠法条項自体が異なる場合は，当事者間に準拠法選択の合意がないと判断されることが多いであろう。

　このような場合に，前述の原則を厳格に適用すると，契約が成立しないことになる（いわゆる鏡像原則（mirror image rule））。しかし，実際の取引では，取引の重要な事項について合意すれば，当事者は，契約が成立したと理解し，契約の履行に着手するのが普通である。そこで，国連物品売買条約は，アメリカ統一商法典にならって

（2003年改正前の2-207条），契約条件の変更や追加を伴う承諾であっても，申込みの内容を実質的に変更するものでない場合には，申込者が遅滞なく異議を述べない限り，承諾となると定めている（19条(2)）。これは，申込みと承諾との間のささいな相違を理由に後から契約の不成立を主張することを防止したものである。解釈上，何が実質的変更になるかが問題となるが，国連物品売買条約は，とくに代金，支払，物品の品質および数量，引渡しの場所および時期，当事者の責任の範囲，紛争解決の方法に関する条件を列挙している（同条(3)）。

　なお，この場合，承諾によって修正された内容の契約が成立する（同条(2)）。申込者が異議を述べない以上，修正に同意したものとみなされるのである。

　　＊「書式の闘い」については，イギリス法を中心として，鏡像原則の立場から，最後に送付された書式が契約内容となるというルール（最後の一撃（last shot）ルール）が有力とされてきた。しかし，このようなルールに対しては，それが契約の締結を遅らせる原因となることや，いずれの書式が最終的であるかの決定が困難である等の理由から，批判が少なくない。そのため，最近では，ユニドロワ国際商事契約原則のように，当事者がそれぞれ異なる書式を使用した場合でも，できる限り契約の成立を認め，契約は内容的に共通する条項に基づいて締結されたものとするとの考え方が有力となっている（2.1.22条）。この考え方は「ノック・アウト（knock-out）理論」とも呼ばれ，ヨーロッパ契約法原則（2：209条）や2003年に改正されたアメリカ統一商法典（2-207条）においても採用されている。「書式の闘い」に関する近時の立法の動向については，松永詩乃美「国際契約の成立について——書式の闘いを中心に」帝塚山法学9号271頁以下（2005年）参照。

売買契約書の作成　今日，多数の国の契約法では，契約自由の原則から，契約は口頭でも成立し，必ずしも書

面による必要はないとされている。しかし，英米法諸国のように，一定の契約については書面によらなければ裁判上その主張が認められないとする法制もある（イギリス詐欺防止法，アメリカ統一商法典 2-201 条など）。国際契約では，事後の紛争を避けるため契約書が作成されるのが通常であるが，国連物品売買条約は，契約締結に関して書面による必要がないことをとくに明示している（11 条）。

　＊国連物品売買条約は，方式の自由を一般的に認めているが，他方で，契約の締結および証明について書面によることを必要としている諸国の立場に配慮して，そのような法令を定める国は，売買契約の当事者のいずれかがその国に営業所を有するときは，書面以外の方法で契約の締結，その変更および終了を認める条約 11 条，29 条または条約第 2 部の規定を適用しない旨の留保宣言をすることを認めている（96 条）。したがって，当事者のいずれかが留保国に営業所を有するときは，他の締約国の裁判所においても，上記の各規定は適用されない（12 条）。その場合における契約の方式については，法廷地の国際私法により指定された国の法が準拠法として適用されるものと考えられる。2023 年 1 月末現在，アルゼンチン，アルメニア，ベラルーシ，チリ，北朝鮮，パラグアイ，ロシア，ウクライナ，ベトナムが 96 条の宣言を行っている。

　契約書としては，各社が日常の典型的な取引を安全かつ画一的に処理するために作成している定型的な契約書式（printed contract form）と，長期契約や重要な契約のために綿密な契約交渉が行われ，契約ごとに個別に作成される契約書（tailored contract）とがある。前者は，通常，契約ごとの特約を記入する表面約款と，一般的な取引条件を規定した裏面約款から成っており，表面に必要事項を記入すれば契約書が出来上がる仕組みになっている。書式の闘いが問題となるのは，多くの場合このような契約書についてである。

国際売買契約の基本的条件　　売買契約について当事者間に合意が成立するためには，契約の基本的条件についての合致が必要で

ある。一般に，次の条件が売買契約を構成するための基本的条件とされている。すなわち，価格，品質，数量，受渡，決済および保険に関する条件である。

(1)　価格条件　　価格の建て方および決算通貨に関する条件である。価格は，"@ US $150 per M/T CIF New York"のように，FOB や CIF などの定型取引条件によって，その構成要素が表示されるのが普通である。

(2)　品質条件　　商品を特定するために必要な商品の品質に関する条件である。品質決定の方法を見本によるのか，またはその他の方法（仕様書，規格など）によるのか，品質の最終決定時点をいつにするか（船積み時または陸揚げ時）などを取り決める必要がある。

(3)　数量条件　　数量を決定する方法（取引数量単位）および時期などに関する条件である。数量の過不足が生じる危険のある商品の場合には，何パーセントまでの過不足を容認するかについての条件（数量過不足容認条件）を明確に取り決めておくことが望ましい。

(4)　受渡条件　　商品の引渡しの場所，時期および方法などに関する条件である。

(5)　決済条件　　信用状決済によるか，その他の方法によるかなど，代金の決済方法に関する条件である（後述 187 頁参照）。

(6)　保険条件　　CIF 取引のように売主に保険を手配する義務がある場合に，どの範囲の危険に対してどの程度の金額の保険をかけるかなどに関する条件である。

　通常の契約書では，これらの基本的条件に加えて，一般的な契約条件として，不可抗力，契約譲渡の禁止，準拠法，仲裁，裁判管轄権などに関する条項が規定されている。

　＊売買契約の基本条件については，浅田福一『国際取引契約の理論と実

際〔改訂版〕』85 頁以下（同文舘，1999 年），高桑『国際商取引法』
104 頁以下などを参照。

3　売買当事者の権利・義務

　国際売買契約における各当事者の権利・義務については，当事者
間で詳細な取決めがなされるのが通常である。とくに，目的物の引
渡しや当事者間の費用負担および危険負担について定型取引条件が
用いられる場合には，インコタームズなどの統一規則によって当事
者の権利・義務が詳細に規定されている。もっとも，インコターム
ズは，当事者の義務違反の効果および相手方の救済についてまでは
規定していないので，これらの点については各国の売買法の適用が
問題となる。また，国連物品売買条約は，基本的に遠く離れた当事
者間で行われる国際売買の特色を考慮して，各当事者の権利・義務
につき詳細な規定を置いている。

　＊危険負担については，所有権の移転との関係で準拠法の決定が問題と
　　なる。危険を所有権の一効果とみて，危険負担の問題は物権準拠法
　　（法適用 13 条）によるとする見解もあるが，各国の実質法上，危険負
　　担を所有権の存在と必ずしも不可分に結合させていないことから，む
　　しろ売買契約の効力の問題として契約準拠法によるとするのが通説で
　　ある。国連物品売買条約やインコタームズでも，所有権の問題とは切
　　り離して，危険負担の問題が規定されている。

定型取引条件　　2020 年版のインコタームズでは 11 種類の定型取
引条件が定められているが（前述 109 頁），基本的
に 2010 年版の内容を引き継いでいる。わが国の実務上多く用いら
れているのは，ほとんどが FOB，FCA と CIF および CFR である。

(1)　FOB（本船渡し）　　FOB とは，一般に，売買契約上定められた船積港において，買主が指定した本船上で，売主が物品を引き渡すことによって引渡義務が完了する契約条件である。すなわち，売主は，本船上で物品を引き渡すまでの費用と危険を負担するが，その後の費用と危険の負担は買主に移転するというものである。

　＊アメリカでは，船積港まで長距離の陸上輸送が必要となるため，FOB が，内陸の積出地における内陸輸送機関への持込渡しにまで拡張されている。また，FOB 仕向地条件のように，仕向地までの費用と危険を売主が負担する一種の揚地売買に FOB が用いられていることは注意が必要である（改正アメリカ貿易定義参照）。したがって，アメリカとの取引で，FOB を本船渡しの意味で使用するためには，"FOB Vessel" の用語を用いる必要がある。FOB および CIF については，朝岡良平『貿易売買と商慣習〔第 3 版〕』（東京布井出版，1981 年）202 頁以下，新堀聰『貿易売買』（同文舘，1990 年）73 頁以下，北川＝柏木『国際取引法』56 頁以下，江頭『商取引法』63 頁以下など参照。

　インコタームズによれば，FOB に基づく売主の主要な義務としては，次のものがある。すなわち，（ⅰ）契約に適合した物品を，契約に定めがあるときは契約適合性を証明する証拠（検査証明書など）とともに，指定の船積港において，約定の期日または期間内に，買主が指定した本船上で引き渡すこと（A-1, A-2），（ⅱ）自己の危険と費用をもって，輸出のために必要な輸出許可などを取得すること（A-7），（ⅲ）物品を本船上で引き渡すまでの一切の費用と危険を負担すること（A-3, 9），（ⅳ）買主の依頼があるときは，買主の危険と費用をもって，船荷証券などの取得に協力すること（A-6）である。FOB では，本来，船舶の手配ないし指定は買主の義務であるが，実際の取引では，遠隔の地にある買主が船舶を手配するよりも船積地にある売主が手配した方が便利であることから，特約に

よって売主に船舶および保険の手配を委託することが少なくない。この場合，売主はあくまで買主の代理人として行動するものと解されている。なお，FOB の下でも，代金決済の方法として荷為替手形によることがしばしばあるが，その場合には，別段の合意がない限り，売主は船荷証券を取得し，買主に提供する義務を負うことになる。

　＊インコタームズでは，定型取引条件ごとに，A. 売主の義務と B. 買主の義務とが対応する形で列挙されている。

　買主の主要な義務は，（ⅰ）契約通りに代金を支払うこと（B-1），（ⅱ）自己の費用をもって本船を手配し（B-4），売主に運送に関する安全要件，本船名，積込地点など船積みに関する十分な通知を与えること（B-10），（ⅲ）物品を受領し（B-2），物品が売主により本船上に置かれた時からの一切の費用と危険を負担すること（B-3, 9）である。船積費用は，FOB では，売主負担であるが，本船が定期船の場合には，船積費用が運賃に含まれるために，事実上買主負担となる。

　前述のように，FOB では，船積港において物品が本船上に置かれた時に，危険は売主から買主に移転する。しかし，貨物輸送のコンテナ化が進んだ今日では，このような基準は実際の取引に適合しなくなっている。そこで，インコタームズは，コンテナ輸送による場合などについては，買主の指定した運送人に物品を引き渡した時点で売主の引渡義務が完了する FCA（運送人渡し）を使用することを強く勧めている。

　(2)　CIF（運賃保険料込み）　　CIF とは，陸揚港までの海上保険料（insurance）および海上運賃（freight）を売主が負担する契約条件である。すなわち，売主は，売買契約上定められた船積港におい

て，指定の仕向地に向かう船舶に物品を船積みするとともに，当該船舶を手配し，保険会社と海上保険契約を締結する義務を負う（前述82頁参照）。

　CIF売買の本質的な特徴は，物品の物理的な引渡しではなく，船積書類（shipping documents），すなわち船荷証券（bill of lading），海上保険証券（marine insurance policy）および商業送り状（commercial invoice）を売主が買主に提供することにより，物品引渡義務が履行され，別段の特約がない限り，買主は船積書類と引換えに代金を支払う義務を負うことである。このような特色から，イギリスの判例では，CIF売買を船積書類の売買とみる傾向が伝統的に強いといわれている。しかし，買主は，あくまでも書類そのものを買うのではなく，書類が象徴している物品を買うのであるから，CIF売買は，船積書類の引渡しによって履行される物品の売買と解すべきである。

　＊ CIFの変形としてしばしば利用される契約条件として，CFR（実務では C&F ともいう）がある。これは，陸揚港までの海上運賃を売主が負担し，海上保険料は買主が負担する条件である。CFR は，国際収支の観点から輸入業者に対して自国の保険会社への付保を要求している発展途上国向けの輸出契約に多くみられる。

　＊ CIF 売買を船積書類の売買とみるイギリスの判例理論は，原油，穀物，飼料などの相場商品を複数の専門商社が投機的に売買を繰り返す連鎖的売買や，商品の船積み後も買主を決めず，ぎりぎりの時点で買主を特定して売却する洋上売買につき形成されたもので，実需売買中心の日本の輸出入取引には妥当しないとの指摘もある。柏木昇「国際的物品売買」『現代契約法大系8』202頁以下。

　CIFとFOBとの最も大きな違いは，CIFでは，売主が仕向地までの船舶を手配し，海上運送保険を付保する義務を負うことである。

すなわち，インコタームズによれば，売主は，通常の航路により指定仕向港まで物品を運送するため，自己の費用で運送契約を締結し，運送中の危険に対し，自己の費用で貨物保険を手配しなければならない（A-4，A-5）。その場合，保険条件は，協会貨物約款の（C）または同種の約款により提供される補償を満たす必要がある（A-5，後述 185 頁）。しかし，実際には，特約によって，もっと担保危険の広い保険が付保されることが多い。最低の保険金額は，CIF 価格に10% を加算した金額とされている。

　売主は，このようにして手配した船舶に，契約に適合した物品を，船積港において，約定の期日または期間内に船積みする義務がある（A-2）。そして，売主は，運送人が発行した船荷証券，保険会社の発行した海上保険証券および商業送り状その他の船積書類を，自己の費用をもって，遅滞なく買主に提供しなければならない（A-6）。CIF 売買の場合，船積書類の提供は，通常，荷為替の方式で銀行を経由して行われる（後述 190 頁）。

　　＊商業送り状とは，売主が買主あてに作成した商品の明細書である。一般に，商品の品名，数量，価格，定型取引条件などが記載され，商品の計算書・請求書，出荷案内書の役割も兼ねている。また，商業送り状は，輸出入の申告の際に税関に提出する仕入書としても利用されている。その他の船積書類としては，検査証明書，原産地証明書，包装証明書，重量証明書などがある。

　　＊国際的な物品運送では，船荷証券に関する業務の簡素化，迅速化を図るために，運送書類の提供を電子データ交換（Electronic Data Interchange ; EDI）メッセージの使用によって代替することが試みられている。これは，船荷証券そのものを電子化するのではなく，船荷証券の内容を運送人またはその代理人のコンピュータに登録し，電子署名を利用することによってそれを伝送することで，船荷証券の流通に代えるものである。こうした取組としては，ヨーロッパを中心として

1999 年から商業サービスを開始しているボレロ（Bill of Lading Europe ; Bolero）が有名である。2010 年版のインコタームズでは，このような電子手続の発展を促進するため，当事者間の合意がある場合，またはそれが慣習となっているときは，運送書類等の授受を電子通信手段によって行うことを認めている（A-1）。船荷証券の電子化については，間宮順「貿易取引の電子化の実態──船荷証券の電子化を中心として」ジュリスト 1183 号 130 頁以下（2000 年），多田望「EDI 法」渡辺惺之＝野村美明編『論点解説 国際取引法』96 頁以下（法律文化社，2002 年），富沢敏勝「貿易金融 EDI/Bolero」日弁連法務研究財団編『論点教材 電子商取引の法的課題』141 頁以下（商事法務，2004 年）など参照。

　買主は，売主が契約に合致した船積書類を提供した場合には，これを受領し（B-6），かつ契約の定めるところに従って代金を支払わねばならない（B-1）。一般に，CIF 売買では，特約がない限り，売主による船積書類の引渡しと買主の代金支払とは，同時履行の関係に立つと考えられている。したがって，物品が仕向地に到着する前でも，船積書類の提供があった場合には，買主は代金を支払わねばならない。

　CIF 売買では，「CIF London」のように仕向港が明示されるのが普通であるが，契約の性質は，FOB の場合と同様，船積地において物品を引き渡す積地売買である。したがって，特約がない限り，危険も，船積港において物品が本船上に置かれた時に，売主から買主に移転する（A-3，B-3）。

国連物品売買条約における当事者の権利・義務　当事者が契約上の義務に違反した場合の効果およびそれに対する相手方の救済に関しても，各国の売買法の間にはかなりの相違がある。たとえば，英米法では，契約責任は，原則として，厳格的または絶対的

なものとされ，帰責事由の有無にかかわらず債務者は責任を問われることになる。また，契約違反に対する完全履行の請求が例外的な救済方法とされている点なども，実質的な結果はともかく，日本法上の債務不履行制度とはかなり異なっている。国連物品売買条約は，このような各国法の相違を調整するとともに，国際取引の特色を考慮して，各当事者の義務および相手方の救済について詳細な規定を置いている。

　＊各国の売買法，とくに英米法と日本法との相違について，簡単には，高桑＝江頭編『国際取引法』43 頁以下〔野村美明〕，北川＝柏木『国際取引法』116 頁以下参照。

　＊国連物品売買条約については，各国の裁判所における法解釈の統一を図るために，各国の裁判例を収集したデータベースが存在している。とくに，国連国際商取引法委員会が運営するデータベース CLOUT（Case Law on UNCITRAL Texts：https://uncitral.un.org/en/case_law）は，各国裁判所の判決の概要が整理されており，便利である。また，CISG-online（https://cisg-online.org/home）のように，国連物品売買条約（CISG）の研究者によって運営されている民間のデータベースも有用である。

　⑴　物品売買に関する条約の構成　　国連物品売買条約の第 3 部は「物品の売買」を規定しているが，その主要な内容は，物品売買契約における売主と買主の権利・義務である。第 1 章総則では，契約責任の鍵となる「重大な契約違反」が定義されている（25 条）。第 2 章および第 3 章は，売主と買主の義務を定め，それぞれの義務の内容を詳細に規定した上で，義務違反があった場合の相手方当事者の救済について規定している。第 4 章は，物品が滅失または損傷した場合の危険の移転について，とくにその移転時期について詳しい規定を置いている。第 5 章は，売主と買主の義務に共通する規定

として，①相手方の義務の履行が危ぶまれる場合の履行停止および契約の解除（71条・72条），②損害賠償の範囲（74条），③免責（79条），④契約解除の効果（81条）および⑤売買の目的である物品の保存義務を定めている（85条以下）。

(2)　売主の義務と買主の救済　　条約に定められた売主の主要な義務は，物品の引渡し，関連書類の交付および所有権の移転の3つである（30条）。また，売主は，物品の引渡しに関連して，契約適合性の義務を負うとされている（35条）。

(a)　物品引渡義務　　当事者間に特約がない場合，物品の運送を伴う通常の国際売買では，売主は，「最初の運送人」に物品を引き渡すことによって物品引渡義務を履行したことになる（31条(a)）。ここでいう「最初の運送人」とは，売主および買主から独立した運送人をいう。この規定は，近時の物品運送のコンテナ化を考慮して，運送手段への積込みではなく運送人への引渡しの時点で引渡義務が完了するとしたものである。したがって，船積港での船積みをもって引渡義務の完了とする FOB や CIF が取引条件として合意されている場合には，この規定は排除されることになる。

運送人は，原則として，物品の運送および運送保険を手配する義務を負わない。ただし，契約で売主が運送契約を締結する義務を負うときは，適切な運送手段を用いた通常の運送条件で契約を締結する義務を負う。また，買主の要求があるときは，売主は，運送保険を掛けるために必要な情報を買主に提供しなければならない（32条(2)・(3)）。

物品の運送を伴わない場合には，原則として，契約締結時における売主の営業所所在地が引渡場所であるが（31条(c)），物品が特定物または特定できる不特定物で，当事者双方が契約締結時に，そ

の物の存在する場所または製造・生産が行われる場所を知っていたときは，その場所が引渡場所とされている（同条（b））。

　物品の引渡時期については契約で定められるのが普通であるが，そうした取り決めがないときは，契約締結後の合理的な期間内に，売主は物品を引き渡さなければならない（33条）。

　　＊ハーグ統一売買法では，物品の「引渡し」を「契約に適合する物品の交付」と定義し，引渡義務が完了するには物品が契約に適合していることを必要としていた（19条）。しかも，物品の引渡しが危険負担の移転時期や代金支払時期の基準ともされていたため，解釈上困難な問題が生じた。そこで，国連物品売買条約は，このような複雑なアプローチをやめ，引渡義務の履行に関しては原則として契約適合性を問題にしないという方法を採用している（31条）。国連物品売買条約における売主の義務については，斎藤彰「国際動産売買における売主の義務（1）（2・完）」民商法雑誌91巻6号52頁以下，92巻1号28頁以下（1985年）参照。また，売買当事者の権利・義務に関する国連物品売買条約の規定については，曽野＝山手『国際売買法』，『注釈国際統一売買法Ⅰ・Ⅱ』，曽野裕夫＝中村光一＝舟橋伸行「ウィーン売買条約（CISG）の解説（3）〜（5・完）」NBL890号82頁以下，891号65頁以下，895号49頁以下（2008年）など参照。

　(b)　書類交付義務　　売主が「物品に関する書類」を交付する義務を負う場合は，契約に定められた時期および場所において，契約に定める方式により，当該書類を買主に交付しなければならない（34条）。「物品に関する書類」には，船荷証券などの運送証券のほか，商業送り状，原産地証明書，品質証明書，保険証券などが含まれる。書類に不備があった場合，それが所定の交付時期より前に買主に引き渡されていたときは，買主に不合理な不便または費用をかけなければ，売主は所定の時期までに書類の不備を追完することができる（同条2文）。これは，合理的な範囲で，売主に契約の不適合

を治癒する権利を認めたものである。

　(c)　物品の契約適合性　　ハーグ統一売買法は，大陸法系諸国において種々の議論がなされてきた瑕疵担保責任の問題を，売主の「物品の契約適合性に関する義務」と構成することにより，契約責任の一般的体系の中に組み込むことに成功したといわれている。国連物品売買条約も，ハーグ統一売買法を継承し，物品の契約適合性を売主の主要な義務の1つとして規定している。すなわち，売主は，契約に定める数量，品質および種類に適合し，かつ契約に定める方法で収納または包装された物品を引き渡さなければならない（35条(1)）。また，契約に定めがなくても，当事者がとくに排除していない限り，次の場合には，物品は契約不適合とされる（同条(2)）。すなわち，①同種の物品の通常の用途または目的に適合していない場合，②契約締結時に売主に対して明示的または黙示的に知らされていた特定の目的に適合していない場合，③見本またはひな形と異なっていた場合，④通常の方法または当該物品に適した方法で収納・包装されていない場合である。このような客観的な不適合がある場合には，原則として，売主は責任を負うことになるが，契約締結時に買主が不適合の存在を知り，または知らないことはあり得なかったときは，売主は責任を免れる（同条(3)）。

　＊通常使用目的の不適合とされた例としては，ワインに9％の水が混入されていたことを理由として，商品性が欠けているとされた事例（CLOUT Case 170）や冷却装置が最初の運転直後に故障した事例（CLOUT Case 204）などがある。また，各国が定める安全基準や品質基準などの規制の適用については，売主がそのような基準を知るべき特段の事情がない限り，買主の営業所所在国や転売先の国の規制等に適合した物品を引き渡す義務を負わないとする見解が多数である。特定目的への適合性については，特別な気象条件の下での使用や一定量

の成分の含有などが例示されている。収納・包装の適合性の例として
は，買主の営業所所在国での販売を知りながら，その国の規制により
必要とされる食品成分を包装に表記することを怠ったことが不適合に
当たるとされた事例（CLOUT Case 202）などがある。これらの事例
について，詳しくは，井原宏＝河村寛治編著『判例ウィーン売買条約』
（東信堂，2010 年）111 頁以下，杉浦保友＝久保田隆編著『ウィーン売
買条約の実務解説〔第 2 版〕』（中央経済社，2011 年）134 頁以下参照。

　物品が契約に適合しているか否かの判断は，原則として，危険が
買主に移転した時が基準となる（36 条（1））。したがって，FOB や
CIF による売買では，船積み後に発生した不適合については，売主
は原則として責任を負わない。ただし，危険移転後に発生した不適
合でも，それが売主の義務違反による場合には，売主は責任を負担
する（同条（2））。なお，引渡期日前に物品を引き渡したときは，売
主は，買主に不合理な不便および費用を生じさせない限り，その期
日まで，不適合を追完することができる（37 条）。

　買主は，引渡しを受けた物品をできるだけ短期間に検査し（38
条），不適合を発見した時または発見すべきであった時から合理的
期間内に売主に対してその不適合を通知しないと，売主の契約不適
合の責任を問うことができなくなる（39 条）。これは，売主が不適
合を治癒することができるように，買主に物品の検査義務と不適合
の通知義務を課したものである。物品の運送を伴う通常の国際売買
では，物品の引渡し時に検査をすることが困難であるから，買主は，
物品が仕向地に到着してから検査をすることが認められている（38
条（2））。

　また，売主は，買主の同意がない限り，買主による物品の使用，
収益，処分を妨げる「第三者の権利又は請求」の対象となっていな
い物品を引き渡さなければならない（41 条）。他方で，「第三者の権

利又は請求」が特許権，意匠権，商標権などの知的財産権に基づく場合，すべての国における知的財産権侵害の可能性について配慮を求めることは，売主に過度の負担を負わせることになる。そこで，このような場合には，売主が契約締結時に知り，または知らないことはあり得なかった知的財産権であって，そこで物品が転売され，あるいは使用されることを当事者双方が契約締結時に想定していた国の法か，その他の場合には買主の営業所所在地国の法に基づく場合に限り，売主は責任を負うとされている（42条（1））。国際売買であることを考慮して，売主が責任を負う場合を限定したものである。

　売主が，物品の一部のみを履行した場合，あるいは引き渡した物品の一部にのみ不適合があった場合は，売主はその一部についてのみ責任を負うのが原則である。しかし，一部の不履行または契約不適合が重大な契約違反となるときは，買主は，契約全部を解除することができる（51条）。

　＊わが国の債権法は，平成29年に大幅に改正されたが（令和2年施行），改正に当たっては，国連物品売買条約に代表されるグローバル・スタンダードとの整合性が検討され，これまでの規定の見直しが行われた。売主の瑕疵担保責任と債務不履行責任という二本立ての責任構成が改められ，「目的物が種類，品質又は数量に関して契約の内容に適合しないものであるとき」の売主の契約責任（562条1項）に一元化されたのはその一例である。また，債務不履行責任について，これまでの過失責任主義の見直しが行われたことにも（415条）その影響が現れている。

　(d)　買主の救済　　売主の義務不履行に対して買主に与えられる救済は，履行請求，契約解除，代金減額および損害賠償請求である（45条）。これらのうち，損害賠償は，他の救済と併せて請求することができる（同条（2））。これらの権利を行使するためには，売

主の義務不履行が存在すればよく，相手方の過失を証明する必要は
ない。これに対して，売主は，引渡期日後であっても，不合理に遅
滞することなく，買主に不合理な不便または買主の支出した費用の
償還についての不安を生じさせないときは，自己の費用負担により
義務の不履行を追完することができる（48 条 (1)）。

　(i)　履行請求　　買主は，売主に対して義務の履行を請求する
ことができる（46 条 (1)）。物品が契約に適合していない場合には，
代替物の請求および瑕疵の修補請求も認められるが，代替物の請求
は，不適合が「重大な契約違反」となる場合でなければならず，ま
た修補請求は，すべての状況に照らして不合理とならない場合に限
られる（46 条 (2)・(3)）。これは，契約通りの特定履行（specific
performance）の請求を衡平法上の例外的救済とする英米法と大陸
法との妥協を図ったものであり（28 条参照），同時に，国際売買で
は，代替物の請求や修補請求を安易に認めると，売主の負担が重く
なりすぎるという点が考慮されている。

　(ii)　契約解除　　契約の解除について，条約は，売主の義務に
応じて解除の要件を区別している。引渡義務の不履行については，
買主は，その不履行が「重大な契約違反」となる場合には直ちに，
売主の義務の履行のために一定の付加期間を定めたときは，その期
間内に引渡しがない場合（または売主が付加期間内に引き渡さない旨の
意思表示をした場合）に解除することができる（49 条 (1)）。これに対
して，物品の契約不適合の場合には，それが「重大な契約違反」と
なる場合にのみ解除することができる。このように「重大な契約違
反」を解除の要件とすることは，英米法の発想に由来するものであ
るが，遠く離れた地にある者の間で行われる国際売買では解除の効
果が重大であり，解除に対して慎重な態度がとられたものである。

契約の解除には，相手方に対する通知が必要とされ（26条），物品引渡し後の解除が合理的期間内に制限される（49条(2)）のも，同趣旨の理由によっている。

　契約が解除されると，損害賠償義務を除き，当事者双方は契約上の義務を免れる（81条(1)）。この場合，当事者は原状回復義務を負うが，双方が返還義務を負う場合は，その返還は同時に行われる必要がある（同条(2)）。買主が，受領した時と実質的に同じ状態で物品を返還できないときは，それが買主の責めによらない場合などの例外を除き，契約解除権および代替品引渡し請求権を失うことになる（82条）。

　　＊条約によれば，「重大な契約違反」とは，契約上相手方が当然期待すべきものを実質的に奪う結果となるような違反をいうとされている（25条）。具体的には，個々の事件ごとに判断せざるを得ないであろう。

　(iii)　代金減額　　物品が契約に適合していない場合には，買主は，物品が引き渡された時に契約に適合する物品ならば有していたであろう価値に対する割合に応じて，代金を減額することができる（50条）。代金をすでに支払った場合には，過払い分の返還を請求することができる。ただし，売主の追完権が優先され，売主が不適合を追完した場合（前述37条・48条参照），または買主が追完を拒絶した場合には，代金を減額することはできない（50条但書）。

　(iv)　損害賠償請求　　買主は，売主のすべての義務違反に対して損害賠償を請求することができる（45条(1)(b)）。損害賠償の範囲は，契約違反により相手方が被った損失に等しい額（全額賠償の原則）である（74条1文）。具体的には，契約違反がなければ得ることができた利益，契約違反に伴い支出を余儀なくされた費用（物品の保存，返送費用，代替取引費用など），契約違反の結果第三者に支払

いを余儀なくされた費用（第三者への損害賠償など）などが損害に含まれる。ただし，製造物責任のような人身損害に関する売主の責任は，条約の対象とされていない（5条）。また，損害賠償額は，契約締結時に，売主が知り，または知っているべき事情に照らして，契約違反の結果として予見し，または予見すべきであった損失の額を超えることができない（74条2文）。契約締結時を基準としているのは，契約締結の際に，将来発生する可能性のある損害賠償責任を計算に入れることができるようにするためである。

　契約が解除された場合，買主は代替品の購入を行うのが通常であることから，代替取引が行われた場合には，契約価格と代替取引における価格との差額（75条），代替取引が行われなかった場合は，解除時の時価との差額を損害として請求することができるとされている（76条）。他方，買主が，契約違反から生じる損失を軽減するために，代替取引などの合理的な措置をとらなかったときは，売主は，軽減されるべきであった損失額を損害賠償額から減額するよう請求することができる（77条）。契約違反を行った当事者の相手方に損害軽減義務を課したものである。

　　(v)　履行停止・履行期前の解除　　契約の締結後，履行期前に，売主の履行が危ぶまれる事情が明らかとなった場合にも，正常な契約を前提とした行動を買主に強いるのは酷である。そこで，条約は，予防的な救済方法として，履行の停止と履行期前の契約解除を認めている。すなわち，買主は，売主の履行能力または信用力の不足，あるいは契約履行の準備や契約履行における売主の行動から，売主がその義務の実質的な部分を履行しないであろうという事情が明らかとなったときは，自己の義務の履行を停止することができる（71条(1)）。わが国における，いわゆる不安の抗弁権に対応するもの

である。また，売主が重大な契約違反を行うであろうことが履行期前に明らかなときは，買主は契約を解除することができる（72条(1)）。この場合も，契約解除については，単なる契約不履行ではなく，重大な契約違反となるおそれが要件とされていることは注意を要する。

　(vi)　免責　　国連物品売買条約は，過失責任主義を採用していないが，義務の不履行が債務者のコントロールできない事情から生じた場合について，債務者の免責を認めている。免責が認められるのは，①義務の不履行が，戦争や自然災害などの自己の支配を超える障害によって生じたこと，②契約締結時に当該障害を考慮することが合理的に期待できなかったこと，および③当該障害またはその結果を回避し，克服することが合理的に期待できなかったことを売主が証明した場合である（79条）。

　(3)　買主の義務と売主の救済

　(a)　買主の義務　　買主の基本的義務は，代金支払義務と引渡しの受領義務である（53条）。

　代金支払義務には，信用状の開設や送金許可の取得など，代金の支払を可能とするための措置をとることも含まれる（54条）。代金の支払場所，支払時期，支払方法などについては，当事者間で何らかの取り決めがなされるのが普通である。そのような取り決めがない場合には，次の規定が適用される。すなわち，代金の支払場所は，原則として，売主の営業所である。物品の引渡しまたは書類の交付と引換えに代金を支払うべき場合には，その引渡しまたは交付がなされる場所で代金を支払わねばならない（57条(1)）。また，代金の支払は，売主が物品またはその処分を支配する書類（船荷証券，倉庫証券など）を買主の処分に委ねた時にされる必要がある（58条

(1))。さらに，目的物の運送を必要とする取引では，売主は，代金の支払と引換えでなければ物品または上記の書類を買主に交付しないことを条件として，物品を発送することができる（同条(2)）。売主に代金との引換給付を求める権利を認めたものである。

　物品の引渡しの受領は，物品を物理的に受け取るだけでなく，売主による引渡しを可能にするために必要な行為を行うことも含まれる（60条）。したがって，たとえば FOB 取引のように，買主が運送を手配する義務を負っている場合には，買主は，船積みに必要な情報を売主に知らせなければならない。

　　(b)　売主の救済　　買主の義務不履行に対して売主に与えられる救済は，履行請求，契約解除および損害賠償請求である（61条(1)）。損害賠償は，他の救済と併せて請求することができる（同条(2)）。売主の義務違反の場合と同様，買主に「重大な契約違反」があったときは即時に契約を解除できるが，それ以外の場合は，売主が定めた付加期間を徒過したとき，または付加期間内に義務を履行しない旨の意思を買主が表示したときに，売主は契約を解除することができる（64条(1)）。

　(4)　危険の移転　　買主は，危険が自分に移転した後に発生した物品の滅失または損傷について，売主の責任を問うことはできないだけでなく（36条(1)参照），代金の支払義務も免れることはできない（66条）。

　運送を伴う通常の国際売買で，目的物の引渡場所について取決めがない場合には，最初の運送人に物品が引き渡された時に，危険は買主に移転する（67条(1)）。前述のように，この規定は物品運送のコンテナ化に対応したものである。したがって，船積港で物品を本船上に置いた時に危険が移転する FOB または CIF が取引条件と

して合意されている場合には，本条の適用はない。また，運送途上にある物品が売買されたときは，原則として，売買契約締結時に買主に危険が移転するとされている（68条（1））。

(5)　物品の保存義務　　国連物品売買条約は，物品が引渡され，契約が完了するまでの間，物品を占有する当事者に当該物品の保存義務を課している。すなわち，買主が物品の引渡しの受領を遅滞した場合または代金未払の場合に，売主がその物品を占有しているときは，売主は当該物品を保存するために合理的な措置をとらなければならない（85条）。保冷品の冷蔵庫での保管や第三者の倉庫への寄託などがその例とされる。売主は，自己が支出した費用について買主から償還を受けるまでは，当該物品を保持することができる。他方，買主が物品を受け取ったが，代替品の請求や契約解除などの権利の行使を意図しているときは，買主が当該物品の保存義務を負う（86条（1））。

4　所有権の移転

国連物品売買条約は，所有権の移転を売主の義務としているが，いつ，どのようにして所有権が移転されるかについては，条約の適用範囲外の問題としている（4条（b））。したがって，国際売買による所有権の移転の問題は，法廷地国際私法によって指定される各国の実質法によることになる。

　所有権の移転に　　法適用通則法によれば，国際売買によって生じ
　関する準拠法　　る目的物の所有権の移転は，物権の得喪に関する問題として，その原因となる事実の完成した当時における目的物

の所在地法による（法適用 13 条 2 項）。原因となる事実の完成当時とは、一般に、物権的効果の発生に必要なすべての条件が完成した時と解されている。具体的には、原因となる事実の類型に応じて決定することが妥当であるが、典型的な国際売買である荷為替取引では、船積書類が買主に引き渡された時点を売買当事者間での所有権移転の原因事実完成時とみる見解が有力である。

＊国際的な物品売買に基づく所有権の移転については、「有体動産の国際的性質を有する売買における所有権の移転の準拠法に関するハーグ条約」（1958 年、未発効）がある。この条約は、所有権の移転が売買契約当事者間で問題となる場合と、売買契約当事者以外の者との関係で問題になる場合とを区別し、前者については売買契約準拠法によると規定している点に特色がある。この条約については、我妻栄「有体動産の国際的性質を有する所有権移転に関する条約草案について」法学協会雑誌 72 巻 5 号 431 頁以下（1955 年）参照。なお、荷為替取引における所有権移転の準拠法の問題については、乑場準一「物権」山田鐐一＝澤木敬郎編『国際私法演習』（有斐閣、1973 年）48 頁以下、谷川久「荷為替決済と物権変動」『国際私法の争点』116 頁以下参照。

運送中の物　　物品の運送中に売買が行われたような場合、目的物の所在地の決定が問題となる。このような場合には、現実の所在地を特定することはしばしば困難である。また仮に特定することができたとしても、そのように偶然的な、単に一時的にしか当該の物と関係をもたない国の法を適用することは、所在地法主義の趣旨からみても妥当ではない。そこで、わが国では、運送品の到着予定地である目的物の「仕向地法」によるとするのが通説である。仕向地法によるのは、このような運送中の処分行為は、通常の場合、運送の終了をまって、はじめて現実的効果を発生しうるものと考えられるからである。

運送中の物について、船荷証券、貨物引換証、倉庫証券などが発

行されている場合には，それらの証券が運送中の物を化体し，証券自身が独立に取引の対象とされている現状を考慮して，その場合の所有権の移転は証券の所在地法によるとする見解が近時の多数説である。しかし，これに対しては，運送証券は物自体を表章しているのではなく，あくまでも物の引渡請求権を表章しているに過ぎず，運送中の物に関して運送証券が発行されているからといって，運送証券の所在により物権変動の準拠法を決定することは妥当でないとの有力な反対がある。

＊動産物権の準拠法に関する近時の理論動向については，岡本善八「国際私法における動産物権」同志社法学 40 巻 6 号 1 頁以下（1983 年），櫻田＝道垣内編『注釈国際私法 1 巻』365 頁以下〔竹下啓介〕参照。

第3節　国際物品運送

1　国際物品運送の種類

国際的な物品の運送は，それが行われる場所によって陸上運送，海上運送および航空運送に分けられる。なかでも，その中心は今日においても国際海上運送である。とくに，四方を海に囲まれたわが国では，これまで国際運送といえば，もっぱら海上運送であったということができる。しかし，運送手段の革新によって，わが国をめぐる国際運送にも大きな変化がみられるようになった。それは，航空機のジェット化，大型化によって，航空運送のシェアが大幅に増加したことである。とくに，航空貨物はハイテク製品のように軽量

で高価なものが多く，金額的な面での国際運送の伸びは著しいものがある。この傾向は，今後も続くことが予想され，国際取引における航空運送の重要性はますます大きくなるであろう。

一方，貨物輸送のコンテナ化が進展したことにより，1 人の運送人が，海上運送と鉄道運送のように異なる運送手段を用いて一貫して運送を請け負う国際的な複合運送も，めざましい発展を遂げつつある。今日では，アジア，アメリカ，カナダおよび西ヨーロッパ諸国向けの一般雑貨の貨物輸送の大半が複合運送として引き受けられているともいわれている。

ところで，このような国際運送に関する法規制の中心は，国際的な統一条約である。国際運送については，20 世紀の初頭から国際的な法統一の運動が活発に進められてきた。とくに，「船荷証券に関するある規則の統一のための国際条約」（船荷証券統一条約，1924 年），いわゆるハーグ・ルールズ（Hague Rules）や，1929 年の「国際航空運送についてのある規則の統一に関する条約」（ワルソー条約）などはその代表的な例である。わが国も，国際海上運送および国際航空運送については，いずれもこれらの国際条約によっている。なお，国際複合運送については，1980 年に「物品の国際複合運送に関する国連条約」が成立したが，発効の見込みはまだ立っていない。

ここでは，国際海上物品運送契約を中心に，各運送契約に関する法規制について触れることにする。

　＊国際運送の分野における法統一は歴史も古く，これまでにも多くの成果を生み出してきたが，国際海上物品運送に関する統一法におけるように，複数の統一条約が並存するという事態も生じている。このような運送法の国際的な統一の現状と問題点については，小塚荘一郎「運

送法統一の現状と将来——ユニドロワ75周年記念シンポジウムにおけ
る議論から」海法会誌復刊46号19頁以下（2002年）参照。

2 国際海上物品運送

海上物品運送契約の種類 海上物品運送契約とは，海上において船舶によっ
て物品の運送を引き受ける契約である。このよう
な海上物品運送契約は，運送方法によって，個品運送契約と傭船契
約（charter party）とに大別される。また，船舶所有者から，一定
期間，船長その他の船員を配乗させた船舶を借り受ける特殊な傭船
契約として，定期傭船契約がある。

(1) 個品運送契約　　個品運送契約とは，海上運送人が多数の荷
送人から個々の物品の運送を引き受ける契約である。一般雑貨を中
心とする通常の輸出入取引の大部分は，この契約によって引き受け
られ，特定の航路に，一定の航海スケジュールと運賃表に従って配
船される定期船（liner）によって運送されている。

＊海運市場は国際競争が厳しく，過度の運賃値下げ競争が業界自体に大
きな打撃をもたらすことから，各国の主要な定期船会社は，定期航路
ごとに運賃を中心とする運送条件について海運同盟（Shipping Con-
ference）と呼ばれる一種の国際カルテルを結んでいる。海運同盟は，
荷送人が同盟外の船会社を利用することを防止するために，同盟船の
みの利用を約束した荷送人に対して割安の運賃を適用したり（二重運
賃制），一定期間同盟外の船舶を一切使用しなかった場合に運賃の割戻
し（運賃割戻制）を行うなどの対策をとっている。もっとも，近時は，
アメリカの規制などにより，海運同盟の価格拘束力は低下していると
いわれている。

　個品運送契約では，不特定多数の荷送人から種々雑多な貨物の運送を引き受けるため，運送の引受けは船荷証券の裏面に印刷された定型的な運送約款によって画一的に処理されている。このような取引の定型化は，大量の契約を迅速に処理する上で必要ではあるが，経済的に強い立場にある運送人が自己に有利な条件を相手方に押し付けるといった問題が生じうる。そこで，このような問題を除去し，運送人と荷送人との利害を合理的に調整しようとして作成されたのが，1924 年の船荷証券統一条約（ハーグ・ルールズ）である。わが国は，この条約を批准し，国内法として「国際海上物品運送法」（昭和 32 年法律 172 号）を制定している。

　＊個品運送契約の準拠法については，個品運送契約が附合契約であるという理由から，当事者自治の原則の適用を疑問視する見解もある。しかし，多数説は，附合契約についても当事者による準拠法の選択を肯定している（前述 90 頁参照）。したがって，個品運送契約についても，当事者による準拠法の選択がある場合にはそれにより，選択がない場合には最密接関係地法によることになる（法適用 7 条・8 条）。通常は，特徴的給付を行う運送会社の事業所所在地法が最密接関係地法と推定されることになろう。法例下の裁判例として，船荷証券上の準拠法条項をもって当事者の明示の選択があるとしたもの（東京高判昭和 44 年 2 月 24 日高裁民集 22 巻 1 号 80 頁，神戸地判昭和 58 年 3 月 30 日判時 1092 号 114 頁，東京地判平成 13 年 5 月 28 日判タ 1093 号 174 頁など）や，明示の選択のない場合に，船荷証券の効力については米国海上物品運送法による旨の約款（いわゆる至上約款）の存在などから当事者の意思を推定したもの（東京地判昭和 36 年 4 月 21 日下民集 12 巻 4 号 820 頁など），当事者の意思が分明でないとして，運送契約を締結し，船荷証券が発行された地の法によるとしたもの（東京地判昭和 42 年 10 月 17 日下民集 18 巻 9 = 10 号 1002 頁）などがある。海上運送契約の準拠法に関する判例・学説については，池原季雄 = 高桑昭 = 道垣内正人「わが国における海事国際私法の現況」海法会誌復刊 30 号 32 頁

以下（1986年）参照。

(2)　傭船契約　　海上運送人が，船腹の全部または一部を貸し切って，そこに船積みされた物品の運送を引き受ける契約が傭船契約である。傭船契約は，石油，石炭，木材などの大量の原材料貨物を運送する場合に利用される。これらの運送の場合には，需要に応じて配船される不定期船（tramper）が用いられるのが普通である。

傭船契約は，傭船の範囲（全部傭船または一部傭船）や契約期間の定め方（航海傭船または期間傭船）などにより種々に分類されるが，今日の国際取引上，個品運送契約と並ぶ基本的な運送契約は航海傭船契約である。航海傭船契約は，たとえば横浜・ニューヨーク間のように特定の一航海を単位として船腹の全部または一部を貸し切る契約である。

ハーグ・ルールズは，原則として傭船契約には適用されないと規定している（5条）。これは，傭船契約の当事者は，一般に海上取引に熟練し，経済的にも対等な立場にあるので，契約内容の決定は当事者の自由に委ねるのがよいとの判断によるものである。したがって，傭船契約の当事者は，原則として自由に契約内容を取り決めることができる。通常は，バルチック国際海運同盟や日本海運集会所などの民間団体の作成した標準書式が用いられている。なお，国際海上物品運送法は，ハーグ・ルールズとは異なり，傭船契約にも適用されるが，後述する免責特約の禁止については，傭船契約の当事者間には適用されないとしている（国際海運12条）。

＊傭船契約の準拠法が当事者自治の原則により決定されることについては異論がない。法例下の裁判例として，傭船契約の準拠法につき裁判上の合意を認めたもの（東京地判昭和31年11月29日下民集7巻11号3430頁）や，当事者の意思が分明でないとして，行為地法によった

もの（大阪地判昭和 36 年 6 月 30 日下民集 12 巻 6 号 1552 頁）などがある。傭船契約につき詳しくは，高桑『国際商取引法』119 頁以下，江頭『商取引法』356 頁以下など参照。

　(3)　定期傭船契約　　定期傭船契約とは，一定期間，船長その他の船員を配乗させた船舶を借り受け，それによって運送を行う契約である（商法 704 条参照）。船舶貸借約款や船舶利用約款などの一定の特殊な約款を含んでいる点で，航海傭船契約や期間傭船契約とはその性質が異なるとされている。定期傭船契約では，船主は，自己が配乗させた船長および船員を通じて引き続き船舶を支配管理でき，他方，傭船者は，傭船期間中自己の意図する航路に自由に配船運航することができるという利点がある。そのため，定期傭船契約は，他船利用による海上運送の主流として，今日，広く世界的に普及している。わが国は，これまで定期傭船契約を直接規律する規定を有していなかったが，このような実務の動向を踏まえ，平成 30 年の商法改正で明文規定が新設された（704 条〜707 条）。

　定期傭船契約は，海運実務の中から生成した比較的新しい運送形態であり，各国の実質法も十分整備されていないことから，もっぱら国際的な民間機関が作成した標準書式が利用されている。そのような標準書式としては，バルチック国際海運同盟の制定によるボールタイム（Baltime）やアメリカ合衆国海運仲立業・代理店協会が制定しているプロデュース・イクスチェンジ・フォーム（NYPE 46, NYPE 93）などが有名である。

　　＊定期傭船契約の法的性質については，商法中に直接これに関する規定がなかったこともあって，わが国においても，傭船契約の一類型と解する立場，船舶の賃貸借契約と船員の労務供給契約との混合契約とする立場（東京地判昭和 49 年 6 月 17 日判時 748 号 77 頁），海上企業の

賃貸借と考える立場など，種々の見解が主張されている。このように定期傭船契約の法的性質が種々論じられるのは，とくに荷主および第三者（船舶衝突の際の被害者など）との関係で，船舶所有者と定期傭船者のいずれが責任を負うべきかが問題となるからである。もっとも，最判平成 10 年 3 月 27 日民集 52 巻 2 号 527 頁（ジャスミン号事件）は，定期傭船契約であるからといって直ちに定期傭船者のみが運送契約上の責任を負担すると解すべきでなく，船荷証券所持人に対して運送契約上の債務を負担する運送人が誰であるかは，船荷証券の記載に基づいてこれを確定することを要すると判示している。しかし，これらの点については，平成 30 年の法改正によっても必ずしも解決されていない。江頭『商取引法』358 頁参照。

国際海上物品運送法　国際海上物品運送契約についてのわが国の主要な法源は，国際海上物品運送法である。同法は，昭和 32 (1957) 年に，わが国が船荷証券統一条約（ハーグ・ルールズ）を批准したことに伴い，その国内法として制定されたものである。ハーグ・ルールズは，時代の進展に伴って，運送人の責任限度額の引上げやコンテナ輸送への対応など，いくつかの手直しが必要となり，これまでに二度にわたり同条約を改正する議定書が採択されている。すなわち，1968 年の「船荷証券統一条約の一部を改正する議定書」，いわゆるウィスビー・ルールズ（Visby Rules）と，金の公定価格の廃止に伴って，賠償限度額の基準通貨として IMF の特別引出権（Special Drawing Right ; SDR）を採用した 1979 年の改正議定書である（これらの議定書によって改正された船荷証券統一条約は，一般にハーグ・ウィスビー・ルールズと呼ばれている。以下では，この条約を統一条約またはハーグ・ウィスビー・ルールズとして引用する）。わが国は，平成 5 (1993) 年 3 月 1 日に 1979 年議定書を批准したため，国際海上物品運送法もそれに合わせて改正が行われた（平成 4 年法律 69 号）。また，平成 30 年には，運送・海商関係に関する商法の改正に対応

して，船荷証券に関する規定が商法に移されるとともに（国際海運15条参照），運送人の責任限度額の見直しなど一部改正が行われている。

　国際海上物品運送法は，とくに個品運送契約に関して，運送人の免責事由を制限し，運送人の責任の最低限度を定めるなど，国際海上物品運送契約の規制に関して重要な役割を担っている。

　＊1979年議定書は，1968年議定書によって改正された船荷証券統一条約を改正するものであり，日本のほか，イギリス，フランス，オランダ，ベルギーなどが批准を行っている（2023年1月末現在，24の国と地域が加盟している）。国際海上物品運送法の改正に関する詳細については，鴻常夫「国際海上物品運送法の改正について」海法会誌復刊36号5頁以下（1992年），落合誠一「国際海上物品運送法の改正」ジュリスト1008号100頁以下（1992年），菊池洋一『改正国際海上物品運送法』（商事法務研究会，1992年），戸田修三＝中村眞澄編『注解国際海上物品運送法』（青林書院，1997年）など参照。

　(1)　適用範囲　　国際海上物品運送法は，いわゆる外航船による運送（船積港または陸揚港が本邦外にある運送）のみに適用され，国内運送（商法の規定が適用される）には適用されない（国際海運1条）。

　この場合，上記の条件に該当する海上物品運送に対しては，国際海上物品運送法（または統一条約）が直接適用されるのか，それとも国際私法の規定（法適用7条〜9条）により当該運送契約の準拠法が日本法となる場合に同法が適用されるのかが問題となる。この点については，統一条約の定める条約の適用範囲（統一条約10条）と国際海上物品運送法の規定とが異なることから，見解は分かれている。多数説は，条約の審議経過などから，国際私法上，日本法が準拠法とされる場合に同法が適用されると解しており，また判例も，平成4年法改正前の事案ではあるが，外航船による運送について，まず

運送契約の準拠法を決定し，それが日本法である場合に国際海上物品運送法を適用している（東京地判昭和 39 年 6 月 20 日判時 382 号 42頁，東京高判昭和 44 年 2 月 24 日高裁民集 22 巻 1 号 80 頁など）。しかし，これに対しては，運送人の責任の最低限度を強行的に定めるという，船荷証券統一条約の目的から考えて，統一条約 10 条の規定は国際私法の適用を排除すると理解し，条約の規定が直接に適用されるとする見解も有力である。

　　＊ 1979 年議定書によって改正された統一条約によれば，条約の規定は，異なる二国にある港の間の物品運送に関する船荷証券であって，（ i ）当該船荷証券が締約国で作成されたとき，（ ii ）締約国の港からの運送であるとき，および（ iii ）運送契約が本条約の規定によって規律されることを規定しているときのいずれかの場合に適用される（10 条）。これは，ハーグ・ルールズに比べて，改正条約が万民法型の統一法であることを明確にするとともに，（ ii ）および（ iii ）の場合について条約の適用範囲を拡大したものとみることができる。この規定の解釈につき，菊池・前掲書 39 頁以下，江頭『商取引法』307 頁，戸田＝中村・前掲書 29 頁以下は，条約の直接適用を定めた規定ではないと解し，国際海上物品運送法は，改正前と同様，国際私法の規定を介して日本法が準拠法となる場合に適用されるとする。これに対して，高桑昭「船荷証券に関する 1968 年議定書と統一法の適用」国際法外交雑誌 90巻 5 号 21 頁以下（1991 年），奥田安弘『国際取引法の理論』（有斐閣，1992 年）73 頁は，この規定を特別な抵触規定と解している。なお，統一条約と国際海上物品運送法との関係については，高桑昭「国際海上物品運送契約と統一法の適用」『国際私法の争点』132 頁も参照。

　また，国際海上物品運送法は，統一条約とは異なり，船荷証券によらない個品運送契約や傭船契約を適用の対象から除外していない。これは，一般に，わが国の商法の規定のほうが条約よりも運送人の責任が重いために，船荷証券発行の有無により，また個品運送契約と傭船契約とにより，運送人の責任に著しい不均衡が生じることを

避けたものである。もっとも，運送人による免責特約の禁止は，傭船契約の当事者間には適用されない（国際海運 12 条）。

(2)　海上運送人の注意義務　　国際海上物品運送法は，運送人に対して，運送品の船積み・積付け・運送・保管・陸揚げなど運送品の取扱いに関する一般的注意義務を定めるとともに，安全に航海するに堪えうる能力（堪航能力）をもつ船舶を提供する義務を規定している。いずれも過失責任主義がとられているが，原則として運送人が無過失の立証責任を負っている。

(a)　運送品に関する義務　　運送人は，自己またはその使用する者が，運送品の受取り・船積み・積付け・運送・保管・荷揚げおよび引渡しにつき注意を怠ったことによって生じた運送品の滅失・損傷・延着について，損害賠償責任を負わなければならない（国際海運 3 条 1 項）。この責任は過失責任であるが，過失の証明責任は運送人の側に転換されており，運送人が責任を免れるためには，運送人のほうで，注意義務が尽くされたことを証明しなければならない（4 条 1 項）。

もっとも，運送人は，海上に特有の危険（当該季節にその海域では通常予期しがたい荒天などをいう），天災，戦争・暴動・内乱，海賊行為，裁判上の差押えその他公権力による処分，荷主側の行為，争議行為，人命救助等の正当な理由に基づく離路などの事実の存在と，運送品に関する損害がその事実により通常生ずべきことを証明したときは，自己の無過失を証明する必要はなく，荷主の側で運送人の過失を立証しない限り，損害賠償責任を免れる（同条 2 項）。これは，これらの事実が存在する場合について，免責のために必要な売主の証明責任を軽減したものである。このような規定が設けられているのは，ハーグ・ルールズ制定時において，従来，船荷証券に列挙さ

れていた免責事由を廃止する代わりに，証明責任の軽減事由として
条文化することで，運送人と荷主双方の利益の均衡を図ろうとした
ためである。

　さらに，このような運送人の責任に関して注意しなければならな
い点は，国際海上物品運送法が，一定の事実から生じた損害につい
て，運送人に法定の免責を認めていることである。すなわち，第1
に，運送人は，船長・海員・水先人その他運送人の使用する者の航
行もしくは船舶の取扱いに関する行為（いわゆる航海上の過失）に
よって生じた損害については責任を負わない（3条2項）。したがって，
運送人は，運送品の取扱いに関する過失（いわゆる商業上の過失）に
よって生じた損害についてのみ責任を負うことになる。具体的に航
海上の過失と商業上の過失を区別することはしばしば困難であるが，
一般的には，主として，航行または船舶の取扱いに関する処理か，
運送品の利益のみに関する処理かを1つの基準として，疑わしい場
合には，商業上の過失と解すべきであるとされている。裁判例とし
ては，海上運送中，荒天に遭遇した際に，通風筒に帆布カバーを被
覆固縛しなかったか，あるいは固縛の仕方が不十分であったために
運送品に汐濡れが生じたのは，国際海上物品運送法3条1項の注意
義務違反であるとしたものがある（東京地判昭和57年2月10日判時
1074号94頁）。

　　＊海上運送人が航海上の過失に関して責任を負わない理由としては，航
　　海・操船は優れて技術的な分野であり，運送人としては船長や海員の
　　技能を信頼して任せるほかないこと，海上運送は危険性が高く，しか
　　も軽微な航海上の過失により巨額な損害を生じること，運送人を免責
　　しても，船長や海員などに対しては罰則や免許の停止などの処分があ
　　り，損害の発生を助長するおそれがないことなどが挙げられる。いず
　　れにせよ，この制度は，海上物品運送の慣行上生まれた特殊な制度で

ある。田中誠二 = 吉田昂『コンメンタール国際海上物品運送法』（勁草書房，1964 年）75 頁以下，戸田 = 中村・前掲書 66 頁以下参照。

　第 2 に，運送人は，自己の故意または過失に基づくものでない限り，船舶における火災によって生じた運送品の損害について賠償責任を負わない（3 条 2 項）。船舶上の火災は海上危険の典型であり，軽微な過失により巨大な損害を生じること，積荷の火災損害は積荷保険で塡補され，運送人を免責しても荷主側の保護に欠けることはないことなどがその理由である。運送人の故意・過失は，運送人自身の故意・過失であって，船長・海員その他運送人の使用する者の故意・過失を含まない。運送人自身の故意・過失の立証責任については，火災免責が例外であることなどから，運送人側が負担すべきであるとするのが多数説である。

　(b)　堪航能力に関する義務　　海上運送人は，航海中における通常の海上危険に堪えうる能力（堪航能力）を備えた船舶を提供しなければならない。具体的には，船舶が，船体・機関・属具を完備し，十分な乗組員と十分な燃料・食糧・水などを搭載していること，および，貨物を目的地まで安全に到達させるために，船倉・冷蔵庫その他運送品を積み込む場所を運送品の受入，運送および保存に適する状態におくことである。運送人は，発航の当時，これらの事項について，自己またはその使用する者が注意を怠ったことにより生じた運送品の滅失・損傷・延着について損害賠償責任を負う（5 条）。この責任を免れるためには，運送人は無過失を立証しなければならない（同条但書）。

　(c)　免責約款の禁止　　国際海上物品運送法は，運送人の責任原因，免責事由，責任限度額等に関する諸規定（3 条〜5 条・7 条〜10 条，商法 585 条・759 条・760 条）に反する特約で，荷送人，荷受人

または船荷証券所持人に不利益なものは，無効であるとしている（11条1項）。これは，運送人が免責約款を濫用し，荷主や船荷証券所持人の利益を不当に害することのないようにしたものである。この免責約款の禁止により，海上運送人の責任の最低限度が国際海上物品運送法によって確立されたことになる。なお，免責約款の禁止は，運送品の船積み前または荷揚げ後の事実により生じた損害（11条3項），傭船契約の当事者間（12条），特殊な運送（13条）および生動物・甲板積の運送（14条1項）には適用されない。

　(3)　損害賠償額と賠償責任の限度　　国際海上物品運送法は，大量の物品運送にあたる運送人を保護するとともに，損害賠償額に関する紛争の発生を防止するために，損害賠償額の基準を定め，賠償責任の限度を法定している。

　(a)　損害賠償額の定型化　　運送人が負担すべき損害賠償の額は，運送契約によって定められた荷揚地および荷揚時における運送品の市場価格を基準として決定される（8条1項）。これは，損害賠償額の定型化を図り，運送契約の関係者が，契約締結の時点で，当該運送のリスクを計算することができるようにするためである。したがって，運送品の滅失や延着等によって生じた逸失利益その他の間接損害は，賠償の対象から除外されることになる。

　(b)　損害賠償責任の限度　　国際海上物品運送法は，運送品に関する運送人の損害賠償責任について，一定額による責任の限度を設けている。すなわち，運送人の責任は，滅失，損傷，延着に係る損害を受けた運送品の全体について，当該運送品の包または単位の数に1計算単位の666.67倍を乗じて得た金額，または，当該運送品の総重量について，1kg当たり1計算単位の2倍を乗じて得た金額のうち，いずれか多い金額を限度とする（9条1項）。ここでい

う 1 計算単位とは，IMF 協定にいう 1 特別引出権（SDR）に相当する金額である（2 条 4 項）。この場合，SDR の国内通貨への換算は，運送人が損害賠償をする日に公表されている最終の値を基準とするとされている（9 条 2 項）。このような限度額を定める理由は，予期し得ないような巨額の賠償責任から運送人を保護するとともに，運送人が特約を用いてそれ以上に責任の軽減を図ることを禁止することにある。したがって，荷送人が，運送の委託の際に，運送品の種類および価額を運送人に通告し，かつ，船荷証券が交付されるときは，それが船荷証券に記載された場合には，運送人は実損額に応じて損害を賠償しなければならない（9 条 5 項）。

　＊平成 4 年改正前の国際海上物品運送法は，責任限度額を 1 包または 1 単位につき 10 万円と定めていた（13 条 1 項）。これは，ハーグ・ルールズの定める責任限度額 100 スターリング・ポンドを，わが国が条約を批准した当時の為替相場に従い換算したものである。その後，68 年議定書では，諸物価の上昇や貨幣価値の変動を考慮して，責任限度額が 1 万金フランに引き上げられ，あわせて運送品の重量を基準とする責任制限の方式が導入された。これは，自動車や大型機械類のように重量が重く高価な運送品が出現したことに対応したものである。さらに，金の公定価格の廃止に伴い，79 年議定書で SDR が計算単位とされることになった。

　＊たとえば，価格 20 万円，重量 500kg の運送品が全部滅失した場合，重量を基準とした金額 2×500＝1000SDR（2023 年 1 月末現在のレート 1SDR＝約 176 円で計算すると約 17 万 6000 円）の方が 666.67SDR よりも多いので，その金額が責任限度額となる（国際海運 9 条 1 項参照）。

　なお，運送人の故意または「損害の発生のおそれがあることを認識しながらした」無謀な行為により損害が生じたことを荷主側が証明したときは，賠償額の定型化および責任限度に関する規定の適用

はなく，運送人は一切の損害を賠償しなければならない（10条）。故意またはこれと同視しうる事由がある場合についてまで，運送人を保護すべき理由はないからである。

　　(c)　コンテナ条項　　運送品がコンテナ，パレットなどの輸送用器具を用いて運送される場合，コンテナ等に詰められた運送品の梱包数または単位数が船荷証券・海上運送状（後掲163頁）に記載されているときは，その数により責任限度額を算定し，そのような記載がないときはコンテナ等の数が算定基準の基礎となる「包又は単位の数」とみなされる（国際海運9条3項）。船荷証券上の記載を基準としたのは，船荷証券の流通確保とともに，運送人が船荷証券の記載から責任限度額を予見できるようにするためである。

　(4)　責任の消滅　　運送品に関する運送人の責任は，運送品が引き渡された日から1年以内に裁判上の請求がされないときは，消滅する（国際海運15条，商法585条1項）。平成4年改正前の国際海上物品運送法では，運送人に悪意があったときは，この除斥期間の適用はないとされていた。しかし，運送人の主観的事由のいかんによることは運送人の責任消滅を不安定にすることから，悪意の運送人についても，1年間の除斥期間を適用することにしたものである。なお，この期間は，損害が発生した後に限り，当事者間の合意により延長することができるとされている（商法585条2項）。

　(5)　不法行為責任との関係　　平成4年改正前の国際海上物品運送法は，もっぱら運送契約に基づく運送人の責任を規律していたため，請求権競合を認めるわが国の判例の下では，運送人が契約責任を追及された場合には，種々の責任制限が認められるのに対して，不法行為責任を追及された場合には，そのような責任の減免が認められないという問題が生じた（最判昭和44年10月17日判時575号71

頁参照）。そこで，現行法では，責任の減免に関する規定は，運送品に関する運送人の不法行為による損害賠償責任にも準用するとされている（国際海運 16 条 1 項）。これによって，運送人は，不法行為責任についても，契約責任と同様の責任の免除および軽減が認められることになった。こうした責任制限は，運送人の被用者についても認められている（同条 3 項）。

　(6)　国連海上物品運送条約　　ハーグ・ウィスビー・ルールズが，ハーグ・ルールズの基本的枠組みを前提として，時代の進展に沿うようにこれを修正し，解釈上の問題点を除去しようとしたものであるのに対して，1978 年に採択された国連の「海上物品運送条約」，いわゆるハンブルク・ルールズ（Hamburg Rules）は，ハーグ・ルールズに根本的な変革を迫るものである。同条約は，ハーグ・ルールズを基本的に先進国有利の法システムとみる発展途上国の強いイニシァティブによって制定されたこともあって，航海上の過失免責を否定するなど，ハーグ・ルールズとはまったく別の新たな法システムを導入している。

　ハンブルク・ルールズの主要な内容をハーグ・ルールズと比較すると，第 1 に，ハンブルク・ルールズは，その適用の対象を，ハーグ・ルールズのように船荷証券の発行された海上運送契約に限定していない（2 条）。とくに，陸揚港が締約国にある場合にも適用されるとしている点は，ハーグ・ルールズと大きく異なっている（前掲 149 頁参照）。第 2 に，ハンブルク・ルールズも，過失責任主義を原則とし，無過失の立証責任を運送人の側に転換しているが，航海上の過失による法定免責を否定し，ハーグ・ルールズのような免責のための証明責任軽減事由のリストを廃止するなど，運送人の責任を大幅に強化している（5 条）。これは，ハーグ・ルールズにおける運

送人と荷主の責任分担を根本的に変更するものである。また，堪航能力に関する責任についても，ハーグ・ルールズのように別建てとせず，責任の一般原則の適用の問題として処理している。第 3 に，責任限度額についても，ウィスビー・ルールズの 25％ 増し（835 SDR）に引き上げられている（6 条 1 項）。

> ＊ハンブルク・ルールズは，エジプトやモロッコ，チリなどの主として発展途上国によって批准され，1992 年 11 月 1 日に発効するに至っている（2023 年 1 月末現在，35 ヵ国が加盟している）。ハンブルク・ルールズの詳細については，落合誠一『運送責任の基礎理論』(弘文堂，1979 年) 237 頁以下参照。

　国際海上物品運送に関する世界の法秩序は，これまでハーグ・ルールズを中心として比較的安定した状態を保ってきた。しかし，ハーグ・ルールズの制定以来約 100 年が過ぎた今日，世界の法秩序は，ハーグ・ルールズ，ハーグ・ウィスビー・ルールズ，ハンブルク・ルールズという複数の法システムが並立するという錯綜した状態となっている。

　国連国際商取引法委員会は，このような統一法システムの並存を解消するため，万国海法会により作成された条約案を基礎として，新たな運送法条約の検討作業を進め，2008 年 12 月に「全部又は一部が海上運送による国際物品運送契約に関する国際連合条約」（ロッテルダム・ルールズ）が国連総会で採択された。同条約は，電子商取引やコンテナ輸送などの現代の物流に対応した規定を置くとともに，これまでの条約では規定がなかった運送品の引渡しや運送品処分権について定めるなど，運送契約を包括的に規律する内容となっている。

> ＊ロッテルダム・ルールズでは，航海上の過失免責を独立した免責事由

としては認めず，また責任限度額を引き上げるなど，ハーグ・ウィスビー・ルールズに比べて，運送人の責任が強化されている。ロッテルダム・ルールズは，従来の統一条約に代わる新たな統一システムの確立を目指しているが（89条），このような事情が一因ともなって，発効の見通しは立っていない。ロッテルダム・ルールズにつき詳しくは，「特集　ロッテルダム・ルールズ」海法会誌復刊53号4頁以下（2010年），高桑『国際商取引法』150頁以下参照。

船荷証券　　(1)　船荷証券の意義　　船荷証券（bill of lading：B/L）とは，海上物品運送契約に基づいて運送品を受領した運送人が，その受取りもしくは船積みの事実を証明し，かつ，目的地において証券の正当な所持人に対してその運送品を引き渡すことを約束した証券である。国際的な海上運送では，物品が荷受人の下に到着するまでに相当の時間を要するのが普通であり，また，遠隔の地にある荷受人にとって，物品が安全に積み込まれたかどうかを確認することは実際上困難である。船荷証券は，証券自体を譲渡や質入することによって，海上運送中の物品を簡易迅速に処分することを可能にし，同時に，荷受人が売買契約通りの物品を確実に入手できるよう考案された制度である。今日では，代金の決済方法である荷為替を取り組むために必要な船積書類の1つとして重要な地位を占めている。

　平成30年の商法改正以前は，商法の規定とハーグ・ルールズとの間に違いがあったことから，国際海上物品運送法は，商法とは別に船荷証券に関する規定を定めていたが，法改正によって，船荷証券に関する両者の規律が統一されたため，国際海上物品運送法の規定は廃止され，商法の規定を適用することとされている（国際海運15条）。

　(2)　船荷証券の種類　　船荷証券には種々のものがあるが，実務

上重要なものは，船積船荷証券と受取船荷証券および，故障付船荷証券と無故障船荷証券である。

　船積船荷証券（shipped B/L）は，運送品の船積みがあった旨の記載のある船荷証券であり，貿易売買で通常用いられる船荷証券である。これに対して，コンテナ貨物などの場合に，コンテナ・ヤードでの運送品の受取りの際に，運送品の受取りがあった旨を記載して発行されるのが受取船荷証券（received B/L）である。船荷証券としてはどちらも有効であるが（国際海運 15 条，商法 757 条 1 項），受取船荷証券は，船積みの事実を証明するものではない点で，船積船荷証券に比べて信用度が低く，信用状取引では，信用状に明示がない限り，銀行はその買取りに応じない（信用状統一規則 20 条 a ii 参照）。そこで，実務では，船積み完了後，受取船荷証券に船積みした船名および日付を記載し，運送人の署名を得ることによって，船積船荷証券に代える方法が行われている（国際海運 15 条，商法 758 条 2 項）。

　故障付船荷証券（foul B/L）とは，運送品の個数や重量などが疑わしいとき，または運送品の外観に異常を認めたときなどに，運送人がその旨の故障摘要（remark）を付した船荷証券である。これに対して，何らの摘要も付されていない船荷証券を無故障船荷証券（clean B/L）と呼んでいる。運送品が正常な状態でないことを示した故障付船荷証券は，信用状取引では拒絶され，銀行がその買取りに応じないため（信用状統一規則 27 条参照），実務では，荷送人が運送人に対して，将来問題が生じても運送人に責任を及ぼさない旨の補償状（letter of indemnity）を差し入れ，それと引換えに無故障船荷証券の交付を受けることが慣行となっている。このような補償状の効力については，それが詐欺的な目的に悪用される危険があるこ

とや，買主や銀行などの船荷証券取得者に不測の損害を与え，船荷証券の信用を失墜させる恐れもあるとの理由から，これを無効とする見解がある。しかし，多数説は，実務の慣行にも合理性を認め，そのような補償状は，一般的に有効であるが，詐欺的な利用の場合または公序良俗違反となる場合には，無効となるとしている。

(3) 船荷証券の記載事項　船荷証券は，記載事項が法定されている要式証券である。船荷証券には，運送品の種類，その容積もしくは重量または包もしくは個品の数およびその記号，外部から認められる運送品の状態，荷送人・荷受人・運送人の氏名または名称，船舶の名称，船積港および船積の年月日，陸揚港，運送費，作成した船荷証券の数，作成地および作成の年月日を記載しなければならない（国際海運 15 条，商法 758 条 1 項）。もっとも，手形のように厳格な要式証券ではなく，運送品および運送契約を特定できる程度の記載があれば，法定の記載事項の一部が欠けていたり，あるいは法定事項以外の記載があっても，有効と解されている。実際の船荷証券では，法定記載事項の他に，さまざまな免責約款や裁判管轄約款（最判昭和 50 年 11 月 28 日民集 29 巻 10 号 1554 頁参照）などが記載されるのが普通である。

(4) 船荷証券の効力

(a) 債権的効力　船荷証券は，裏書によって譲渡することができる（国際海運 15 条，商法 762 条）。譲渡を受けた船荷証券の正当な所持人は，運送人に対して運送契約上の債務の履行を請求し，その不履行の場合には損害賠償を求めることができる。このような船荷証券の効力を，船荷証券の債権的効力と呼んでいる。船荷証券の記載が事実と異なる場合，運送人は，そのことをもって善意の船荷証券所持人に対抗することはできない（国際海運 15 条，商法 760 条）。

つまり，善意の船荷証券所持人との関係では，たとえ証券上の記載が事実に反する場合であっても，運送人は証券の記載に基づく義務を負うことになる。平成 4 年改正前の国際海上物品運送法では，不実記載につき運送人が無過失を立証すれば，善意の証券所持人に対しても，その旨を主張することができるとされていた。これに対して，船荷証券の流通性を高めるために，ハーグ・ウィスビー・ルールズが不実記載につき善意の第三者に対する反証は許されないと規定していることに基づき（統一条約 3 条 4 項但書），現行法は運送人の過失の有無を問わないことにしたのである。

　　＊船荷証券上の決まり文句である「外観上良好な状態で船積みした」旨の記載について，判例は，荷揚時に外観上運送品に損傷があった場合には，特段の事情のない限り，運送品の損傷は運送品の運送取扱い中に生じたものと事実上推定されると判示している（最判昭和 48 年 4 月 19 日民集 27 巻 3 号 527 頁，最判昭和 49 年 3 月 15 日民集 28 巻 2 号 222 頁）。

　　＊コンテナ輸送など，船積み時に運送人が運送品の内容を確認することができない場合，運送人が，不実記載の責任を免れるために，証券上の運送品に関する記載は荷送人の通告による旨の文言（"said to contain" など），いわゆる不知文言を船荷証券に記載することが実務上行われている。また，船荷証券の裏面約款にも，証券表面の品名，品質，数量等の運送品の明細に関する記載は荷送人の通告によるものであり，運送人はその正確性には責任を負わない旨の条項，いわゆる不知約款（unknown clause）が記載されているのが普通である。このような約款は，運送品の中身を確認することが困難な場合に，荷主と運送人との間の利益調整を図る方法として許容されるものであり，国際海上物品運送法も，その限りで，このような約款の有効性を認めている（国際海運 15 条，商法 759 条 2 項）。不知文言の有効性を認めた判決として，東京地判平成 10 年 7 月 13 日判時 1665 号 89 頁がある。

　(b)　物権的効力　　　船荷証券は，証券の引渡しだけで，運送品

の引渡しと同一の効力を生じるという物権的効力をもっている（国際海運 15 条，商法 763 条）。船荷証券にこのような効力が認められる結果，荷送人は，運送中の商品について，船荷証券を引き渡すことで，譲渡や質入ができ，運送の完了を待たなくても代金の回収が可能となる。なお，船荷証券を発行したときは，船荷証券と引換えでなければ，運送品の引渡しを請求することができず（受戻証券性），運送品に関する処分も船荷証券によること（処分証券性）が必要である（国際海運 15 条，商法 764 条・761 条）。

　船荷証券は，引渡しまたは裏書によって譲渡される。船荷証券は，法律上当然に指図証券とされ，記名式で発行された場合でも，とくに裏書禁止の文句が記載されない限り，裏書によって譲渡することが可能である（国際海運 15 条，商法 762 条）。

　＊外国に設けた現地法人との取引やグループ企業間での取引のように，荷為替を組む必要がない場合には，船荷証券に代えて買主を荷受人に指定した海上運送状（sea waybill）が用いられている。海上運送状は，運送品の受取りと運送契約の内容を証明した書面であり，有価証券ではないため，流通性は認められていない。しかし，運送人は，海上運送状との引換えでなくても運送品を引き渡すことができるので，近距離での海上運送では，運送品の引渡しを迅速にできるという利点がある。海上運送の高速化によって，書類との引換えを必要としない貨物の引渡しの利用は拡大している。そうした実務の実情を考慮して，平成 30 年の商法改正で，海上運送状について明文規定が新設された（商法 770 条）。同条は，国際海上運送にも適用される（国際海運 15 条）。

　(5)　船荷証券の準拠法　　船荷証券は，運送契約に基づいて作成・交付される証券であるが，船荷証券自体によっても一定の法律関係が形成されるため，国際私法上も船荷証券の準拠法が問題となる。もっとも，運送人と荷送人または備船者との関係では，船荷証券は運送品の受取りを証明する受取証に過ぎないから，船荷証券の

準拠法を別途問題にする必要はない。

　船荷証券の成立については，船積地法によるとする見解もあるが，多数説は，船荷証券の発行の要否や，どのような船荷証券を発行すべきかは，運送契約に付随して生じる問題であり，運送契約の準拠法（法適用 7 条～9 条参照）によるとしている。また，船荷証券の債権的効力についても，運送契約の準拠法によるとするのが，多数説・判例（東京地判昭和 36 年 4 月 21 日下民集 12 巻 4 号 820 頁，東京地判昭和 42 年 10 月 17 日下民集 18 巻 9 = 10 号 1002 頁）である。船荷証券に明示された準拠法と，船荷証券発行の基礎となった運送契約自体の準拠法とが一致しない場合には，船荷証券の要因証券性を重視して，運送契約自体の準拠法によるとの見解もあるが，その法が証券所持人にとっては明らかでないことを考えると，むしろ船荷証券上に明示された準拠法によるべきであろう。

　船荷証券の物権的効力については，証券の移転によって運送品の処分が行われるという取引実務を考慮して，証券所在地法によるとするのが多数説である。しかし，証券の物権的効力は，証券上の権利（運送品引渡請求権）を離れては存在しないとの理由から，運送契約の準拠法と運送品の所在地法の双方が認める場合に物権的効力が認められるとする見解や，この問題はあくまでも運送品自体の物権変動にかかわる問題であり，運送品の所在地（通常は仕向地）法によるとする見解なども主張されている。

　＊船荷証券が，ハーグ・ルールズに基づく国内法の規定に従って有効である旨の約款を至上約款（paramount clause）と呼んでいる。とくに，アメリカの 1936 年海上物品運送法は，国内で発行される船荷証券につき，至上約款を記載することを義務づけている。このような至上約款の意義については，それを実質法的指定とみる見解が多数であるが，近時は，契約準拠法について分割指定を肯定する立場から，これを抵

触法的指定と解する見解も有力に主張されている。高桑昭「実質法的指定と抵触法的指定——至上約款」池原季雄＝早田芳郎編『渉外判例百選〔第 3 版〕』（有斐閣，1995 年）78 頁，野村美明「至上約款と実質法的指定」『国際私法の争点』130 頁参照。なお，船荷証券の準拠法については，浜田一男「商業信用状取引の準拠法」『国際私法の基本問題』406 頁，池原他・前掲論文 35 頁参照。

3　国際航空物品運送

今日，航空運送は，国際的な物品運送の分野においても，ますますその重要性を高めつつある。わが国についてみても，輸出入に占める航空貨物の割合は毎年着実に増加している。

ところで，国際航空運送に関しては早くから国際条約が作成され，法統一が進められてきた。1929 年の「国際航空運送についてのある規則の統一に関する条約」（ワルソー条約）がそれである。同条約は，国際航空運送における運送人の責任について，法統一の実現を目指したものであり，わが国をはじめ世界の大多数の国々に受け入れられてきた。しかし，航空運送の発達，経済情勢の変化などに対応するため，同条約はこれまでに数度の改正が行われた。わが国は，1955 年のハーグ議定書を批准し，同議定書によって改正されたワルソー条約（改正ワルソー条約）に長くよってきたが，運送人の責任限度額が現状を反映しなくなったことや，電子運送状を早期に導入したいという航空運送業界の要請などにより，平成 12（2000）年 6 月に，1975 年のモントリオール第 4 議定書を批准した（平成 12 年条約 6 号）。

しかし，このように，ワルソー条約は，時代の進展に合わせて繰

り返し改正が行われたため，改正議定書ごとに締約国が異なり，その適用関係が複雑であるなどの問題が深刻となっていた。また，運送システムの発展や経済情勢の変化に対応するためには，責任原則の見直しや責任限度額の引上げなどの現代化が急務であった。そこで，国際民間航空機関（ICAO）の招請により，1999 年 5 月にモントリオールにおいて外交会議が開かれ，「国際航空運送についてのある規則の統一に関する条約」（モントリオール条約）が採択された。同条約は，ワルソー条約および改正議定書を整理・統合した新たな統一条約である。わが国は，平成 12（2000）年 6 月に同条約を批准し（平成 15 年条約 6 号），同条約は 2003 年 11 月 4 日に発効している（2023 年 1 月現在，加盟国 139 カ国）。

　　＊モントリオール条約は，ワルソー条約およびそれを改正または補足するすべての議定書に優先するとされているので（55 条），モントリオール条約の締約国間では，同条約が優先して適用されることになる。しかし，同条約は，後述するように，原則として締約国間での航空運送を対象としているため，モントリオール条約に加盟していない国との間では，従来通り，ワルソー条約および改正ワルソー条約の適用が問題となる。モントリオール条約成立の背景については，落合誠一「1999 年国際航空運送に関するモントリオール条約の成立」ジュリスト 1162 号 99 頁以下（1999 年），「特集：モントリオール条約」空法 42 号 1 頁以下（2001 年）など参照。

モントリオール条約　**(1)　適用範囲**　モントリオール条約は，国際航空運送にのみ適用される万民法型の統一私法である。同条約の適用される国際運送は，（ i ）当事者の約定した出発地および到達地が 2 つの締約国にある運送，または（ ii ）出発地および到達地が 1 つの締約国内にあり，かつ予定寄航地が他の国（非締約国を含む）の領域にある運送である（1 条 2 項）。

　モントリオール条約の適用についても，国際私法との関係が問題
となる。同条約が，当事者が約款または特約で準拠法を決定し，ま
たは裁判管轄に関する規則を変更することによって条約の規定に違
反するときは，その約款または特約は無効であるとしていることか
ら（49条），条約の適用範囲に該当する国際航空運送については，
国際私法の規定によらず，直接にこの条約が適用されるものと解さ
れている（改正ワルソー条約について，最判昭和 51 年 3 月 19 日民集 30
巻 2 号 128 頁，東京地判平成 11 年 10 月 13 日判時 1719 号 94 頁〔百選 17〕)。

　　＊条約が適用されない国際航空運送については，国際私法の規定によっ
　　て定まる運送契約の準拠法によることになる。改正ワルソー条約に関
　　する事件ではあるが，「航空運送中」に含まれない陸上運送の期間に盗
　　難により運送品が紛失した事件で，条約に基づく責任以外に生じ得る
　　運送人の責任について，法例 7 条により運送契約の準拠法を適用した
　　裁判例がある（東京地判昭和 60 年 7 月 15 日判時 1211 号 120 頁)。

　なお，実務では，国際航空運送協会（IATA）が作成した航空貨
物運送約款に基づいた運送約款が使用されている。

　(2)　運送人の責任　　運送人は，航空運送中の事故により，貨物
の破壊・滅失・毀損が発生した場合には，損害賠償責任を負わなけ
ればならない（18条1項）。この責任は，運送人の無過失責任とさ
れている。もっとも，その損害が，①貨物の固有の欠陥または性質，
②運送人以外の者が行った荷造りの欠陥，③戦争行為または武力紛
争，および④輸出入に関する公的機関の措置に起因することを証明
した場合には，運送人は免責されるが，免責事由は上記のものに限
定されている（同条2項）。

　運送品の延着についても運送人は責任を負うが，運送人自身なら
びにその使用人および代理人が損害を防止するために合理的に要求
される措置をすべてとったこと，またはそのような措置をとること

が不可能であったことを証明した場合には，運送人は免責される（19条）。延着について運送人に厳格責任を負わせると無理な運航を行う危険があるため，延着損害については，無過失の立証を運送人の側に転換した過失責任主義を採用したものである。

＊貨物運送では，荷主と運送契約を締結する運送人（契約運送人）と実際に貨物運送を行う運送人（実行運送人）とが異なることが少なくない。ワルソー条約では，運送人とは契約運送人を指し，荷主と契約関係にない実行運送人には条約は適用されないと，わが国では解されていた（東京地判昭和60年7月15日判時1211号120頁）。しかし，この点については，ワルソー条約の締約国間でも解釈が分かれたため，モントリオール条約は，実行運送人も契約運送人と並んで条約の適用を受ける旨，明文で規定している（40条）。したがって，実行運送人は，自己が担当する部分の運送については，契約運送人とともに条約上の責任を負担することになる。

　運送人の責任限度額は，貨物1kgにつき22SDRである。ただし，荷送人が運送人に貨物を引き渡す際に，その価額を申告し，必要な追加料金を支払った場合には，この限度額は適用されない（22条3項）。一方，運送人の責任が無過失の厳格責任とされたこととの均衡上，運送人の責任制限も絶対的なものとされ，貨物については，たとえ運送人に故意または は重大な過失があっても責任限度額が適用される（22条5項・30条3項）。

　これらの運送人の責任および責任限度について，条約は，免責約款を禁止している（26条）。

　(3)　航空運送状　　国際航空物品運送における運送証券は，航空運送状（air waybill）である。航空運送状は，運送契約の締結，貨物の引受け，運送条件などの事項を証明する証拠証券である（11条1項）。航空運送状は，荷送人が作成して運送人に交付する（4条1

項・7条1項)。実務では，航空貨物代理店がこれを作成している。航空運送状の記載事項は法定されているが(5条)，実務では，国際航空運送協会が作成した様式に準拠した航空運送状が用いられている。荷送人は，自らまたは代理人が記載した明細，および申告の正確性につき責任を負う(10条)。航空運送状が作成されなかったり，その記載事項に不備があっても，運送契約の存在または効力には影響を及ぼさない(9条)。荷送人は，運送品の到達地において荷受人が適法に運送品の引渡しを請求する時まで，運送品の返還，荷受人以外の者への運送品の引渡しなど運送品を処分する権利(貨物処分権)を有する(12条1項・4項)。もっとも，運送人は，荷送人用の航空運送状または後述する貨物受取証の提示を要求することなく荷送人の指図に従った場合には，運送状または貨物受取証の正当な所持人が被った損害について責任を負う(同条3項)。これは，荷送人が代金回収のために為替手形を振り出して銀行に買取りを求め，その担保として航空運送状を添付した場合に，荷送人の貨物処分権の行使を封じる趣旨である。荷受人は，運送品が到達地に到達したときは，料金を精算し，運送条件に従うことを条件として，航空運送状を呈示しなくても，運送品の引渡しを請求することができる(13条1項)。

　航空運送状は，船荷証券や貨物引換証のような引換証券性をもつ有価証券ではない。また，航空運送では運送状が流通する時間的余裕がないため，実務上流通性のある航空運送状は作成されていない。

　なお，運送人は，荷送人の同意を得て，航空運送状の交付に替えて「運送についての記録を保存する」手段を講じることが認められている(4条2項)。これは，運送関係書類の電子化に対応して，いわゆる電子航空運送状の採用を可能にしたものである。この場合，

荷送人の要請があるときは，運送人は貨物受取証を荷送人に交付し
なければならない（4条2項）。

4　国際複合運送

国際複合運送の意義　複合運送とは，1人の運送人（複合運送人）が，
海上運送と鉄道運送のように異なる運送手段
を用いて，全運送区間について一貫して運送を請け負う運送方法で
ある。このような運送形態は，貨物輸送におけるコンテナ化の進展
に伴い，海陸通し運送がきわめて容易かつ安全になったことにより，
急速に普及したものである。とくに，荷送人にとって，複合運送に
は，戸口から戸口までの全区間の運送を1人の運送人に任せること
によって，各運送手段・運送区間ごとにそれぞれの運送人と運送契
約を締結する必要がなくなり，単一の運賃で，一貫したサービスを
受けることができるという大きな利点があることから，その利用は
さらに増加しつつある。

　複合運送には，たとえば，船会社が自己の担当する海上運送以外
の区間について他の運送人を下請運送人として利用するという形態
の他に，自らは何らの運送手段ももたない者が，すべての運送区間
について，複数の下請運送人を利用して運送を引き受けるというタ
イプのものがある。このように，もっぱら他の運送事業者を利用し
て複合運送を営む者をフレイト・フォワーダー（freight forwarder）
と呼んでいる。わが国における国際複合運送としては，日本海を海
上運送した後，シベリアを鉄道輸送し，ヨーロッパへ至るシベリ
ア・ランドブリッジや，太平洋を海上運送し，アメリカ大陸を鉄道

で横断した後，大西洋を海上運送してヨーロッパに至るアメリカ・ランドブリッジなど，多様なものがある。

　＊国際複合運送の現状とその法的規制については，高桑＝江頭編『国際取引法』184 頁以下〔江頭憲治郎〕，谷川久「複合運送をめぐって」ジュリスト 948 号 69 頁以下（1990 年），大阪商船三井船舶株式会社編著『国際複合輸送の知識〔改訂版〕』（成山堂，1994 年）112 頁以下，増田史子「国際複合運送契約（1）〜(8)」法学論叢 155 巻 1 号 1 頁，2 号 1 頁，3 号 1 頁，4 号 1 頁，5 号 24 頁，6 号 66 頁，156 巻 1 号 1 頁，2 号 77 頁（2004 年）など参照。

複合運送人の責任　　このような複合運送の利用の増大にもかかわらず，現在のところ，複合運送契約そのものを直接に対象とする法規制をもつ国はごく少数である。したがって，国際複合運送契約の内容は，もっぱら運送人が作成する複合運送約款によっている。このような運送約款については，業界団体（ボルチック国際海運協議会，国際フレイト・フォワーダーズ協会連合など）が標準約款を作成しており，それを利用することによって統一化がかなり進みつつある。また，国際複合運送に関する法統一の成果として，「物品の国際複合運送に関する国連条約」（国連国際物品複合運送条約）が 1980 年に成立している。この条約は，海上物品運送に関するハンブルク・ルールズを基礎とし，複合運送人の責任について単一の責任原則を適用する（後述するユニフォーム方式）など，国際複合運送全般にわたって詳細な規定を置いているが，複合運送人の責任がきわめて重くなることや，実務の慣行と一致しない点があることなどから，発効の見込みは未だにたっていない。

　ところで，複合運送契約では，複合運送人が全運送区間について責任を負うとして，問題となるのは，その責任の内容である。すでにみたように，物品運送では，陸上・海上・航空それぞれの運送手

段ごとに独自の法システムが確立しており，運送人の責任原則も一致しているわけではない。したがって，そのような既存の法原則と複合運送人の責任とをどのように調整するのかが問題となる。このような複合運送人の責任を決定する方法としては，大別して次の2つの方法が考えられている。1つは，運送品の滅失・毀損がどの運送区間で発生したかにかかわらず，単一の責任原則によって複合運送人の責任を決定しようとするものである。このような方法は，ユニフォーム方式と呼ばれている。もう1つは，運送品の滅失・毀損が発生した区間が特定できる場合には，その運送区間に適用される従来の責任原則によって複合運送人の責任を決定し，それが特定できない場合には，契約で別に定める責任を複合運送人は負うとするものである。たとえば，損害が国際航空運送区間で発生したことが証明された場合には，モントリオール条約の責任原則により，損害発生区間が不明であるときは，海上運送中に発生したものとみなして，ハーグ・ルールズによって複合運送人の責任を決定するというものである。このような方式は，ネットワーク方式と呼ばれている。ユニフォーム方式によった場合には，特定の区間を実際に運送する下請運送人の責任と複合運送人の責任との間にずれが生じるなどの問題があることから，実務では，ネットワーク方式がもっぱら用いられている。

　　＊国連国際物品複合運送条約は，原則としてユニフォーム方式を採用した上で，運送品の滅失・毀損が発生した区間について，その区間に適用のある条約または国内法が国連条約の定める責任限度よりも高額の責任限度額を定めているときは，その責任限度額によるとして（19条），これを一部修正している。国連国際物品複合運送条約における運送人の責任については，佐野彰「海上物品運送契約」『現代契約法大系8』241頁以下参照。

　こうした状況に対応するため，わが国は，平成 30 年の商法改正
で，複合運送に関する規定を新設した。それによれば，陸上運送，
海上運送または航空運送のうち 2 つ以上の運送を 1 つの契約で引き
受けた場合における運送品の滅失等についての運送人の損害賠償責
任は，それぞれの滅失等の原因が生じた運送ごとに適用されるわが
国の法令またはわが国が締結した条約の規定に従うこととされてい
る（578 条 1 項）。これは，原則としてネットワーク方式を採用した
ものといえる。原因が生じた区間が特定できない場合については，
当事者が契約で別に定める責任を負うと解されている。

　　＊実務上，複合運送人の責任については，運送約款の定めによっている
　　が，運送契約の準拠法が日本法とされている場合には，商法 578 条 1
　　項により，運送区間に応じて，国際海上物品運送法やモントリオール
　　条約が適用されることになる。これらの点については，増田史子「複
　　合運送・旅客運送」ジュリスト 1524 号 27 頁（2018 年）参照。

複合運送証券　　複合運送契約に基づいて複合運送人が発行する運
送証券が複合運送証券である。国際複合運送契約
では，前述したように世界的な業界団体が作成した標準約款が利用
されており，複合運送証券についても，それらの団体が作成した書
式に準拠した証券が用いられている。わが国で発行される複合証券
の多くは，船荷証券に類似した形式をとっており，船荷証券と同様，
譲渡性および物権的効力が認められている。平成 30 年に改正され
た商法では，複合運送証券について船荷証券に関する規定が準用さ
れているが（商法 769 条 2 項），国際運送には直接適用されないこと
とされている（国際海運 15 条）。

　複合運送の増加に伴い，船積書類の中に複合運送書類が含まれる
ことが多くなったため，信用状統一規則においても，受理される複

合運送証券について独立した規定が置かれ，その要件が詳細に定められている（信用状統一規則 19 条）。

> ＊国際的に利用されている複合運送証券としては，国際フレイト・フォワーダーズ協会連合（FIATA）やボルチック国際海運協議会（BIMCO）の複合運送証券が有名である。これらの証券は，国連貿易開発会議（UNCTAD）と国際商業会議所が共同で作成した「複合運送書類に関する規則」（UNCTAD/ICC Rules for Multimodal Transport Documents）に準拠している。これらについては，栗田和彦「複合運送契約」落合誠一＝江頭憲治郎編『海法大系』（商事法務，2003 年）313 頁以下参照。

第 4 節　国際貨物保険

1　総　　説

　運送手段および運送技術の向上にもかかわらず，国際的な貨物運送は，今日においても，さまざまな危険を伴っている。そのような危険から生じる損害を塡補する制度が保険の制度である。国際的な貨物運送に関する保険は，国際物品運送とともに，今日の国際取引を安全かつ計画的に運営していくために不可欠な制度ということができる。

　国際貨物運送に関する保険は，保険事故の発生場所を基準として，陸上保険，海上保険および航空保険に分類することができる。とくに，わが国をめぐる国際貨物運送において重要なのは，海上保険である。海上保険は，航海に関する事故によって船舶や積荷などにつ

き生じる損害を塡補することを目的とする損害保険である（商法
815 条 1 項参照）。海上保険のうち，船舶に関するものを船舶保険，
貨物に関するものを貨物保険と呼んでいる。これらの保険のうち，
ここでは，国際的な物品売買にとって重要な，国際貨物海上保険に
ついて述べることにする。なお，国際航空貨物は，実務上，貨物海
上保険における英文保険証券および英文保険約款をほぼそのまま使
用して引き受けられており，また海上運送や国際航空運送に付随す
る陸上運送も貨物保険で取り扱われている。したがって，以下で述
べることは，これらの貨物についても妥当するということができる。

　＊国際航空運送保険および国際複合運送保険については，東京海上火災
　　保険株式会社編『貨物海上保険の理論と実務』（海文堂，1978 年）162
　　頁以下，309 頁以下，澤田他『国際取引法講義』276 頁以下〔落合誠
　　一〕など参照。

2　貨物海上保険契約

海上保険証券　　貨物海上保険契約は，当事者の合意によって成立
する諾成契約である。しかし，実務上は，保険契
約の内容を明確にするため，保険申込書によって申込みが行われ，
契約が締結されると，保険会社は，契約関係を証明する証拠として，
海上保険証券（marine insurance policy）を発行するのが通常であ
る。

　現在，わが国の実務において用いられている貨物海上保険証券に
は，2 種類のものがある。1 つは，いわゆるロイズ SG 証券（Lloyd's
S. G. Policy）に基づいた約款を証券本文とするものであり，もう 1

つは，1982年からイギリスで使用されることになったロイズ海上保険証券（Lloyd's Marine Policy Form：MAR保険証券）に基づくものである。ロイズSG証券は，300年にわたる歴史をもつイギリスの海上保険証券であるが，文体が古風で，その内容も現代の国際取引にそぐわなくなっている。そこで，イギリスの保険業界が新しい保険証券の様式として制定したのがMAR保険証券である。MAR保険証券は，SG証券とは異なり，証券自体には保険約款を含まず，諸約款を証券に添付するという方式を採用するなど，簡明で合理的なものとなっている。しかし，SG証券の伝統がすでに長く定着していることや，新しい約款で塡補される損害の範囲が旧約款の場合とは異なることなどから，わが国の実務では，依然としてSG証券も利用されている。

＊わが国で用いられる従来の英文保険証券は，SG証券に基づく本文約款と，本文約款の脇に置かれた欄外約款，および証券の裏面に印刷されたロンドン保険業者協会（現在は，ロンドン国際保険業協会と改称されている）制定の各種の協会貨物約款（Institute Cargo Clause）からなっており，欄外約款および裏面約款によって本文約款を修正・補充するという非常に複雑な様式が採られている。このようなイギリスの法律と慣習を中心とした海上保険の実務に対しては，とくに発展途上国の不満が強く，国連貿易開発会議（UNCTAD）において，海上保険に関する法律，約款，慣習などの全面的見直しが決議され，国際的な標準保険約款の作成が論議されたことなどを1つの契機として，イギリスの保険業界が，新しい保険証券，保険約款の制定に踏み切ったといわれている。英文保険証券の詳細については，葛城照三『1981年版　英文積荷保険証券論』（早稲田大学出版部，1981年），東京海上火災保険株式会社編『損害保険実務講座4　貨物保険』（有斐閣，1987年）56頁以下など参照。

＊MAR保険証券とともに制定された新しい協会貨物約款は，その後の

経済情勢の変化，とくに保険契約者および被保険者保護の要請を受けて見直しが行われ，2009 年に約款の改正が行われた。これによって，MAR 保険証券による保険契約については，2009 年約款の使用に移行しつつある。2009 年協会貨物約款については，木村栄一＝大谷孝一＝落合誠一編『海上保険の理論と実務』（弘文堂，2011 年）304 頁以下参照。

　各国の法律上，海上保険証券は，記載事項が法定されている要式証券であることが多いが（商法 821 条参照），手形のような厳格性が要求されているわけではない。したがって，法定事項の一部を欠き，また法定事項以外の記載のある保険証券も有効である。海上保険証券は，保険契約の成立および内容を証明する証拠証券であるばかりではなく，船積書類の 1 つとして譲渡可能であることが必要なことから，指図式または無記名式で発行されることが多い。このような場合，海上保険証券の裏書交付には，権利移転的効力，資格授与的効力，免責的効力が認められ，また，一体として処分される船荷証券について善意取得が成立した場合には，保険証券についても善意取得の成立が認められるとするのが，わが国の通説である。

　＊イギリス法によれば，海上保険証券は，証券面に譲渡を禁止する明示の文言がない限り，譲渡することができ，譲渡の方式は，保険証券への裏書によって行われるのが通常である（1906 年イギリス海上保険法 50 条）。

　海上保険契約の準拠法　海上保険契約は，保険会社の制定した保険約款によって規律される附合契約である。附合契約の準拠法については，当事者自治の原則の適用を否定する見解もあるが，すでに述べたように，附合契約についても当事者自治の原則が適用されるとするのが，わが国の通説・判例である（前述 90 頁）。したがって，海上保険契約についても，当事者による準拠法の選択がある

場合にはそれにより，準拠法の選択のない場合には，当該保険契約と最も密接な関係のある地の法が適用されることになる（法適用7条・8条）。

ところで，わが国の実務において用いられている英文保険証券には，「この保険は，すべての塡補請求に対する責任およびその塡補について，イギリスの法律および慣習に従うものと理解され，かつ合意されるものとする」("This insurance is understood and agreed to be subject to English law and usage as to liability for and settlement of any and all claims.")との，いわゆる英法準拠約款が含まれている。この約款の性質を抵触法的指定とみるか，実質法的指定とみるかについては争いがある。日本の保険会社が，日本で発行される保険証券にこのような約款を用いるのは，貨物海上保険証券は他の船積書類とともに外国の買主や銀行などに譲渡されるのが普通であって，それらの者との間ではイギリス法を準拠法とするほうが解決が容易であり，また保険証券の国際的な流通性も高まること，海上保険については，伝統的にイギリスの法律および慣習に権威が認められており，それらの発達した法理論を利用することができることなどの理由に基づいている。これらの事情を考えると，英文保険証券上の英法準拠約款は，「塡補請求に対する責任およびその塡補」について，イギリス法を準拠法として選択したものと解すべきであろう。

　＊裁判例として，英法準拠約款について，「保険契約の有効性と航海事業の適法性」については日本法に準拠するが，「保険者の塡補責任の有無と保険者に塡補責任があるとするならばその決済」については英国の法と事実たる慣習に準拠する趣旨であると判示したものがある（東京地判昭和52年5月30日判時880号79頁，東京地判平成14年2月26日判例集未登載〔百選27〕）。学説上も，英法準拠約款を抵触法的指定

と解する見解が多数となっている（澤木＝道垣内『国際私法入門』189頁，木村＝大谷＝落合・前掲書98頁など）。これを受けて，近時のわが国の実務では，「保険証券文言の解釈および一切の保険金請求に関する責任とその決済に関してのみ英国の法律および慣習を適用する」との準拠法条項を明示した約款を採用するものが現れている。それによれば，上記の事項以外（海上保険契約の告知義務を含む）は日本法が準拠法となるとされている。東京海上日動火災保険株式会社編著『外航貨物海上保険約款詳説』（有斐閣，2021年）7頁参照。英法準拠約款を抵触法的指定と解する場合には，契約準拠法の分割指定を肯定する必要があるが，その点については，前述91頁参照。

3　貨物海上保険契約の内容

　貨物海上保険契約では，保険契約の関係者，保険の目的，保険金額，保険会社が担保する保険事故の種類（担保危険），保険期間，塡補される損害の範囲，保険料などが取り決められる。保険会社は，保険期間内に担保危険によって生じた損害について，それが契約で定められた塡補の範囲内にある場合に，塡補の責任を負うことになる。

　＊国際売買においては，貨物保険契約の締結時に契約内容の具体的細目を確定できない場合がしばしばある。たとえば，FOB契約やCFR契約で輸入する場合，海上保険は輸入者（買主）が付保することになるが，外国の売主から船積通知があるまで，積荷の数量・金額，積載船の船名，積込日などを知ることができない。このような場合に，契約内容の細目の一部を未確定としたまま，概括的に一応の基準のみを定めて締結される保険が予定保険である（商法825条参照）。予定保険には，一回ごとの積荷について契約する個別予定保険と，一定期間内に

積み出される積荷について一定の条件で包括的に付保される包括予定保険（open policy）とがある。予定保険は，保険契約の予約とは異なり，保険契約はすでに成立しているので，保険事故により損害が生じた場合には填補を受けることができる。保険契約者・被保険者は，未確定事項が確定した場合には，遅滞なく保険者に通知する義務を負っている。

保険契約の関係者　(1)　保険契約の関係者　保険契約の当事者は，保険者と保険契約者である。保険者は，保険事故が発生した場合に損害を填補する義務を負う者であり，保険契約者は，自己の名をもって保険者と保険契約を締結し，保険料の支払義務を負う者である。また，貨物の所有者のように保険の目的に一定の利益をもち，保険事故が発生した場合に保険者から損害の填補を受ける権利を与えられている者を被保険者と呼んでいる。通常は，保険契約者と被保険者は同一人であるが，他人のための保険も認められている（保険8条参照）。

国際売買において，売主・買主のいずれが海上保険を締結するかは，売買契約の定めによる（前述125頁）。わが国からのCIF契約による輸出では，売主が自己のために保険契約を締結し，船積み完了時に，保険証券を他の船積書類とともに買主に裏書譲渡することが行われている。

(2)　告知義務　保険契約では，保険の引受けを判断するために必要な情報はもっぱら保険契約者の側にあり，保険者は保険契約者側の言を信じて契約を締結することになる。そこで，各国の立法は，保険契約者に重要な事実を告げる義務（告知義務）を課し，保険契約者が，悪意または重大な過失により，その義務に違反した場合には，保険者がその契約を解除または取り消すことを認めている（保険28条1項，イギリス海上保険法18条）。

保険の目的と
被保険利益
保険の目的とは，保険事故の発生する客体のこと
であり，貨物保険では，通常は運送貨物がそれに
当たる。これに対して，被保険利益とは，保険の目的につき保険事
故が発生することにより被保険者が損害を被るおそれのある経済的
利益である。たとえば，被保険者が貨物の所有者の場合，貨物が保
険の目的であり，貨物の所有権が被保険利益である。被保険利益は，
保険の目的に対して被保険者が有する利害関係であるから，同一の
保険の目的に複数の被保険利益が存在しうる。たとえば，貨物の買
主は，売主から引き渡された貨物の所有権と転売によって収得しう
る希望利益をそれぞれ被保険利益として保険に付すことができる。

　被保険者に被保険利益がない場合には，保険契約は原則として無
効であり，たとえ保険事故によって保険の目的が滅失したり，損傷
したりしても，保険金を請求することはできない（保険 3 条参照）。
また，被保険利益は適法なものでなければならないから，密輸品や
禁制品についての利益に関する保険契約は無効である。

　＊たとえば，FOB 売買で，買主が輸出地の倉庫搬出から輸入地の倉庫搬
　　入までを担保する海上保険を付保していても，輸出地において本船に
　　積み込む前に貨物が滅失・損傷したような場合には，まだ買主に危険
　　が移転しておらず，買主には被保険利益がない。したがって，その損
　　害は保険で塡補されないことになる。このため，実務では，売主が船
　　積みまでの区間に存在する危険を自ら付保しておくことが望ましいと
　　されている。

保険価額と保険金額
被保険利益の評価額を保険価額という。海上
保険契約のような損害保険契約では，損害を
上回る塡補を受けることは認められないから（利得禁止の原則），保
険価額は，保険事故によって支払われる保険金の最高限度額を意味
している。保険価額を客観的に評価することは実際上困難な場合が

少なくないので，保険契約締結の際に，当事者間で保険価額を協定するのが普通である。このように当事者間で協定された保険価額を協定保険価額と呼び，協定保険価額を定めた保険証券を評価済み保険証券（valued policy）と呼んでいる。国際売買で用いられる海上保険証券は，ほとんどが評価済み保険証券である。

　保険金額は，保険者が塡補すべき金額の最高限度として当事者間で約定した金額である。保険価額より保険金額を低く定めること（一部保険）は自由であるが，平成 20 年改正前の商法では，保険価額を超える場合（超過保険），超過部分は無効であるとされていた（631 条）。しかし，保険価額を超える金額を当事者が合意しても，利得禁止の原則により，保険価額以上の塡補を受けることはできないから，超過部分を一律に無効とする必要はなく，むしろ保険契約者にとって超過部分に相当する保険料の返還を求めることができるようにとの配慮から，保険法では，保険契約の締結時に超過保険であることについて保険契約者および被保険者が善意かつ無重過失であるときは，保険契約者は，超過部分を取り消すことができるとしている（保険 9 条）。もっとも，貨物海上保険では，保険価額と保険金額が一致するのが通常である（全部保険）。

　また，保険金額は，保険料算出の基礎であって，保険料は保険金額に保険料率を掛け合わせて算出される。

　＊インコタームズでは，CIF 売買の売主は，CIF 価格の 10％ 増しで付保しなければならないとされているので，保険契約上も CIF 価格に 10％ 加算したものが保険価額とされている。この場合の 10％ の部分は，買主の希望利益に相当するものである。CIF 契約でない場合も，貨物保険の保険価額および保険金額を CIF 価格の 10％ 増しとするのが通常である。

担保危険と損害塡補の範囲　(1)　**担保危険**　　船舶の座礁・沈没・火災，汐濡れ，破損など，貨物が海上運送中にさらされる危険のうち，保険契約で担保されるものを担保危険または保険事故と呼んでいる。わが国の商法では，原則として航海に関する事故のすべてを包括的に保険事故としているが（816条，包括責任主義），イギリスの海上保険法は担保危険を具体的に列挙し（3条），列挙された個々の海上危険についてのみ保険者は責任を負うという列挙責任主義を採用している。

　従来のロイズ SG 証券に基づく海上保険証券は，イギリスの海上保険法に従い，保険証券本文において担保危険を限定列挙し，それを欄外約款と証券裏面の特別約款で変更するという構造を採っている。証券本文に列挙された危険は，（ⅰ）船舶の沈没・座礁，荒天による浸水などの海固有の危険，（ⅱ）火災，（ⅲ）強盗，（ⅳ）投荷，（ⅴ）船員の悪行，（ⅵ）海賊，（ⅶ）戦争危険，（ⅷ）政府・官憲による強留・抑止・抑留の8種類に分類される。しかし，これらのうち，（ⅵ）ないし（ⅷ）の危険については，証券左側欄外約款中の「捕獲・拿捕不担保約款」により，また，その他の危険についても，ストライキ・暴動によって生じたものは，同じく欄外約款中の「同盟罷業・暴動・騒乱不担保約款」によって保険者は免責されるので，結局，証券の表面約款で担保される危険は，ストライキや暴動などによる場合を除いた，前記（ⅰ）ないし（ⅴ）の危険ということになる。被保険者が，戦争危険やストライキなどの危険も担保したい場合には，証券裏面の「協会戦争危険担保約款」および「協会同盟罷業・暴動・騒乱担保約款」を別に特約しなければならない。

　＊貨物海上保険契約における担保危険，填補条件，保険期間などの詳細
　　については，東京海上火災保険株式会社・前掲『損害保険実務講座4』
　　63頁以下，加藤修『国際貨物海上保険実務〔3訂版〕』（成山堂，2003
　　年）82頁以下など参照。

　(2)　填補範囲　　保険者は，担保危険によって生じた貨物の損害
を填補すべきことになるが，すべての損害が填補されるわけではな
く，予め約定された填補範囲内の損害のみが填補される。保険事故
による損害は，全損（total loss）と分損（partial loss）とに分けら
れる。全損とは，被保険利益が全部消滅した場合をいい，それ以外
の損害が分損である。分損中の物的な損害には，被害を受けた者の
みがその損害を負担する単独海損と，船舶の沈没を防ぐために積荷
の一部を投棄した場合のように，船舶および積荷の共同の危険を回
避するために行われた処分により生じた損害（共同海損）とがある。
また，分損には，損害防止費用や救助料などの費用損害も含まれる。
これらの損害のいずれを填補するかは，貨物や被保険利益の種類，
保険料の金額などにより保険契約者が判断することになる。実務で
は，海上保険証券の裏面に印刷された協会貨物約款を組み合わせる
ことによって，保険条件が取り決められている。基本的な損害填補
条件としては，次のものがある。

　　(a)　全損のみ担保（total loss only；TLO）　　全損の場合の損害
のみを担保するものであるが，積荷保険では実際上ほとんど使用さ
れていない。

　　(b)　分損不担保（free from particular average；FPA）　　全損，
共同海損および費用損害は填補されるが，単独海損は，船舶の座
礁・沈没・大火災，または火災，爆発，船舶の衝突などの特定の事
故によるもののみが填補される条件である。この条件は，航海途上

で濡れてもよいような木材や石炭などの原材料の場合に利用されている。CIF 売買で要求される最小限の保険条件は，この条件である。

(c)　分損担保（with average；WA）　　分損不担保条件に加えて，特定の事故によらない単独海損も填補する条件である。たとえば，荒天により貨物が海水による損害を被った場合などがそれに当たる。ただし，一定の小損害については填補しない旨の免責歩合約款が証券表面にあるため，填補の条件を満たすためには，損害が所定の割合（通常，保険価額の 3% 以上）に達する必要がある。この条件は，一般の製品に用いられる基本的条件であるが，通常は，これに種々の追加危険が付加されている。

(d)　全危険担保（all risks）　　貨物の固有の欠陥・性質による損害，および遅延による損害を除いて，すべての偶然的危険によって貨物に生じた損害を填補する条件である。ただし，戦争危険・ストライキ危険は除外されるので，これらの危険については別途特約が必要である。

　＊ MAR 保険証券では，保険証券自体には担保危険や填補範囲の規定はなく，すべて新しい協会約款に取り込まれている。新協会約款では，従来の条件は使用されず，新たに（A），（B），（C）の 3 種類の約款が定められている。各約款は，それぞれ旧約款の「全危険担保」，「分損担保」，「分損不担保」の各条件にほぼ相当するものである。2020 年版のインコタームズでは，CIF 売買において売主に要求される最低限の保険条件は，新約款の（C）またはそれに相当する保険補償を満たす貨物保険とされているが，CIP（輸送費保険料込み）については（A）条件の付保が要求されている。なお，新約款では，戦争危険およびストライキ危険についても新しい約款が制定されている。これらの詳細については，東京海上火災保険株式会社・前掲『損害保険実務講座 4』75 頁以下，木村＝大谷＝落合・前掲書 302 頁以下，東京海上日動火災保険株式会社・前掲書 37 頁以下参照。

(3) 保険期間　　保険期間とは，その期間内に保険事故が発生した場合に，原則として保険者が塡補義務を負う期間である。保険期間は当事者が取り決めるが，協会貨物約款では，原則として，保険証券記載の仕出地の倉庫を搬出された時から仕向地の最終倉庫に搬入された時までとされている（倉庫間約款）。

4　保険代位

保険代位の意義　　保険事故により全損が生じても残存物に価値がある場合や，当該事故によって被保険者が第三者に対して損害賠償請求権を取得したような場合，被保険者が保険金を取得した上になおこれらに関する権利を保有することは，かえって，被保険者を利得させる結果となる。そこで，一定の要件の下に，被保険者の有するある種の権利を保険者に移転させることが，各国の法で認められている。これが，保険代位の制度である。

わが国の保険法は，全損が生じた場合の残存物に対する代位（残存物代位，24条）と第三者に対する権利の取得（請求権代位，25条1項）の2つの場合を認めている。

保険代位の準拠法　　保険代位については，その要件および効果につき，いずれの国の法が準拠法となるかが問題となる。わが国の通説は，保険代位は法律による権利の移転の一態様であるとして，その原因となる事実の準拠法，すなわち保険金支払の基礎となる保険契約の準拠法によると解している。

問題となるのは，請求権代位の場合に，債務者その他の第三者保護の観点から，代位の対象となる債権（たとえば，不法行為または債

務不履行に基づく損害賠償請求権）の準拠法を考慮する必要がないか
どうかである。この点に関して，債権自体の移転可能性，弁済期な
どの問題は，その性質上，代位の対象となる債権自体の効力の問題
であり，当該債権の準拠法によることについては異論がない。しか
し，それ以上に，代位される債権の準拠法を考慮することについて
は，見解が分かれている。多数説は消極的であるが，自己の関知し
ない法によって債務者が不測の不利益を被るべきではないとして，
債務者その他の第三者との関係では代位される債権の準拠法を考慮
すべきであるという見解も有力である。裁判例では，保険代位につ
いて，もっぱら保険契約の準拠法によるとしたものが少なくない
（東京地判昭和 39 年 6 月 20 日判時 382 号 42 頁，神戸地判昭和 45 年 4 月 14
日判タ 288 号 283 頁，神戸地判昭和 58 年 3 月 30 日判時 1092 号 114 頁な
ど）。

第 5 節　国際的な代金の決済

1　貿易代金決済の方式

代金決済の方式　　今日の国際取引では，現金の授受によって代金
の決済を行うことはほとんど稀であり，通常，
銀行を仲介として決済が行われている。このような銀行を仲介とし
た貿易代金の決済方式としては，債務者である買主が売主に対して
代金を送金する送金方式と，債権者である売主が買主から代金を取
り立てる取立方式とがある。

(1)　送金方式　　送金方式とは，送金人の依頼に基づいて，取引先銀行が受取人の所在する外国の銀行に対して受取人への支払を指図し，当該外国銀行がその支払指図に基づいて受取人への支払を行うものである。たとえば，外国為替手形による送金は次のような過程を経て行われる。すなわち，日本の輸入業者 A がアメリカの売主 B に代金を送金する場合，まず，A は，国内の取引先銀行 C に代金相当額の円貨を払い込み，C 銀行からアメリカに所在する D 銀行を支払人，B を受取人とする外国為替手形の振出しを受ける。A は，この為替手形を B に送付し，B は D 銀行に手形を呈示してドル貨でその支払を受ける（次頁**図 4**）。送金の支払指図は，為替手形や小切手（送金小切手）などの有価証券によるほか，書信（郵便送金），電信（電信送金）の方法による場合もある。

　　＊この場合，D 銀行は，C 銀行の外国支店，または C 銀行と予め資金の支払・取立ての実行などについて取決めを交わした銀行である。このように，銀行間で結ばれる為替取引に関する取決めをコルレス契約（correspondent arrangement）といい，コルレス契約によって結ばれた銀行をコルレス銀行と呼んでいる。なお，外国為替取引および送金為替の実務については，高桑＝江頭編『国際取引法』250 頁以下〔飯田勝人〕，東京銀行調査部編『外国為替読本〔第 2 版〕』（東洋経済新報社，1985 年），松岡編『レクチャー国際取引法』73 頁以下など参照。

　　＊海外への送金・取立てなどの外国為替取引や信用状に関する業務については，わが国では，いわゆる為銀主義の下に，外国為替公認銀行（外為法により認可を受けた銀行および外国為替銀行法により免許を受けた外国為替銀行）に集中されてきたが，平成 9 年の外為法改正によって為銀主義が廃止され，外国為替業務が自由化された。この結果，ネッティング（netting）決済（同一の当事者間の複数の取引について，債権・債務をひとまとめに決済するもの）などの決済方法が認められることになった。

図 4　外国為替手形による資金の送金

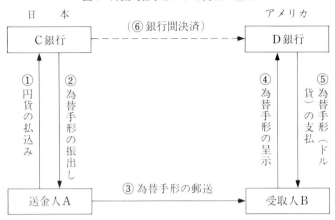

図 5　荷為替手形による資金の取立

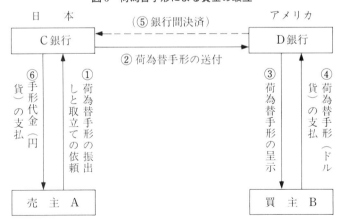

　このような送金方式は，予め前金として代金の一部を前払する場合や，船積書類を受領した後に買主が代金を後払する場合などに用いられる。前払は売主にとって有利であるのに対して，後払は買主に有利であるというように，いずれの場合も両者の利害が対立するため，一般に，貿易取引の代金決済の方法として送金方式が用いられることは少ない。

　(2)　取立方式　　取立方式とは，代金を受領する受取人の側が取立指図方式の外国為替を用いて代金を取り寄せる方法である。たとえば，日本の輸出業者Ａがアメリカの買主Ｂから代金を取り立てる場合，Ａは，Ｂを支払人とする為替手形を振り出し，これを取引先のＣ銀行に委託して取り立て，Ｂから代金の回収を図るというものである（前頁図5）。この場合，為替手形には，担保として売買の目的物の引渡請求権を表章した運送証券（船荷証券，貨物引換証など）が添付されることが多い。このように，手形債権の担保として運送証券を含む船積書類が添付された為替手形を荷為替手形（documentary bill）と呼んでいる。今日の貿易取引における代金の決済は，その多くがこの荷為替手形によって行われている。

荷為替手形　　(1)　荷為替手形の意義　　荷為替手形とは，手形上の権利を担保するために船積書類の添付された為替手形のことをいう。荷為替手形は，次のような経済的機能をもっている。すなわち，売主は，荷為替手形を取引銀行に買い取ってもらうことによって，貨物の船積み後直ちに代金を回収することができる。一方，買主は，船積書類と引換えに手形の支払または引受けをすることになるので，少なくとも商品が船積みされたことを確認した上で，代金の支払を行うことができる。また，手形の引受けを条件として船積書類の交付を受ける場合には，買主は，支払期限まで

に商品を処分し，その代金で決済を行うことが可能となる。さらに，買取銀行は，船積書類を担保としているので，買主の支払がない場合には，手形の振出人である売主に遡求することも，担保権を実行して商品を処分することも可能である。このように，荷為替手形は，売買当事者および取引銀行の利害を合理的に調整することができるため，今日の貿易取引における代金決済の方法として広く用いられている。

(2)　荷為替手形の種類　　荷為替手形には，手形の支払と引換えに船積書類を引き渡す支払渡条件（documents against payment ; D/P）のものと，手形の名宛人が手形の引受けを行い，手形債務が確定したことを条件に船積書類を引き渡す引受渡条件（documents against acceptance ; D/A）のものとがある。いずれの条件を用いるかは売買当事者の約定によるが，一般に，D/P手形は迅速に代金を回収できる点で売主に有利であり，D/A手形は，引受けから支払までに一定期間の猶予がある点で買主に有利ということができる。また，多くの取引では，後述するように，手形の支払が銀行によって保証されている信用状付きの荷為替手形が用いられている。

売主が取引銀行に荷為替手形の買取りまたは取立てを依頼する場合，信用状のないD/P手形およびD/A手形は手形の引受け・支払を保証するものがないため，銀行は，手形の取立てには応じるが，そのままでは手形を買い取ってくれないのが普通である。したがって，この場合には，売主は，買主の支払があるまで代金を回収することができず，資金的に大きな負担を負うことになる。そこで，荷為替手形の買取りについての銀行の不安を除去し，D/P手形およびD/A手形の金融を円滑にするため，政府の全額出資によって設立された株式会社日本貿易保険（以下，日本貿易保険という）が保険

の引受けを行う，輸出手形保険の制度が設けられている。これによって，銀行は，輸出手形保険を付保することにより，信用状のないD/P手形およびD/A手形も買取りに応じている。

> ＊輸出手形保険は，輸出貨物の代金回収のために振り出された荷為替手形を振出人から買い取った銀行が，手形の満期に支払を受けることができなかった場合，または再割引人から遡求を受けた場合に，日本貿易保険が当該銀行の損害を一定の塡補率で塡補するものである（貿易保険法57条以下）。貿易保険は，政府の所管から，平成13年に独立行政法人日本貿易保険が設立され，業務を行ってきたが，平成29年の法改正で政府が全額出資する株式会社に組織替えされた。貿易保険については，高桑『国際商取引法』219頁以下参照。

　売主が取引銀行に荷為替手形の取立てを依頼した場合には，依頼を受けた銀行は，買主の所在する国の自行支店またはコルレス銀行に当該手形の取立てを委託することになる。このような場合の関係当事者間の権利・義務を規定した国際的統一規則として，1956年に国際商業会議所が作成した「取立統一規則（Uniform Rules for Collections）」（現在は，1995年改訂版）がある。わが国の銀行はこの規則を統一的に採用しており，取立てに用いられる書類にはこの規則に準拠する旨が記載されているので，関係当事者は一般的にこれに拘束されることになっている。

2　荷為替信用状

荷為替信用状の意義　　(1)　総説　荷為替信用状（documentary letter of credit）または商業信用状（commercial letter of credit）とは，買主の依頼に基づいて，その取引銀行が，

一定の条件の下に，売主が振り出す荷為替手形の引受け・支払を確約した書面のことである。

　国際売買においては，荷為替手形が取り組まれても，売主の取引銀行にとって，手形の名宛人である外国の買主の信用状態を的確に把握することは困難であり，手形の支払に不安があるため，その買取りに簡単には応じないという問題が生じる。そこで，買主の取引銀行が，売主の振り出す為替手形の引受け・支払を確約することによって，売主およびその取引銀行の不安を除去し，貿易代金の決済が迅速かつ安全・確実に行われるように考案されたのが，荷為替信用状の制度である。今日，国際売買の代金決済の多くは，この荷為替信用状を利用して行われている。

　　＊とくに，わが国では，戦後長く取消不能信用状に基づく代金決済を標準決済方法としていたこともあって，現在でも信用状が広く利用されている。もっとも，このような信用状原則は，その後の外為法の改正に伴って，すでに廃止されている。荷為替信用状については，小峯登「信用状取引の法律関係」加藤一郎＝林良平＝河本一郎編『銀行取引法講座　中巻』（金融財政事情研究会，1977 年）305 頁以下，中村真澄「商業信用状取引」『現代契約法大系 9』184 頁以下，高桑『国際商取引法』202 頁以下，江頭『商取引法』195 頁以下，新堀聰『貿易売買』（同文舘，1990 年）254 頁以下，など多数の文献がある。

　　＊国際取引で用いられる信用状には，荷為替信用状の他に，スタンドバイ信用状（stand-by letter of credit）がある。これは，債務者の債務不履行に備えて，債権者の債権を担保するために発行される信用状である。たとえば，プラント輸出契約において，受注者の履行を担保するため，受注者の取引銀行が，受注者に債務不履行があった場合の損害賠償請求の支払について，企業者を受益者として発行する信用状がそれである。荷為替信用状とは異なり，債務者（信用状発行依頼人）に債務不履行があった場合に，債権者（受益者）から発行銀行に対して支払請求がなされる点に特色がある。スタンドバイ信用状はまた，

日本企業の在外支店が現地の銀行から融資を受ける際に，その融資を保証するため，本社の依頼により，日本の銀行が当該外国銀行を受益者として発行するという形でもよく用いられている。なお，スタンドバイ信用状については，1995年に「独立保証状及びスタンドバイ信用状に関する国連条約」が作成されているが（2000年1月1日発効），日本は批准していない。

(2)　荷為替信用状の仕組み　荷為替信用状は，一般に次のような形で利用されている。すなわち，（ⅰ）売買契約の当事者が荷為替信用状を用いて代金の決済を行うことを合意した場合，買主B（発行依頼人）は，自己の取引銀行C（発行銀行）に，売主Aを受益者とする荷為替信用状の発行を依頼する。（ⅱ）C銀行は，信用状を発行した場合には，通常，受益者の所在地の銀行D（通知銀行）を経由してAに信用状を通知（交付）する。（ⅲ）Aは，発行銀行または買主を支払人とする為替手形を振り出し，信用状とともに信用状条件に合致した船積書類を添えて自己の取引銀行E（買取銀行）に手形の買取り（割引）を依頼する。この場合，E銀行は，発行銀行の倒産や発行銀行所在国の為替制限などの異常事態の生じない限り，手形の引受け・支払が信用状によって確約されているので，所定の船積書類が信用状条件に合致している場合には，安心して荷為替手形の買取りに応じることができる。（ⅳ）E銀行は，発行銀行または買主に荷為替手形の引受け・支払を求め，手形代金を回収する。（ⅴ）発行銀行が荷為替手形を支払った場合には，発行銀行は，代金の支払と引換えに買主に船積書類を引き渡す（次頁**図6**）。

なお，信用状の信頼を高めるために，発行銀行以外の銀行が，発行銀行の依頼に応じて，自行も為替手形の引受け・支払を行う旨の確約をその信用状に加えることがある。このような確約を加える銀行を確認銀行といい，確認銀行による確約が付加された信用状を確

図 6　荷為替信用状による売買代金の決済

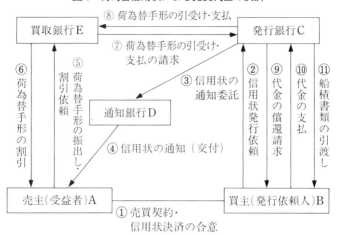

認信用状と呼んでいる。売主にとって，外国の銀行の信用状態を知ることが難しいことから，通常，売主所在地国の通知銀行が確認銀行となる場合が多い。この場合，確認銀行は，自己の責任において為替手形の引受け・支払を確約するのであり，確認銀行の負担する債務は，発行銀行の債務とは別個・独立のものである。

＊発行銀行は，取引の便宜から，為替手形の買取り・引受け・支払をコルレス銀行など特定の銀行に委託することがある。これらの委託を受けた銀行を，それぞれ指定買取銀行，引受銀行，支払銀行と呼んでいる。これらの銀行は，発行銀行の指図に従うものであるが，信用状発行依頼人および受益者とは直接的な法律関係に立つものではない。

信用状統一規則　　(1)　信用状統一規則　　信用状の制度は，取引実務の慣行の中から生成してきたものであり，信用状取引が急増した第 1 次世界大戦後の当時においては，その理

解にもまだ多くの混乱があった。そこで，信用状に関する取引慣行を明文化し，その統一を図ったのが，国際商業会議所による「荷為替信用状に関する統一規則および慣例（Uniform Customs and Practice for Documentary Credits)」（信用状統一規則）である。信用状統一規則は1933年に採択され，当初は大陸法系諸国の銀行によってしか採用されなかったが，その後数次の改訂を経て，アメリカおよびイギリスの銀行も採用するに至り，今日では先進国，発展途上国を問わず，世界の大多数の国の銀行によって利用される普遍的な規則となっている。現在，2006年に改訂された最新の統一規則（ICC Publication No. 600）が，2007年7月1日から実施されている。

　インコタームズと同様，信用状統一規則も，民間機関の作成した統一規則であるから，原則として，当事者がそれによる旨を合意することが必要である。そこで，信用状統一規則も，各信用状の本文に統一規則が盛り込まれることを条件として，すべての信用状に適用されると規定している（1条）。もっとも，わが国の銀行は，信用状統一規則を一括採択しているので，わが国の銀行が発行する信用状はすべてこの規則によることになっている。なお，アメリカ統一商法典には，信用状に関する規定が設けられているが，アメリカにおいても，信用状統一規則に準拠する旨が明記された信用状については，信用状統一規則の適用が認められている（5-116条（c)）。

　　＊わが国の裁判例の中にも，信用状統一規則を適用したものが少なくない（東京地判昭和62年5月27日判タ648号152頁，東京地判昭和62年5月29日金融法務1186号84頁など）。

　(2)　信用状の準拠法　　信用状統一規則は，信用状取引に関する世界的な統一規則であるが，信用状をめぐるすべての法律問題を規定しているわけではない。したがって，信用状統一規則によって解

決されない問題については，その準拠法が問題となる。

　売主・買主間の信用状開設の約定および買主・発行銀行間の信用状開設契約については，それぞれ法適用通則法 7 条ないし 9 条に従い，当事者による準拠法の選択がある場合には，その法により，選択がない場合には，当該契約の最密接関係地法が適用される。受益者である売主と発行銀行との関係については，実質法上その性質をめぐり多様な見解があるが，準拠法の選択に当たっては，法律行為に関する問題として，法適用通則法 7 条ないし 9 条に従って準拠法を決定すべきものと解される。この場合，一般に信用状中に準拠法が明記される例はほとんどないので，客観的に最密接関係地法を決定することになるが，信用状取引の重心は発行銀行の側にあるとの理由などから，発行銀行の営業所所在地法によるとする見解や信用状で指定された支払地法によるとの見解などがある。

> ＊法例下の事案であるが，外国銀行のボンベイ（インド）支店が発行した信用状に基づく支払請求事件で，一般的には，信用状取引において，発行銀行が主導的地位にあることは否定できないが，当事者にとって最も重要性を有するのは信用状債務の履行であるから，当事者は信用状債務の履行地法（日本法）を準拠法とする黙示の合意をしていると推認できるとした裁判例がある（東京地判平成 15 年 9 月 26 日金融法務 1706 号 40 頁）。信用状の準拠法については，浜田一男「商業信用状取引の準拠法」『国際私法の基本問題』383 頁以下，杉江徹「信用状の準拠法」『国際私法の争点』134 頁，高桑『国際商取引法』205 頁など参照。

信用状をめぐる法律問題　信用状取引には多数の当事者が関係するため，各当事者間の法律関係は複雑であり，そこから生じる問題も多様である。したがって，ここでは，それらのうち，主要な当事者である発行依頼人（買主），受益者（売主）および発行銀行

間の関係について述べることにする。

　＊発行銀行と通知銀行などの仲介銀行および確認銀行との関係は，基本
　　的に委任契約の関係であると考えられる。これに対して，発行依頼人
　　は，これらの銀行とは直接的な法律関係をもたない。また，確認銀行
　　は，受益者に対しては，発行銀行と同様の地位にあると解される。信
　　用状をめぐる各当事者間の法律関係については，小峯・前掲論文336
　　頁以下，中村・前掲論文188頁以下など参照。

　(1)　売買当事者間の法律関係（信用状開設の約定）　　売買契約に
おいて代金の支払を荷為替信用状によって行うことを合意した場合
には，買主は信用状を開設する義務を負う。この義務は，売主の目
的物引渡義務に先行する先給付義務と解されている。信用状の開設
時期については売買契約で定めるのが普通であるが，そのような定
めがないときは，遅くとも船積期間経過以前に開設しなければなら
ないとした裁判例がある（神戸地判昭和37年11月10日下民集13巻11
号2293頁）。しかし，信用状開設義務を先給付義務とする趣旨から
は，買主は船積期間の開始日前に信用状を開設する義務があると解
すべきであろう。また，信用状開設義務に買主が違反することは，
代金支払義務違反を構成し，契約解除の理由となりうる。

　信用状が開設されると，売主（受益者）には信用状により決済を
なすべき義務が生じ，原則として，買主に対して直接に売買代金の
支払を請求することはできなくなる。しかし，買主の代金債務は，
信用状が発行されても当然に消滅するものではなく，発行銀行が信
用状に基づく債務の履行を拒絶した場合には，売主は買主に対して
代金債務の履行を請求することができるものと解される。

　(2)　発行依頼人と発行銀行との法律関係（信用状の発行依頼）

　買主は，自己の取引銀行に対して信用状の開設を依頼する。依頼
を受けた銀行は，信用状による与信を許容しうるか否かの審査を行

った上で，信用状開設契約を締結する。わが国の実務では，信用状発行依頼人は，基本契約として銀行と「信用状取引約定書」を取り交わし，これに基づいて個々の信用状発行依頼書を銀行に提出することになっている。発行依頼人は，発行依頼書で個々の信用状条件を発行銀行に指図する。発行依頼書には，信用状統一規則に準拠する旨の条項が規定されているため，信用状の事務処理に関する両者間の関係については，信用状統一規則が適用される。

　(3)　発行銀行と受益者との法律関係

　　(a)　取消可能信用状と取消不能信用状　　発行銀行と受益者との関係は，信用状が取消可能のものであるか，取消不能のものであるかによって，大きく異なる。取消可能信用状とは，発行銀行が，受益者に対する事前の通知なしに，原則として，いつの時点でも取消しまたは信用状条件の変更ができる信用状である。したがって，取消可能信用状の場合は，売主は，買主の計算において支払を受ける権限を有するにとどまり，発行銀行が手形の引受け・支払を確約しているものではない。ただし，1993年版の信用状統一規則（UCP500）では，発行銀行以外の支払銀行や引受銀行が，条件変更または取消しの通知を受ける前に，信用状条件と文面上一致している書類と引換えに為替手形の支払・引受けなどを行った場合には，発行銀行はこれらの仲介銀行に補償しなければならないとされていた（8条b）。いずれにせよ，取消可能信用状は，発行銀行の確約が不確定であるので，一般にはあまり利用されていない。

　取消不能信用状とは，信用状が発行され受益者に通知された以上，その有効期間中，受益者，発行銀行および確認銀行の同意がない限り，一方的に取り消したり，条件の変更をすることができないものをいう（統一規則10条a）。すなわち，取消不能信用状は，信用状条

件と文面上一致している書類の呈示を条件とする，支払，為替手形の引受けまたは第三者（発行依頼人など）を支払人とする手形に関する遡求義務を免除した，手形金相当額の支払についての発行銀行の確約である。実務で使用される信用状は，ほとんどが取消不能信用状であるため，2007 年改訂の新統一規則では，従来の立場を改め，統一規則が適用される信用状は，その名称のいかんにかかわらず，また取消不能の表示の有無にかかわらず，取消不能であるとされることになった（2条）。

　(b)　信用状債務の独立・抽象性の原則　　信用状に基づいて発行銀行が受益者に対して負担する債務は，信用状発行の原因となった売買契約その他の契約関係から独立した，別個の債務とされている（統一規則4条a）。これが，信用状債務の独立・抽象性の原則である。このような原則が認められている根拠は，信用状を原因関係から切断することによって，信用状の迅速かつ円滑な取引を図ることにある。したがって，発行銀行は，信用状条件と文面上一致する書類の呈示のある限り，発行依頼人に対する抗弁（依頼人の倒産など）および売買当事者間に存在する抗弁（受益者である売主の債務不履行など）をもって，自己の債務の支払を免れることはできない。

　(c)　信用状条件の厳格一致の原則　　信用状取引は，その迅速性および安全性が要求されることから，もっぱら書類の記載に依拠した書類取引とされている（統一規則5条）。したがって，銀行は，呈示された書類について，信用状条件と「文面上」一致するかどうかを形式的に点検する義務を負い，その内容についての実質的調査義務を負うものではない（14条・34条）。このように，信用状取引は，必要書類の形式的審査にもっぱら基づいているため，これらの書類は信用状条件に厳密に一致していなければならないとされてい

る。これが，信用状条件の厳格一致の原則である。

　発行銀行，指定銀行および確認銀行は，書類受取日の翌日から起算して，最長 5 銀行営業日以内に，書類を点検し，それを引き取るか拒絶するかを決定しなければならない（14 条 b・16 条）。書類を拒絶するときは，拒絶の根拠となった条件不一致の点を明示して，上述の期限内に，書類送付銀行または受益者に通告することが必要である（16 条 c）。

> ＊信用状取引において要求される書類としては，運送書類，保険書類，商業送り状その他の書類がある。信用状統一規則には，それぞれ必要とされる書類に関して詳細な規定が設けられている（18 条～28 条）。

3　手形および小切手

手形・小切手法の統一　(1)　総説　　手形・小切手は，取引における決済手段あるいは現金代用手段として広く利用され，国際取引においても重要な役割を果たしている。とくに，為替手形は，運送証券や信用状などとともに利用され，今日でも，国際的な代金決済の中心をなしている。

> ＊振出人が支払人に宛てて一定の金額を受取人またはその正当な所持人に支払うべきことを委託した手形が為替手形，支払人が銀行に限定され，一覧払いで，引受けが禁止されている有価証券が小切手である。為替手形は，国際的な送金および代金取立の手段として広く利用されているが，小切手は，銀行が支払人であるため，主として国際的な送金に用いられている。

　このような手形・小切手の果たす国際取引法上の機能からして，手形法・小切手法は世界的な統一が望ましいものであり，また，そ

の技術的要素の強い性格から，統一の可能性も高いと考えられ，早くから統一法作成の努力が重ねられてきた。そして，今日までに，次のような統一条約が作成されている。

(2)　ジュネーブ条約　　19世紀末以来，種々の組織や機関によって積み重ねられてきた統一運動の成果が国際条約として結実したものが，「為替手形及約束手形ニ関シ統一法ヲ制定スル条約」（1930年）および「小切手ニ関シ統一法ヲ制定スル条約」（1931年）である。これらの条約（以下，ジュネーブ条約）は，第1次世界大戦後，国際連盟の主催によるジュネーブでの統一会議で採択されたものであり，その付属書で定める統一法を締約国がその領土内で実施することを約束した世界法型の統一法である。わが国は，両条約を批准し，それぞれ手形法（昭和7年法律20号）および小切手法（昭和8年法律57号）として国内法化している。現在，ジュネーブ条約は，わが国およびドイツ，フランスなどのヨーロッパ諸国を含む20カ国以上の国で採用されているが，基本的に大陸法を基礎としているため，当初から英・米は参加せず，また南米諸国もこれに加盟していない。このように，ジュネーブ条約は，部分的には統一法としての役割を果たしているが，世界的な法の統一という点では，不十分であるといわざるを得ない。

(3)　国際手形条約　　このような手形法の不統一の状態を克服するために，国連国際商取引法委員会によって新たに作成されたのが「国際為替手形及び国際約束手形に関する国連条約」（1988年，未発効，国際手形条約）である。この条約は，既存の法制を変更しようとするものではなく，もっぱら国際取引において用いられる国際手形の統一的な規整を目的とした万民法型の統一条約である。

　国際手形条約は，国際取引で利用されるすべての手形に適用され

るものではない。この条約は，当事者が条約の適用がある旨を手形面上に明らかにしたものについてのみ適用される。すなわち，条約は，「国際為替（約束）手形〔アンシトラル条約〕」の文言を表題および証券本文中に含む国際手形に適用されると規定している（1条）。また，条約が適用される国際手形（以下では，為替手形を中心に述べる）とは，振出地，振出人の署名に付記された地，支払人の名称に付記された地，受取人の名称に付記された地および支払地の中の少なくとも2つが特定され，そのいずれか2つが異なる国にあることが表示された手形であって，振出地または支払地のいずれかが表示され，かつそれが締約国内にあるものでなければならない（2条）。このように，国際手形条約は，その適用の有無の決定に当たって，振出人に広範な選択権を認めている点に特色がある。

　国際手形条約の内容としては，ジュネーブ条約と英米手形法との調整という観点から，英米手形法上の理論が随所に採用されている。たとえば，偽造裏書の効力に関する規定（25条）や「保護される所持人」の発想（29条）などは，ジュネーブ条約の規定と異なっており，今後この条約が発効した場合には，とくに注意が必要である。

　＊国際手形条約については，前田庸「国際手形条約の成立に当たって」竹内昭夫還暦記念『現代企業法の展開』（有斐閣，1990年）627頁以下，高桑＝江頭編『国際取引法』204頁以下〔田邊光政〕，山下眞広『国際手形条約の法理論』（信山社，1997年）など参照。

手形・小切手の準拠法　このような手形法・小切手法の統一への努力にもかかわらず，世界的な統一法の実現にはまだ時間を要するものと考えられる。そこで，国際的に流通する手形・小切手の準拠法が問題となる。これについては，ジュネーブ条約と合わせて作成された「為替手形及約束手形ニ関シ法律ノ或抵触ヲ解決スル為

ノ条約」(1930年) および「小切手ニ関シ法律ノ或抵触ヲ解決スル為ノ条約」(1931年) がある。わが国は，これらの条約を批准し，手形法・小切手法の附則中に若干の抵触規定を置いている。これらの規定は，手形・小切手に関する法適用通則法の特則である。

　手形・小切手に関する抵触規定の特色は，第1に，手形・小切手の流通性の確保を図るため，取引の安全に重点が置かれていることである。すなわち，手形能力・小切手能力については，原則として本国法によるが，本国法が別の国の法によることを定めているときは，その国の法が準拠法となる (手形法88条1項，小切手法76条1項)。これは，いわゆる狭義の反致 (法適用41条) だけでなく転致まで認めたものである。また，本国法上行為能力を有していないときも，署名地法上能力者であれば責任を負うとして，広く行為地における取引保護が図られている (手形法88条2項，小切手法76条2項)。手形行為・小切手行為の方式は，「場所は行為を支配する」の原則に従って署名地法によるが，小切手については支払地の方式によっても有効である。また，先の行為が行為地法上無効であっても，後の行為がその行為地法上適式である場合には，後の行為は方式上有効とされている (手形法89条，小切手法78条)。

　もう1つの特色は，手形行為・小切手行為については，当事者自治が認められず，客観的連結によっていることである。すなわち，手形行為の主たる債務者である為替手形の引受人，約束手形の振出人の義務は支払地法により，従たる債務者である裏書人などの義務は，その署名地法によるとされている (手形法90条)。これは，手形法・小切手法が，流通性の確保と支払の確実性の要請の下に，原則として強行法的性格をもっていることによるものである。

第 6 節　製 造 物 責 任

1　製造物責任の意義

　製造物の欠陥によって，その製品の消費者や利用者が損害を被った場合に，その被害者に対して製造者ないし流通業者が負う責任を製造物責任（product liability）と呼んでいる。

　現代のような大量生産・大量消費の社会では，消費者が個々の製品の安全性をいちいちチェックすることは不可能であり，その製品の品質管理については，製造者の能力を信頼するほかはない。他方，大量生産・大量販売は，莫大な収益を企業にもたらす一方で，常に欠陥製品の発生という危険を内包している。このような状況の下で，製品の欠陥から損害が生じた場合，製造者は伝統的な過失責任よりも重い責任を負うべきであるとするのが製造物責任の法理である。このような理念から，今日，アメリカやヨーロッパ諸国では，製造物責任について製造者の過失を問題としない無過失責任の法理が，判例・立法によって確立されている。わが国も，これらの国々における動きを受けて，平成 6 年 7 月に「製造物責任法」（法律 85 号）を制定し，製造物の欠陥を理由とする無過失責任を導入した。

　このように，主要な先進諸国では，製造物責任について無過失責任の法理が確立していることから，これらの国々との貿易取引に当たっては，その国の製造物責任法に常に注意を払うことが必要である。とくに，アメリカでは，自動車，薬品，食料品，化粧品，工作

機械などほとんどの製品について製造物責任訴訟が提起されており，日本企業の製品が問題となった事件も，すでにかなりの数にのぼっている。ここでは，アメリカ，ヨーロッパおよびわが国における製造物責任法の現状を概観し，国際取引で問題となる製造物責任の準拠法について述べることにする。

> ＊製造物責任については，わが国にも多数の文献がある。たとえば，竹内昭夫編『わが国の製造物責任法』（有斐閣，1990 年），安田総合研究所『製造物責任〔第 2 版〕』（有斐閣，1992 年），加藤雅信編『製造物責任法総覧』（商事法務研究会，1994 年），小林秀之編『新製造物責任法大系 I・II』（弘文堂，1998 年），同『製造物責任法』（新世社，1995 年）などを参照。

2　各国の製造物責任法の状況

アメリカ　(1)　現状　　アメリカでは，毎年数十万件にのぼる製造物責任訴訟が提起されているといわれており，製造物責任訴訟のために事業から撤退したり，倒産に追い込まれる企業が現れるなど，製造物責任が大きな社会問題となっている。また，訴訟の増加と高額な損害賠償は，1970 年代および 1980 年代の半ばに，保険料の高騰や保険の引受拒絶によって製造者が製造物責任保険を付保できないという事態（いわゆる「製造物責任危機」）を 2 度にわたって生み出している。

　このような状況の背景として，無過失責任である厳格責任が製造物責任に導入されたことがあることは否定できない。しかし，アメリカにおける製造物責任危機の主たる要因が，むしろアメリカの保険業界の体質や，陪審制，弁護士の成功報酬制，安価な訴訟費用な

どのアメリカ固有の手続制度，および懲罰的損害賠償のような高額の賠償制度にあったことは，注意する必要がある。

　＊アメリカでは，裁判手続として陪審制が採用され，事件に関する情報収集のための開示制度（discovery）が整備されていることや，弁護士の成功報酬制，安価な訴訟費用などの制度が，弁護士人口が多いこととも相まって，訴訟の増加を生み出しているともいわれている。このような製造物責任に関するアメリカの訴訟手続に関しては，小林秀之『新版　PL訴訟』（弘文堂，1995 年）80 頁以下参照。

　　なお，懲罰的損害賠償の高額化については，アメリカにおいても批判が少なくない。製造物責任に関する事案ではないが，過度に高額な懲罰的損害賠償を認めた陪審評決を違憲とする連邦最高裁判所判決が下されている（BMW of North America, Inc. v. Ira Gore, Jr., 517 U.S. 559（1996））。この判決については，リチャード・L・ブラット他（大隈一武訳）「過大な懲罰的賠償額評決制限の判決」国際商事法務 24 巻 7 号 683 頁以下（1996 年）参照。

　このような事態に対して，連邦政府は，州によって異なる製造物責任原則を統一するため，1979 年に「統一製造物責任モデル法」を公表し，各州にその採用を働きかけたが，若干の州で部分的に採用されたにとどまっている。その後，製造物責任改革法案がいくつも連邦議会に提案されているが，いずれも成立していない。他方，州レベルでは，製造物責任を含めた不法行為法の改革が行われ，懲罰的損害賠償の制限的運用や弁護士の成功報酬の制限など，従来の制度を何らかの形で制限する立法が多くの州で制定されている。

　(2)　製造物責任法　　アメリカの製造物責任法は，原則として，各州の州法によって規制されているが，一般に，過失責任（negligence），保証責任（warranty）および厳格責任（strict liability）の 3 つの訴訟原因が認められている。

　過失責任は，伝統的な不法行為責任であるが，製造物責任事件で

は，製造者の過失の立証が被害者の救済にとって大きな負担となる。そこで，判例は，一定の場合に損害発生の事実自体により被告の過失が推定されるとする過失推定則（res ipsa loquitur）を適用することによって，被害者の立証の困難を緩和している。今日では，厳格責任が認められたことによって，過失責任は，その意義を失ったともいえるが，過失が認められることにより，陪審の認容する賠償額が増加する可能性があることから，現在でも，実務上は，他の訴訟原因と併せて援用されることが多い。

　保証責任は，本来，売主が買主に対して商品の品質・性能について明示または黙示の保証をすることによって負担する契約責任であり，売主の過失の有無を問わない無過失責任である。したがって，製造物責任に関して保証責任を援用するには，相手方との間に直接の契約関係が存在しなければならないという問題があった。判例は，この契約関係の要件を次第に拡大解釈し，現在では，実質上この要件を不要とするに至っている。

　このように保証責任から契約関係の要件が撤廃されることにより，無過失責任に基づく製造物責任が認められることになった。しかし，保証責任には，欠陥発見後の合理的期間内の通知や免責約款による責任制限の可能性など，契約責任であることによる障害がなお存在した。このような障害を乗り越え，製造者の無過失責任を実現するために考案されたのが不法行為上の厳格責任である。これは，製品に欠陥があり，その欠陥が原因で損害が生じたことを被害者が立証したときは，製造者は，その過失の有無にかかわらず責任を負うというものである。この理論は，1963年に，カリフォルニア州最高裁判所のグリーンマン事件判決で採用され，その後，1965年の第2次不法行為法リステイトメント402A条に規定されることによっ

て，アメリカの判例法上確立されたということができる。現在では，アメリカの大多数の州がこの理論を採用している。

(3)　第 3 次不法行為法リステイトメント　　もっとも，第 2 次不法行為法リステイトメント 402A 条は，欠陥概念が明確でなく，解釈上も争いがあった。また，前述のような製造物責任法改革の動きを受けて，アメリカ法律協会は，第 2 次不法行為法リステイトメントの改訂に着手し，1998 年に第 3 次不法行為法リステイトメント（製造物責任）を公表した。第 3 次リステイトメントにおける主要な改正点は，欠陥の概念を「製造上の欠陥」，「設計上の欠陥」および「指示・警告上の欠陥」に区別し，それぞれについて欠陥の基準を明示したことである（2 条）。すなわち，「製造上の欠陥」については，製造物が意図されていた設計から逸脱している場合には欠陥があるとされ（標準逸脱基準），従来通り厳格責任が適用される。これに対して，「設計上の欠陥」と「指示・警告上の欠陥」については，合理的な代替措置をとる可能性があり，かつそのような代替措置をとらなかったことによって製造物が合理的な安全性を欠くことになった場合に欠陥があるとされ（危険効用基準），被害者側に合理的な代替措置の立証を要求している。このことから，第 3 次リステイトメントでは，「設計上の欠陥」と「指示・警告上の欠陥」については，製造者の厳格責任を緩和し，実質的に過失責任の方向に戻る姿勢が示されている。

　＊アメリカの製造物責任法の詳細については，山口正久『欧米の製造物責任』（日本経済評論社，1987 年）3 頁以下，加藤・前掲書 329 頁以下，小林・前掲『新製造物責任法大系 I』11 頁以下，岡野祐子「製造物責任」国際法学会編『日本と国際法の 100 年　第 7 巻　国際取引』（三省堂，2001 年）95 頁以下，佐藤智晶『アメリカ製造物責任法』（弘文堂，2011 年）など参照。

ヨーロッパ　(1)　現状　　ヨーロッパにおいても，各国は，欠陥商品や医薬品による製造物責任に対してそれぞれ独自の法理を発展させてきた。たとえば，フランスでは，契約法上の瑕疵担保責任の拡張や不法行為上の無生物責任（responsabilité du fait des choses inanimées）の適用によって，無過失責任に基づく製造物責任が判例上確立され，また，ドイツでは，過失責任の原則の下に，証明責任を製造者に転換することによって被害者の救済が図られてきた。しかし，このような各国法の相違が，EC 共同市場内での各国製造者の競争条件に不平等をもたらし，自由な商品流通を阻害し，さらには消費者保護の程度を国ごとに異ならしめるという問題が，EC 各国に次第に認識されるようになった。そこで，EC では，各国の製造物責任法を統一するための作業が進められ，1985年7月25日，「欠陥製造物についての責任に関する加盟国の法律，規則および行政協定の調整に関する理事会指令」（以下，EC 指令という）が採択された。EC 指令は，直接に加盟国の国民に対して強制力をもつものではないが，加盟国は EC 指令に示された目標を達成すべく国内法を整備することが義務づけられている。これにより，EC（1993年より EU）では，すべての加盟国が製造物責任法の立法化を終えている。

　さらに，このような EU 諸国の動きは他のヨーロッパ諸国にも波及しており，ノルウェー，アイスランド，スイスなどの EFTA（ヨーロッパ自由貿易連合）加盟国でも製造物責任法が制定されている。このように，今日では，ヨーロッパ全体が，EC 指令にならって，無過失責任に基づく製造物責任を承認する方向に向かいつつあるということができる。

　(2)　製造物責任法　　EC 指令は，「製造者は，その製造物の欠

陥によって生じた損害について責任を負う」（1条）として，無過失
責任を採用している。したがって，被害者が，損害の発生，欠陥の
存在および欠陥と損害発生との因果関係を証明した場合には，製造
者は，一定の免責事由がない限り，その過失の有無を問わず責任を
負うことになる。このように，EC指令が無過失責任を採用したの
は，「最新の技術による製造に内在する危険の公平な分配」（前文）
という理念に基づいている。

　EC指令が認める免責事由は，次の6つである。すなわち，（ⅰ）
当該製造者がその製品を流通に置いたのではないこと，（ⅱ）製造
者が製造物を流通に置いた時点には欠陥が存在しなかったこと，ま
たはそれ以後に欠陥が発生した可能性のあること，（ⅲ）製造者が
その製品を営利目的で製造・流通させたものでないこと，（ⅳ）欠
陥が公的機関の強制的な基準に従った製造に起因すること，（ⅴ）
製品を流通に置いた時点での科学・技術水準では欠陥の存在を認識
できなかったこと（いわゆる開発危険の抗弁），（ⅵ）部品の製造者に
ついては，欠陥が部品の組み込まれた製品の設計または製品の製造
者の指示に起因すること，である。製造者は，このいずれかの事由
を証明した場合には，免責されることになる（7条）。

　このように，EC指令は，各国の製造物責任法の統一を目標とし
たものであるが，加盟国の意見の相違を調整するため，開発危険の
抗弁の採否，責任限度額の設定について，各国に選択の余地を認め
ている（15条・16条）。したがって，この限りでは，各国法は完全
に統一されるわけではない。

　＊EC指令およびヨーロッパ諸国における立法化の動向について，詳しく
　　は，好美清光「EC指令と製造物責任」判タ673号16頁（1988年），
　　能見善久「ECの製造物責任」ジュリスト961号134頁（1990年），加

藤・前掲書 279 頁以下，小林・前掲『新製造物責任法大系 I 』285 頁
以下，松岡編『レクチャー国際取引法』136 頁以下など参照。

日　　本　⑴　現状　アメリカやヨーロッパ諸国が製造物責
任について無過失責任を導入したのに対して，わが
国では，従来，伝統的な過失責任の原則（民法 709 条）によって製
造物責任に対応してきた。しかし，過失責任の下では，権利を主張
する被害者の側が製造者の過失を立証することが必要となり，被害
者の救済には十分ではなかった。そこで，判例・学説は，製造者に
高度の予見可能性ないし結果回避義務を課すとともに，証明責任を
製造者の側に転換することによって被害者の救済を図ってきた。

このように，わが国では，解釈上，製造物責任を無過失責任に近
づける努力がなされてきたが，被害者の保護を重視する考え方が社
会的にも一層浸透したことや，製造物責任法の法制化という国際的
な潮流を考慮して，平成 6 年 7 月に「製造物責任法」を民法の特別
法として制定し，製造物の欠陥を要件とする無過失の損害賠償責任
を導入した。

⑵　製造物責任法　製造物責任法は，製造者らが製造物の「欠
陥により他人の生命，身体又は財産を侵害したときは，これによっ
て生じた損害を賠償する責めに任ずる」(3 条) として，無過失の損
害賠償責任を規定している。ここで「欠陥」とは，当該製造物が通
常有すべき安全性を欠いていることをいうとされ，その判断に当た
っては，製造物の特性，通常予見される使用形態，製造物を引き渡
した時期その他当該製造物に係る事情が考慮される（2 条 2 項）。

製造者に対して厳格な責任を課す一方で，製造物責任法は，一定
の免責事由を定めている。すなわち，1 つは，いわゆる開発危険の
抗弁であり（4 条 1 号），EC 指令などを参考として導入されたもの

である。このような抗弁を認めるのは，製造物の引渡し当時の技術水準では認識が不可能であった欠陥を理由に責任を追及することは，製造者にとってあまりに酷であるという公平の観点とともに，製造者の研究開発や技術革新への活力を削ぐことがないようにという政策的な判断によるものである。しかし，この規定が拡大解釈されると，製造物責任法の意義自体が減殺されるおそれがある。もう1つは設計指示の抗弁であり，部品や原材料の製造者は，その欠陥が他の製造者の設計に関する指示に起因する旨の抗弁が認められている（同条2号）。

　製造物責任の対象となる製造物は，「製造又は加工された動産」である（2条1項）。したがって，未加工の農水産物などは除外され，不動産も対象外とされている。また，電気等の無形のエネルギーやコンピューターのソフトウェアなども製造物には含まれないと解されている。製造物責任の責任主体となるのは，製造業者，輸入業者および自社ブランドで商品を販売する表示製造業者等に限定されている（同条3項）。したがって，通常の販売・流通業者は，製造者には含まれない。なお，製造物責任法は，EC指令とは異なり，保護の対象をとくに自然人に限定していない。この点については，法人の営業損害についてまで無過失責任を認める必要はないとの有力な批判がある。

　＊製造物責任法の詳細については，加藤・前掲書3頁以下，小林・前掲『製造物責任法』1頁以下，山本庸幸『注釈製造物責任法』（ぎょうせい，1994年），升田純『詳解製造物責任法』（商事法務研究会，1997年）など参照。

3　製造物責任の準拠法

　以上のように，わが国を含む先進諸国の製造物責任法は，全体として無過失責任の方向へと進んでいるが，各国法には，まださまざまな点で相違がある。したがって，国際的に売買される商品の欠陥によって被害が生じた場合には，製造物責任の準拠法が問題となる。

　法適用通則法 18 条は，製造物責任について不法行為の特則を定めている。同条では，製造物責任法にいう「製造物」以外に，未加工の農水産物や家屋などの不動産も対象とされていることから，より広い概念として「生産物」責任という用語が使用されている（したがって，以下では「生産物責任」を用いる）。生産物責任の準拠法は，「被害者が生産物の引渡しを受けた地」の法である（法適用 18 条本文）。生産物責任事件では，生産物が転々流通するために，不法行為の原則的な準拠法である結果発生地法（17 条本文）の適用は生産業者にとって予測が難しい場合が生じること，また，加害行為地法の適用（同条但書）も加害行為地自体の特定に困難があること（加害行為地は生産物の生産地なのか，あるいは生産業者の本拠地なのかといった問題が生じる）等の理由から，生産物責任について特則を設けることにしたものである。「生産物の引渡地法」の適用は，生産物が通常市販される「市場地法」による趣旨と解されている。このような市場地法の適用は，生産物責任が欠陥のある生産物を生産して市場流通に置いたことに起因する責任であるという生産物責任の本質からみて，生産業者の行為を生産物が市販された地の法によって評価することには合理性があること，市場地は生産業者と被害者の接

点であり，その法の適用は双方が通常予期することができ，また中立的であること等を理由としている。もっとも，市場地の概念は多義的であり，連結点として用いた場合には，生産業者が生産物を最初に市場流通に置いた地を意味するのか，あるいは市場流通を経て被害者が生産物を取得した地を指すのかが明らかではない。そこで，法適用通則法は，「生産物の引渡地法」によるとして，後者の立場に立つことを明確にしている。これは，被害者保護の観点から，被害者とより密接な関係にある法を適用するという考慮に基づいている。

　他方で，生産物が本来予定された市場とはまったく別の国で市販され，被害者に引き渡された場合のように，その国での引渡しが生産業者にとって通常予測できないときは，引渡地法の適用に疑念が生じる。そこで，法適用通則法は，その地での生産物の引渡しが生産業者にとって通常予見できないものであった場合には，引渡地法ではなく，「生産業者等の主たる事業所の所在地の法」によるとしている（18条但書）。なお，生産物の欠陥により，生産物の取得者以外の者（いわゆるバイスタンダー）が被害者となった場合にも生産物の引渡地法を適用すべきか否かが問題となる。商品流通外のバイスタンダーにとって市場地との関連は乏しいことを考えると，同居の親族のように生産物の引渡しを受けた者と同視できるような場合は別として，バイスタンダーが被害者である場合には18条の適用はなく，本則である17条によって準拠法を決定すべきであろう。

　　＊法適用通則法における不法行為準拠法については，中野俊一郎「法適用通則法における不法行為の準拠法について」民商法雑誌135巻6号931頁以下（2007年），櫻田＝道垣内編『注釈国際私法1巻』426頁以下〔西谷祐子〕など参照。

　なお，製造物責任の準拠法については，第 12 回のハーグ国際私法会議で採択された「製造物責任の準拠法に関する条約」(1973 年) がある。この条約は，被害者の常居所地，損害発生地，製造者の主たる営業所所在地および製造物の取得地の 4 つの連結点を組み合わせて段階的に準拠法を決定するという，ユニークな方法を採用している。条約は 1977 年に発効しているが，わが国はこの条約を批准していない。

　　＊製造物責任の準拠法については，松岡博「生産物責任」山田鐐一＝早田芳郎編『演習国際私法〔新版〕』(有斐閣，1992 年) 139 頁以下，川又良也「生産物責任」『国際私法の争点』138 頁，岡野・前掲論文 105 頁以下，櫻田＝道垣内編『注釈国際私法 1 巻』460 頁以下〔佐野寛〕など参照。

第4章　プラント輸出および国際技術移転

第1節　総　　説

　今日の国際取引は，伝統的な物品の売買の他に，運輸，保険，金融，旅行，宣伝などのいわゆるサービス取引や，大規模な工場施設（プラント）の建設，特許およびノウ・ハウなどの先端技術の国際的移転といった多様な取引形態を生み出している。しかも，これらの新しい取引形態は，ますますその重要性を増しつつある。

　しかし，一方で，これらの取引形態は，実際の取引実務の中から新たに生成したものであるため，既存の法が十分には予測していなかった側面をもっている。たとえば，工場施設の設計から建設までの一切を引き受けるタイプのプラント輸出契約は，機材に関する製作物供給契約，施設の設計・施工に関する請負契約，生産技術に関する技術移転契約などが有機的に結合した一種の混合契約であり，当事者の権利・義務も複雑かつ多様である。したがって，既存の法による規整では，このような契約に十分に対応できない点も少なくない。そこで，これらの取引については，国際機関や各種業界団体などの国際的な民間機関によって作成された標準約款やガイドラインなどが，重要な役割を果たしている。ここでは，これらの取引のうち，比較的重要性が高いと思われるプラント輸出および国際技術移転について述べることにする。

第2節　プラント輸出

1　プラント輸出契約の意義

総　　説　一般にプラント（plant）とは，多数の機器，装置，工作物などから構成される生産設備をいい，そのようなプラントの海外への供給を目的とする契約をプラント輸出契約と呼んでいる。たとえば，海外で，発電所，石油精製施設，製鉄所などの生産施設を建設・供給するような場合が，それである。

　このようなプラント輸出契約には，単に生産施設に必要な機器の供給にとどまるものから，生産施設の設計，機材の調達，施設の建設，生産技術の提供などのすべてを引き受けるものまで多様なものがあるが，一般に次のような特徴をもっている。

　第1に，契約の目的および履行の内容がきわめて幅広く，複雑多岐にわたることである。契約の内容には，生産施設の設計，機材の製作および調達，施設の建設，現地における機器の据付および組立，設備の試運転，生産技術およびノウ・ハウなどの提供，従業員の訓練など，多様なものが含まれうる。したがって，受注者は，プラント建設に必要なこれらの多様な作業のうち，どの範囲の作業に対して責任を負うかを契約の中で十分に明らかにしておくことが重要である。

　第2に，プラント輸出には，多数の関係者が関わる場合が普通である。すなわち，プラント輸出契約は，発注者（employer）と受注

者である契約者（contractor）との間で締結されるが，大規模なプラント建設では，契約者は，一企業ではなく，複数の企業が共同事業体（コンソーシアムまたはジョイント・ベンチャー）を形成して引き受ける場合が少なくない。最近では，内外の企業によって構成された国際的な共同事業体による受注が増加している。このような場合には，各構成員の役割分担，権利・義務の明確化が重要となる。

　プラント建設における機材の供給や工事の施工は，通常，複数の供給業者や下請業者を通して行われている。したがって，プラント輸出契約では，下請業者の選択方法，下請業者の過失などに関する発注者と契約者の責任分担などについても取り決めておくことが必要である。また，プラント建設の立案および実施可能性の調査，基本仕様の作成，入札条件の設定，入札の実施，契約交渉などについて，発注者の依頼により，コンサルティング・エンジニア（consulting engineer）と呼ばれる独立の専門家が関与する場合がある。さらに，プラント建設には多額の資金を必要とすることから，銀行などの金融機関が，資金提供，履行保証などに関連して，プラント輸出契約に関与するのが通常である。

　＊共同事業体が契約者となる場合，その構成員は，発注者に対して連帯責任を負うのが普通である。それらの共同事業体のうち，内部的には施工部分が各構成員に分配され，責任も自己の分担部分に限られるものをコンソーシアム（consortium）といい，構成員が一体の組織の下で共同作業を行い，その責任も各持分額に応じて割合的に定まるものを一般にジョイント・ベンチャー（joint venture）と呼んでいる。このような共同事業体によるプラント輸出は，リスクの分散や技術力の相互補完，資金調達力の増加などの利点をもつことから，近時，国際的に広く普及している。
　＊コンサルティング・エンジニアとは，プラント建設の設計・立案・施

工に関する専門家であり，発注者の依頼により，プラント建設の実現に至る各過程で発注者に助言を与え，また発注者の代理人として工事の監督などにあたる者である。プラント輸出契約では，工事の専門家ではない発注者にとって，契約者と対等に交渉して契約条件を取り決め，契約者の履行状況を監督し，さらには履行過程で生じる各種の問題を調整・解決することは実際上困難である。そこで，これらの業務を専門的に取り扱うのが，コンサルティング・エンジニアである。したがって，コンサルティング・エンジニアは，発注者の代理人として，発注者の意向および利益を体してその実現を図るとともに，プラント建設の実現に向けて，公平・独立の立場から，当事者の各種の権利を証明・確定することが期待されている。なお，国際的なコンサルティング・エンジニアの団体として，国際コンサルティング・エンジニア協会（FIDIC）などがあり，各種標準約款を作成している。

第3に，プラント輸出契約は，契約金額が巨額にのぼることである。したがって，発注者または契約者が必要な資金をどのように調達するかが重要となる。また，プラント輸出契約は，契約金額が巨額なだけに，当事者の双方にとって，リスクの大きな契約である。そこで，契約違反の場合の対策として，損害賠償の範囲や損害賠償額の予定などについて，十分に検討しておくことが必要である。さらには，各種の保険制度（輸出代金保険など）の利用や，契約者に履行保証を求めることなどが，必要となる。

第4に，プラント輸出契約は，契約期間が長期にわたることである。そのため，契約期間中における資材や人件費の高騰，金利の変動などの外部環境の変化を契約にどのように反映させるかが重要となる。

第5に，プラント輸出契約では，発注者が発展途上国の政府機関または公営企業などである場合が多いことである。したがって，それらの場合には，一種の国家契約として，当該政府の規制に十分な

注意を払う必要がある（前述 70 頁参照）。

　＊プラント輸出契約については，原壽「プラント輸出契約」『現代契約法
　　大系 8』271 頁以下，藤岡公夫『国際取引の法務戦略』（商事法務研究
　　会，1986 年）266 頁以下，雨宮定直「プラント輸出・海外建設関連契
　　約」菊池武編『国際取引』（六法出版社，1986 年）189 頁以下，澤田壽
　　夫編『新国際取引ハンドブック』（有斐閣，1990 年）423 頁以下，高
　　桑＝江頭編『国際取引法』133 頁以下〔高柳一男〕，江頭『商取引法』
　　86 頁以下など参照。

プラント輸出契約の種類　　プラント輸出契約は，契約者が引き受ける業務の範囲から，次のように分類される。

　(1)　FOB 型　　機器の供給およびその据付に必要な指導を行うことを主たる内容とする契約である。売買契約あるいは製作物供給契約に類似しているが，技術または役務の提供を伴っている点で，単なる売買契約とは異なる。この種の契約は，機器の引渡条件がCIF などである場合にも，FOB 型契約と呼ばれている。

　(2)　ターン・キィ（turn key）型　　プラントの設計から，機器の調達，現地での据付，試運転に至るまでの，すべての過程を引き受ける契約である。契約者は，キィを回せば稼働できる状態にまでしてプラントを引き渡す義務を負うことから，この種の契約は，ターン・キィ型契約と呼ばれている。また，ターン・キィ型契約のうち，機器の調達・据付などは第三者が行い，契約者はその監督・指導のみを引き受けるというように，契約者の業務範囲が比較的狭いものをセミ・ターン・キィ型と呼び，契約者がほぼ全面的な責任を負うものをフル・ターン・キィ型と呼ぶこともある。いずれの場合も，契約内容は多様であり，機器の製作物供給契約，プラントの設計・施工に関する請負または委任契約，生産技術に関する技術移転契約などが有機的に結合した一種の混合契約と解されている。した

がって，この種の契約では，機器の供給については売買，施設の設計・施工については請負というように，契約の各部分につき独立に法的な効果を考えるのではなく，全体を1つの非典型契約とみて当事者の法律関係を考えることが必要である。

 ＊プラント輸出契約は，実務上，業務内容以外に，契約価格の決定方法や受注形態など種々の観点から分類されている。澤田編・前掲書434頁以下参照。また，最近では，民間企業が共同出資して，プロジェクト実施会社を現地に設立し，プラントの建設，運営を行い，投下資本を回収した段階で現地国の政府に施設を譲渡するという BOT（Build, Operate, Transfer）方式によるものが現れている。このような方式は，とくに資金の乏しい発展途上国が自国のインフラストラクチャーを整備するために利用されている。絹巻康史『国際取引法〔改訂版〕』（同文舘，2009年）213頁以下参照。

2 プラント輸出契約の成立

契約締結の方式　プラント輸出契約を締結する方式としては，発注者が特定の相手方と任意に交渉して契約を締結する，いわゆる随意契約（negotiated contract）の方式と，競争入札（competitive bid）の方式とがある。随意契約の方式は，相手方が特殊な特許やノウ・ハウをもっている場合や，過去に受注の経験があり，発注者との間に特別な信頼関係が存在するような場合などに用いられる。これに対して，発注者が，政府機関や公営企業の場合には，一般に，競争入札の方式で契約が締結されている。

競 争 入 札　(1) 入札手続　競争入札には，一般競争入札と指名競争入札とがある。一般競争入札とは，入札する

意向を有するすべての者に入札の機会を与えるものであり，指名競争入札は，予め定められた基準によって選定された者にのみ入札に参加する資格を認めるものである。一般競争入札の場合にも，不適当な者が入札に参加することを排除するため，入札参加者に対して事前に資格審査を行うことを条件としたり，入札保証の提供を条件とする場合が普通である。

　入札手続は，発注者の入札の公告によって開始される。発注者は，公告に応じた者のうち，事前の資格審査にパスした入札参加者に対して，契約条件その他入札に必要な資料を添えて，入札を勧誘する。この場合の入札の勧誘は，いわゆる申込みの誘引である。入札参加者は，発注者の指示に従って，入札書を作成し，これを期日までに提出する。これが，通常，契約の申込みとなる。発注者は，入札の審査を行い，落札者を決定することになるが，プラント建設では，入札者の技術力や資金調達力などが重要な要素をなすため，最低の契約価格を提示した者が落札するとは必ずしも限らない。また，実際には，入札書の内容に関して，入札後，複数の入札者と交渉をもった後に落札者が決定される場合も少なくない。このように，入札手続には，プラント建設に関する専門的知識や入札者を判定する能力などが必要となることから，発注者により委託された専門のコンサルティング・エンジニアが関与する場合が多い。

　プラント輸出契約のような複雑な契約では，落札者が決定し，落札の通知がなされても，正式の契約が締結されるまでに相当の時間を要することが通例である。このような場合，契約者が安心して履行の準備にかかることができるように，とりあえず契約の基本的事項を確認した文書が交付されるのが慣行となっている。これが，いわゆるレター・オブ・インテントである（前述 115 頁参照）。

(2)　入札保証　　入札手続は，発注者をはじめ入札参加者その他の関係者にとって，大変な費用と手間のかかる手続である。したがって，一旦落札した者が受注を拒絶するようなことになると，その影響は重大である。そこで，そのような無責任な入札を排除するため，入札参加者は，入札に際して，入札保証（bid bond）の提供を求められるのが通例である。落札者が受注を拒絶した場合には，この保証金は発注者に没収される。一般に，このような入札保証は，銀行または保険会社が発行する保証状によって行われている。

　　＊プラント輸出契約についても，契約の準拠法が問題となる。通常，発注者は，自国法を準拠法とすることを条件に，入札手続を行う場合が多いといわれている。プラント建設地国以外の法が契約準拠法とされた場合にも，建築基準や労働者の雇用などに関しては，建設地国の法規を考慮することが必要となろう。なお，入札手続の詳細については，雨宮・前掲論文204頁以下など参照。

3　プラント輸出契約の内容

標準契約約款　(1)　プラント輸出契約の構成　　プラント輸出契約は，契約関係が複雑であり，当事者の権利・義務も多様なことから，契約内容も膨大なものとなることが少なくない。そのため，1つの契約が，多数の文書によって構成される傾向がある。一般に，プラント輸出契約は，契約一般条項，契約特別条項，仕様書，図面，数量明細書，価格表などの諸文書と，これらをまとめる契約書式（form of agreement）によって構成されている。契約一般条項は，同種のプラント契約に一般的に妥当する条項であり，通常，各種団体によって作成された標準契約約款が利用されて

いる。これに対して，契約特別条項は，当該工事の特性に応じて，一般条項に追加・修正を加えるものである。

　なお，これらの文書が相互に矛盾する場合には，その優先関係が問題となる。一般的には，契約特別条項，契約一般条項，仕様書，図面の順とされているが，必ずしも確立された原則というわけではなく，契約中で明確に定めておくことが必要である。

　(2)　各種の標準契約約款　　プラント輸出契約では，国際機関または国際的な民間団体などの作成した各種の標準契約約款が広く利用されている。著名なものとしては，国連欧州経済委員会（ECE）の各種プラント建設工事用標準契約約款，国際コンサルティング・エンジニア協会（FIDIC）の「電気・機械工事約款」および「土木工事約款」などの他，イギリス化学技師協会（I. Chem. E.）の「プロセス・プラント用モデル約款」のように，本来，国内契約用に作成されたものが国際契約において用いられることもある。また，世界銀行（IBRD）は，同行および国際開発協会（IDA）の融資に関連して，政府調達に関するガイドラインを設けており，国連国際商取引法委員会も「工業施設建設のための国際契約作成のリーガル・ガイド」（1987年）を作成している。

　＊各種の標準契約約款については，原・前掲論文278頁以下，雨宮・前掲論文214頁以下など参照。

主要な契約条項　(1)　業務の範囲　　プラント建設に必要な作業のうち，どの範囲の作業に対して契約者が責任を負うかは，契約者の履行義務の範囲を定める前提となるとともに，契約者の担保責任の範囲や，工事の管理責任，納期，価格など契約上の権利・義務を確定する上で，最も重要な問題の1つである。一般に，契約者の具体的な業務範囲は，図面，仕様書，数量表などに

よって特定される。しかし，実際には，作業量が複雑で膨大であることから，本来必要とされる機器や作業に関する規定が欠落していたり，文書間に矛盾が生じることは避けがたい。そこで，このような欠落や矛盾が生じた場合の措置および，それに伴う価格や納期の調整に関する一般規定を契約に定めておくことが必要である。国際コンサルティング・エンジニア協会の「電気・機械工事約款」などでは，そのような場合の解決につき，発注者から契約の管理を委託されたエンジニアの決定・指図に従うべき旨が規定されている。

　プラント輸出契約は，長期間に及ぶ契約であるため，諸事情の変化に応じて契約内容を変更する必要が生じる。契約内容の変更は，納期や価格に影響を及ぼすため，多くの標準契約約款では，これに対処するための規定（ハードシップ条項〔hardship clause〕など）が置かれている。

　(2)　契約価格の決定方式　　契約価格の決定方式には，大別して，次の3つの方式がある。

　　(a)　確定金額方式（lump sum contract）　　確定金額方式とは，契約締結時に契約価格を確定しておく方式である。契約者は，原則として，確定された金額で工事を完成させる責任を負う。したがって，この方式を採用するためには，契約締結時に，契約に基づく作業の範囲が，総費用を正確に算定できる程度に確定されている必要がある。

　確定金額方式は，契約価格が確定されているため，発注者にとって，予めプロジェクト全体の総費用を把握し易いという長所があり，また，契約者にとっても，自己の責任で契約を履行できるという利点がある。そのため，基本的な契約方式として，多くのプロジェクトにおいて採用されている。しかし，契約価格が巨額で長期にわた

る契約では，契約者の負担するリスクが大きくなり過ぎるため，物価および賃金の上昇を契約価格に反映させる条項，いわゆるエスカレーション条項（escalation clause）が付されることがある。

　(b)　単価方式（unit price contract）　　単価方式は，契約締結時に，工事の数量が正確に確定できない場合に採用される方式である。契約当事者は，作業項目別の単価と暫定的な工事数量によって契約を締結し，現実に作業が行われるごとに数量が実測されて，全体の契約価格が算出されるというものである。この方式は，一般に，比較的種類の少ない作業から成る契約や，プラント輸出契約の一部について用いられる場合が多い。

　(c)　実費清算方式（cost plus fee contract）　　実費清算方式とは，契約の履行に要した実費に，一定の報酬を加算して契約価格を決定する方式である。この方式は，契約締結時に，契約の細部が確定していなくても契約を締結することができ，契約者も，物価高騰などのリスクを回避することができるという利点がある。しかし，一方で，工費が不当に増大する恐れがあるので，発注者は，作業の全般にわたって，契約者の業務遂行を監督することが必要となる。そこで，多くの契約では，契約価格の最高限度額を定めたり，あるいは，コストの実績が見積額を超過した場合には，超過分の一定割合を契約者に負担させ，見積額を下回った場合には，差額の一定割合を追加報酬として契約者に支払うというような，契約者にコスト節減の動機付けを与える工夫がなされている。

　(d)　対価の支払　　対価の支払は，分割払によってなされるのが一般である。分割払の方法としては，契約締結時に一定額が前渡金（down payment）として契約者に支払われ，その後，業務の出来高に応じて支払が行われる出来高払（progress payment）によること

とが多い。

*契約を履行したにもかかわらず，代金が支払われない場合のために，日本貿易保険が引き受ける普通貿易保険の制度がある（貿易保険法 44 条 2 項 2 号）。この保険を付保することによって，わが国からプラントを輸出する契約者は，代金不払のリスクをカバーすることができる。また，契約代金の為替変動リスクを担保するものとして，為替変動保険がある（54 条以下）。

(3)　業務の履行　　ターン・キィ型契約では，契約者は，期限内に工事を完成する義務を負う。工事が完成した場合には，発注者側が完成の検査をし，それに合格した場合に引渡しがなされたものとみなされるのが通例である。

　履行遅滞が契約者の責めに帰すべき事由によって生じた場合には，契約者は損害賠償義務を負うことになる。プラント輸出契約では，損害も莫大なものとなるため，損害賠償の範囲や最高限度額などについて取決めをしておくことが重要である。損害賠償額の予定としては，履行遅滞日数に応じて，一定の割合で契約代金を減額する方式を採用する場合が多い。なお，契約者は，契約締結時に，契約の履行を保証するため，一定額の履行保証（performance bond）を発注者に提供するのが通例である。履行保証としては，銀行または保険会社の発行する保証状が用いられている。

(4)　保証　　契約者は，一般に，プラントの構成物や作業などに瑕疵がないことを保証するとともに（機械的保証〔mechanical guarantee〕），プラントの生産能力，生産効率，製品の品質などが契約所定のものであることについても責任を負う（性能保証〔performance guarantee〕）。機械的瑕疵については，工事完成後一定期間，契約者は瑕疵の修補義務を負う旨定められるのが普通である。性能保証については，工事完成後一定期間内に性能検査が行われ，性能

検査に合格すれば引渡がなされる。合格しない場合には，契約者が自己の費用で修補することになるが，数度の検査でも合格しないときは，約定損害賠償金を支払うことによって検査終了とする旨規定される場合が多い。

　＊プラント輸出契約の契約条項については，原・前掲論文 284 頁以下，雨宮・前掲論文 226 頁以下など参照。

第3節　国際技術移転

1　国際技術移転の意義

総　　説　　国際技術移転とは，一般に，特許発明やノウ・ハウ（know-how）のような，産業上利用しうる技術的知識を外国の企業や組織に提供し，その利用を認めることをいう。たとえば，特許発明に関する特許権を外国企業に譲渡したり，その実施を許諾する場合や，外国企業に対してノウ・ハウを開示し，技術者を派遣して技術指導を行う場合などがそれである。

　このような国際技術移転は，多様な目的のために行われる。たとえば，先行投資した技術開発費を回収するためや，あるいは，外国市場での製品の製造・販売を現地の企業に任せるために，外国企業に対して技術の利用を許諾することがある。このような技術移転はまた，海外において，自社製品を普及させ，市場を拡大することにもなる。また，先進国の企業間では，技術政策上の目的から，技術移転がなされる場合がある。たとえば，自社は，基本的技術の開発

にとどめ，その改良技術や応用技術を開発させるために他の企業に
技術を提供するとか，相互の技術を補完するために，相互的に技術
を提供しあうような場合である。このように，国際技術移転は，企
業の長期的，積極的な経営政策と密接に結び付いているといわれて
いる。

　　＊たとえば，坪田潤二郎『国際取引実務講座Ⅰ』（酒井書店，1977年）
　　　92頁以下は，企業戦略の観点から，技術許諾の類型として，販売代替
　　　型，開発償却型，先端技術工業化型，工業標準化型，技術系列化型，
　　　ハンディキャップ型，競争技術防止型，セカンド・ソース型，技術売
　　　却型，技術補完型，特許防衛型，市場分割型の12の類型をあげている。

　一方，今日，主要な先端技術は，欧米や日本などの先進諸国に偏
在していることから，発展途上国はもっぱら技術受入国の立場に立
っている。そのため，途上国の多くは，自国企業の利益を確保し，
自国産業を保護するために，技術移転に関する契約につき行政官庁
による許認可を要件としたり，契約の内容や方式について強行規定
を定めるなどして，国際的な技術移転を規制している。また，技術
移転では，技術を保有する側が経済的に優位な立場に立つことから，
技術移転契約中に定められた種々の条項が強い競争制限的効果をも
つ場合がある。そこで，先進国の独占禁止法や反トラスト法などに
おいても，自国の競争秩序・市場秩序を保護する観点から，これら
の技術移転につき特別な規定を置いているものが少なくない。わが
国も，外為法と独占禁止法が国際技術移転について，特別な規制を
設けている。

　ところで，このような技術移転が円滑に行われるためには，技術
的知識に対して十分な法的保護が与えられていることが必要である。
技術的知識に対する保護が十分でない場合には，技術の保有者は，

その内容を秘密にし，簡単には技術の移転に応じないであろう。その結果，外国の優秀な技術を導入することができず，自国の産業の発展にも支障を来すことになる。そこで，各国は，一定の技術的知識につき，特許権や実用新案権を付与して，特別な保護を図っている。また，最近では，ノウ・ハウや営業秘密についても，その保護が各国で重視されるようになっている（たとえば，不正競争防止法2条1項4号〜9号）。さらに，国際的な技術移転のためには，これらの権利や利益が国際的に保護される必要がある。そのため，国際条約により，それらを保護する努力が続けられている。その代表的なものが，「工業所有権の保護に関するパリ条約」（1883年）である。

　＊国際技術移転については，松枝迪夫「技術援助契約」中川善之助＝兼子一監修『国際取引』（青林書院新社，1973年）533頁以下，澤田他『国際取引法講義』205頁以下〔澁谷達紀〕，高柳一男「国際技術移転」菊池武編『国際取引』（六法出版社，1986年）57頁以下，高桑＝江頭編『国際取引法』328頁以下〔高石義一〕，北川＝柏木『国際取引法』195頁以下，高桑『国際商取引法』235頁以下など参照。

国際技術移転の態様　　(1)　技術移転の対象　　技術移転の対象となる技術的知識には，大別して，特許発明とノウ・ハウとがある。

　(a)　特許　　特許発明とは，国家によって特許を付与された発明である（特許法2条2項参照）。特許を受けた者は，その特許発明を一定期間独占的に実施する権利，すなわち特許権を有する（68条）。特許権者は，法によって特別に保護され，自己の特許権の侵害に対しては，その侵害の停止または予防を請求することができ，侵害者に故意または過失があるときは，損害賠償の請求をなすことができる（100条・102条）。このように，特許権を付与された技術

的知識については，各国法上，特許権者の独占権が法的に保障されていることから，技術の保有者は，予め技術受入国において特許権を得た上で，現地の企業などに対して技術移転を行うのが普通である。

　もっとも，どのような発明が特許を受けることができるか，特許権は誰に帰属するか，特許権はいつまで存続するかなど特許の要件・内容は，国によって必ずしも一様ではない。したがって，技術移転を行おうとする者は，それぞれの国で，その国の特許法に従って特許の出願を行い，審査を受けた上で，特許権を取得する必要がある。

　＊わが国の特許法は，特許を受けることができる発明とは，産業上利用することができるものであり，かつ新規性と進歩性を有する発明であると規定している（29条）。この場合，特許出願前における国内外での公知，公用（公然実施）および内外の刊行物への記載が新規性の喪失事由とされている（同条1項）。また，わが国は，進歩性の比較的乏しい小発明（「考案」）に対して，実用新案権という独占権を認めているが（実用新案法），このような制度をもつ国は，ドイツ，イタリア，スペインなど，むしろ少数である。特許が与えられる者についても，各国法には相違がある。わが国をはじめ多数の国では，最初に特許出願した者に権利が与えられるが（先願主義），かつてのアメリカのように，先に発明した者に権利を与える先発明主義もある。

　　なお，現代の先端技術の発展は，コンピュータ・ソフトウェアや動植物の育成に関するバイオ・テクノロジーのように，従来の特許権や著作権などではとらえきれない新しい技術的知識を生み出している。これらの技術的知識をどのような形で保護するかについては，現在でも，多様な議論が存在しているが，わが国は，アメリカなどと同様，コンピュータ・プログラムについては，とりあえず著作権法によって保護を図ることにし，また植物新品種については，種苗法が制定されている。

(b)　ノウ・ハウ　　ノウ・ハウとは，一般に，産業目的に役立つ技術上または営業上の知識・経験などを意味している。中でも，技術移転において重要なのは，生産工程や工業技術の使用および応用に関する技術的ノウ・ハウである。ノウ・ハウは，通常，特許要件を満たすまでには至らない技術的知識であることが多いが，特許能力のある技術が，公開を避けるために，秘密のノウ・ハウとされる場合もある。また，ノウ・ハウには，設計図，規格書，見本のような有形なものと，熟練的な技術や情報のように技術指導の形で伝達される無形のものとがある。もっとも，ノウ・ハウ自体は，それらの中に含まれている無形の知識・経験である。このようなノウ・ハウは，今日では，特許発明と並んで経済的価値が認められ，特許権とともに，あるいは単独で技術移転の対象とされている。

ノウ・ハウは，法的な保護に価する財産であるが，特許権のように排他的・独占的な効力が認められているものではない。一般に，ノウ・ハウは秘密性を喪失すればその価値を失うことから，秘密性の確保が最も重要な問題とされている。そのため，各国法上，ノウ・ハウの不法な使用，漏洩，盗用などに対して，契約法，不法行為法，不正競業法または刑事法による保護が図られている。わが国は，従来，これらの財産保護が不十分であるとされていたが，平成2年の不正競争防止法の改正によって，ノウ・ハウをはじめとする営業秘密につき，第三取得者に対する差止請求権を新たに立法化するなど，その保護を重視する方向を明らかにした。このように，ノウ・ハウについても，各国法上，その保護が整備されてきているが，特許のような独占権が認められるわけではないので，その実施の許諾に当たっては，相手方との信頼関係の確認や，秘密保持契約の締結など，秘密保持の確保について慎重な検討が必要である。

　＊ノウ・ハウは，取引実務から発生した用語であり，それについて確立
　された定義が存在しているわけではない。一般によく用いられる定義
　として，1961年に国際商業会議所が採択した定義がある。それによれ
　ば，工業的ノウ・ハウとは，工業的目的に役立つ技術を完成し，また
　は，これを実際に適用するに必要な応用知識，方法および資料を意味
　するとされている。土井輝生『知的所有権法』（青林書院，1982年）
　177頁参照。また，英米の立法・判例では，ノウ・ハウよりも，営業
　上の秘密を意味するトレード・シークレット（trade secret）の概念を
　用いるのが一般的である。

　(2)　技術移転の方法　　技術移転の方法としては，特許権および
ノウ・ハウを他人に譲渡する方法や，これらの技術の利用を他人に
委ね，その代償として一定の対価（実施料）を取得する，いわゆる
実施許諾の方法が一般的である。とくに，国際技術移転では，予め
技術受入国で取得した特許権やノウ・ハウを現地企業に実施許諾す
るライセンス（license）契約が最も主要な形態となっている。また，
技術の移転に当たっては，単に技術資料を提供しただけでは不十分
であり，技術者の派遣による実地指導が必要な場合が少なくない。
したがって，このような場合には，技術移転は，技術者の派遣と結
合して行われる。

　さらに，国際技術移転は，合弁契約，プラント輸出契約，共同研
究開発契約などに付随して行われることが多い。たとえば，技術保
有者にとって，自らが資本参加した合弁会社に技術を移転すれば，
技術情報の管理や秘密の保持が容易であり，また，合弁会社への出
資を特許権やノウ・ハウの現物出資で行えば，資金調達の必要もな
いなどの利点がある。そこで，現地企業との合弁契約に付随して，
技術移転契約が結ばれることが多い。また，プラント輸出契約，共
同研究開発契約では，技術の移転が不可欠である。このような場合，

これらの契約と技術移転契約とは密接不可分な関係にあり，全体として一種の混合契約とみるべき場合が少なくないであろう。

2　国際技術移転契約

総　　説　　一般に，技術移転契約には，特許権およびノウ・ハウの譲渡契約，ライセンス契約，技術者による技術指導契約などが含まれる。しかし，これらのうち，実務上最も重要なものは，特許権およびノウ・ハウのライセンス契約である。

ライセンス契約とは，特許発明やノウ・ハウに基づいて物の製造・使用・販売などを行うことを他人に許諾する契約である。特許やノウ・ハウの実施を許諾する特許権者およびノウ・ハウの保有者などを，実施許諾者（ライセンサー〔licensor〕）と呼び，実施許諾を受けた者を，実施権者（ライセンシー〔licensee〕）と呼んでいる。ライセンス契約の成立については，わが国では，当事者の合意によれば足り，特別の方式を必要としないとされているが，一定の書面や登録を要求している国もある。もっとも，わが国においても，特許の専用実施権を設定する場合には，登録が効力発生要件とされているため（特許法98条），書面によることが必要である。

＊ライセンス契約の形式，構成，主要な条項については，実務上，標準的な様式がほぼ確立されている。たとえば，松枝・前掲論文540頁以下，浅田福一『国際取引契約の理論と実際〔改訂版〕』（同文舘，1999年）261頁以下など参照。なお，ライセンス契約については，北川＝柏木『国際取引法』204頁以下，椙山敬士他編『ライセンス契約』（日本評論社，2007年），井原宏『国際知的財産法』（有信堂，2007年）など参照。

ライセンス契約の内容　(1)　ライセンス契約の対象　ライセンス契約では，まず，実施許諾される特許発明またはノウ・ハウが特定されなければならない。特許発明の場合には，特許番号により特定がなされるが，ノウ・ハウの場合には，その性質上，抽象的にしか特定できないため，その技術的効果について保証条項を規定しておくことが必要である。

(a)　実施権の種類　実施権には，独占的な実施権と非独占的な実施権とがある。独占的実施権とは，契約で定められた範囲内で，実施権者が，独占的に当該技術の実施を行うことができるものである。したがって，実施許諾者は，その実施権の範囲と重複する実施権を第三者に許諾することはできない。これに対して，同一内容の実施権を複数の者に与えることを認めるのが非独占的実施権である。

わが国の特許法は，特許権の実施許諾に関して，専用実施権と通常実施権とを規定している。専用実施権は，設定行為で定められた範囲内で，特許発明を業として独占的に実施する権利である（77条）。第三者のみならず特許権者自身も，専用実施権設定後は，特許発明を実施することはできない（68条但書）。また，専用実施権者は，特許権者と同様に，専用実施権の侵害に対して，その侵害の停止または予防を請求することができる（100条以下）。このように排他的・独占的な効力をもつ専用実施権は，わが国固有の制度であり，国際的なライセンス契約で用いられる独占的実施権とは異なるものである。一方，通常実施権とは，法律の規定または設定行為で定められた範囲内で，特許発明を業として実施する権利である（78条）。独占的・排他的な権利ではないので，同じ内容の通常実施権を他の者にも許諾することができ，また特許権者自身も実施することができる。特許権者と実施権者の合意によって，独占的な通常実

施権を許諾することも可能であるが，そのような実施権は，専用実施権とは異なり，あくまでも当事者を拘束するにとどまる。

　(b)　実施許諾の範囲　　実施権は，時間的，地域的，内容的にその範囲を限定することが可能である。ライセンスの期間は，特許権の場合，長くてもその存続期間を超えることはないが，ノウ・ハウの場合には，特許権のような存続期間がないため，契約で期間を明確に設定しておくことが重要である。また，契約終了事由，終了後の事後処理についても慎重に規定する必要がある。許諾地域については，特許の場合，一国を単位とするのが普通であるが，ノウ・ハウの場合には，数カ国にまたがるライセンスが可能である。また，国際的なライセンス契約では，実施許諾者自身または他の実施権者との市場の競合を避けるために，特許製品の輸出地域を制限することが少なくない。さらに，製造ライセンスと販売ライセンスのように，実施権を内容的に限定して許諾する場合もある。なお，これらの実施権の制限は，それが合理的な理由を欠く場合には，後述する独占禁止法上の不公正な取引方法に該当するおそれがある。

　(2)　実施許諾者の義務　　特許権の実施許諾者は，実施権者による特許発明の実施を容認するだけでなく，さらに発明の内容を実施権者に教示するなど，その実施に協力する義務を負うと解されている。一方，ノウ・ハウの場合には，ノウ・ハウの伝達に必要な情報の開示，資料の交付はライセンス契約の中心的な義務であり，技術者の派遣による技術指導が含まれる場合が一般的である。

　実施許諾の対象である特許やノウ・ハウに瑕疵があった場合，許諾者はどのような責任を負うかが問題となる。たとえば，特許発明が技術的実施可能性を欠如していたり，ノウ・ハウが所期の技術的効果をもっていない場合や，特許発明およびノウ・ハウの実施が他

人の権利により制限を受けるような場合である。このような場合，わが国では，原則として，実施許諾者は，売主と同様の担保責任を負うとする見解が多数である。国際的なライセンス契約では，通常，これらの点を明確にするため，保証または責任制限に関する条項が規定される場合が多い。

(3)　実施権者の義務　　(a)　実施料の支払　　通常，実施許諾は有償であるので，実施権者は，その対価である実施料（royalty）を支払う義務を負う。実施料の額は，実施権の性質，許諾される特許およびノウ・ハウの技術的・経済的価値，その他多様な要素を考慮して決定される。実施料の算定および支払の方式としては，定額一括払方式（lump sum），継続的実施料方式（running royalty）などがあるが，契約当初に一定額を前払し，ライセンス期間中，一定の料率に従って算定された実施料を継続的に支払う併用方式が一般的である。また，独占的実施権のライセンス契約では，実施料が予想以下になることを防ぐため，最低実施料が約定される場合がある。

(b)　秘密保持義務　　ノウ・ハウは秘密性を本質とするから，ノウ・ハウのライセンス契約では，一般に，実施権者は秘密保持義務を負うものと解されている。秘密保持義務の内容は，ライセンス契約で具体的に規定される場合が多い。秘密書類の取扱いや，従業員に秘密保持の義務を負わせることなどを規定する場合もある。また，実施権者は，ライセンス契約終了後も，信義則上，秘密保持義務を負うと解されているが，契約でその期間を明示するのが通常である。

(c)　改良技術提供義務　　ライセンス契約において，実施権者は，自己の改良・開発した技術につき，許諾者にこれを報告し，また，その技術に関する実施権を許諾者に与える義務を負う旨，約定

する場合がある。このような約定は，グラント・バック（grant back）条項と呼ばれるが，一方的なグラント・バック条項は，自己の優越的地位を利用する不公正な取引方法に該当するおそれが強く，競争法上の規制が問題となる。また，先進国の企業間では，ライセンス契約の当事者が，相互に改良技術を提供し合うクロス・ライセンス（cross license）条項が約定される場合も多い。このような条項も，これによって技術の独占が生じるような場合には，独占禁止法違反の問題が生じうる。

　　＊実施権者の義務としては，他に，特許発明の実施義務，実施権者が特許権の効力を争わない旨の不争義務，競合製品の製造・販売の禁止義務，製品の販売価格・販売地域の制限など，多様なものが約定される場合が多い。しかし，これらの条項が合理性を欠く場合には，各国の競争法上，不公正な取引方法に該当するとされる可能性がある。

　国際技術移転契約の準拠法　特許およびノウ・ハウの譲渡契約もしくはライセンス契約の準拠法については，他の国際契約と同様，当事者自治の原則が妥当すると解されている。したがって，当事者による準拠法の選択がある場合には，その法により（黙示の選択を認めたものとして，東京高判平成 2 年 9 月 26 日判時 1384 号 97 頁），明示および黙示の選択もない場合には，最密接関係地法によることになる（法適用 7 条・8 条）。法適用通則法 8 条 2 項によれば，特許権の譲渡契約およびライセンス契約では，通常，譲渡人および実施許諾者の履行が特徴的給付と解されるから，特許権の譲渡人および実施許諾者の常居所地法または事業所所在地法が最密接関係地法と推定されることになろう。

　　＊もっとも，実際の技術移転契約では，前述のように（238 頁），実施権者の側も種々の義務を負うことが少なくない。このような場合には，

「特徴的な給付を当事者の一方のみが行うもの」に該当しないことになるから（法適用 8 条 2 項），原則に戻り，当該契約と最も密接な関係がある地の法によることになる。このような場合における最密接関係地法としては，契約の対象となる知的財産権の保護国法によるとする見解が有力である。国際技術移転契約の準拠法については，椋山他編・前掲書 358 頁以下〔早川吉尚〕，木棚照一『国際知的財産法』（日本評論社，2009 年）450 頁以下，河野俊行編『知的財産権と渉外民事訴訟』（弘文堂，2010 年）319 頁以下〔長田真里〕など参照。

　技術移転契約の成立および，債務不履行の場合の効果，担保責任などの債権的な効力の問題は，契約準拠法による。これに対して，契約の目的である特許権の移転や実施権の設定に関する要件および手続，第三者に対する対抗要件などの問題は，当該特許権自体の問題であり，特許権を付与した保護国の法が適用される。したがって，たとえば，保護国法上，特許実施権の設定について登録が要件とされている場合には，その要件を具備しない限り実施権は効力を発生しないことになる。

　＊特許権侵害があった場合に，侵害行為の排除請求，差止請求および損害賠償請求に適用される法の決定については，特許権の属地性に関する理解の相違や特許制度のとらえ方の違い（私法的なものとみるか公法的なものとみるか）によって，見解は多岐にわたっている。特許法は一種の公法であり，外国特許法をわが国において適用する余地はないとする見解もあるが，これらの請求も当事者の主張に基づく私法上の救済と考えられるから，わが国の国際私法の立場から準拠法を決定することは可能であろう。この点に関して，アメリカの特許権の侵害が問題となった事件について，最高裁は，特許権に基づく差止めおよび廃棄請求については，特許権の効力の問題として特許権が登録された国の法によるが，損害賠償請求については，特許権特有の問題ではなく，財産権の侵害に対する民事上の救済の一環にほかならないから，不法行為の問題として，法例 11 条が適用されるとしている（最判平成

14 年 9 月 26 日民集 56 巻 7 号 1551 頁〔カードリーダー事件〕〔百選 41〕)。特許権侵害の準拠法に関しては，申美穂「国際的な知的財産権侵害事件における抵触法理論について (1)(2・完)」法学論叢 154 巻 2 号 61 頁以下，3 号 93 頁以下 (2003 年)，茶園成樹「特許権侵害の準拠法」国際私法年報 6 号 33 頁以下 (2004 年)，木棚・前掲書 360 頁以下など参照。

　また，技術移転契約は，しばしば競争制限的効果をもつことから，独占禁止法や反トラスト法などの競争法による規制を受けることが少なくない。このような場合，これら競争法上の強行規定は，その制定国の市場に影響を及ぼす競争制限的な契約に対して，契約準拠法とは別個に特別に適用されるとする見解が有力である（強行法規の特別連結理論，前述 87 頁参照)。この見解によれば，契約準拠法が外国法であっても，その契約が内国の市場に影響を及ぼす場合には，当該契約の私法上の効力に関して，内国の競争法上の強行規定が適用されることになる。

　並行輸入　同一の権利者が複数の国で知的財産権を有する場合に，内国においてそれらの権利の実施・利用を許諾されていない者が，総代理店などの正規の経路を経ずに，外国で適法に販売された正規の製品を国内に輸入することを並行輸入と呼んでいる。このような並行輸入は，特許権の独立という観点から，外国で適法に購入された製品であっても，それを国内で販売することが日本の特許権を侵害するか否かが問題となる。この点に関しては，わが国の特許権についても，特許権者が外国において特許製品を譲渡した場合には，その製品に関する限り，特許権はその目的を達成したものとして消尽すると解し（国際消尽理論)，並行輸入の合法性を認める見解もある。これに対して，最高裁は，一般的には国際消尽理論を否定した上で，国際的な商品流通の現状を考慮し，特許権

者が販売地域からわが国を除外する旨を明示しないまま特許製品を国外で譲渡した場合には，譲受人から特許製品を譲り受けた者およびその後の転得者に対して，わが国で特許権を行使することは許されないとして，特許製品の並行輸入を肯定している（最判平成 9 年 7 月 1 日民集 51 巻 6 号 2299 頁〔BBS 事件〕〔百選 40〕）。この判決を受けて，税関の実務においても，販売地域から日本を除外する旨が合意されている場合，およびその旨が製品に明示されている場合を除き，特許製品の並行輸入を許容する取扱いがなされている（関税法基本通達（蔵関 0100 号）69 の 11-7（2））。

　　＊特許製品の並行輸入については，田村善之「並行輸入と特許権」NBL
　　　627 号 29 頁以下（1997 年），木棚照一「特許製品の並行輸入に関する
　　　一考察」早稲田法学 74 巻 4 号 1 頁以下（1999 年），樋爪誠「知的財産
　　　権と並行輸入」渡辺惺之＝野村美明編『論点解説　国際取引法』（法律
　　　文化社，2002 年）168 頁以下など参照。

3　国際技術移転に関する公法的規制

　　　　　　　　　国際技術移転は一国の経済政策・技術政策などに重
　総　　説　大な影響を与えることから，各国は，これに対して
さまざまな規制を行っている。一般に，多くの先進工業国においては，安全保障上の理由に基づく規制などを除き，国際的な技術移転は原則として自由に行われている。わが国も，戦後長く，外為法および「外資に関する法律」によって技術導入契約を規制していたが，現在では，一部の規制を除いて，技術移転取引は原則として自由化されている。これに対して，もっぱら技術受入国の立場にある発展

途上国では，外為法や技術移転に関する特別法によって，技術移転取引を規制している国が少なくない。そのような規制としては，国際収支の改善のため，技術移転の対価に関して規制を設けたり，自国産業の保護・育成のため，許認可制度によって国内産業の発展に必要な技術を選別し，それ以外の技術の導入を制限するというような措置が採られている。

　このような通商法や外国投資法などによる規制の他に，技術移転取引に対しては，競争法上の規制がある。前述のように，技術移転契約に含まれる条項の中には，不公正な取引方法や技術的知識の独占に該当する恐れのあるものが少なくない。そこで，各国は，競争政策の観点から，技術移転契約に対する規制を設けている。わが国の独占禁止法も，国際技術移転契約をその規制の対象としている。

　さらに，技術移転に対しては，特許法上の規制がある。すなわち，特許法は，本来，発明者の利益保護を目的とするものであるが，特許権が濫用される場合にはそれを規制する機能を有している。たとえば，特許発明が長期にわたって実施されないことは，特許発明の実施の利益を社会へ還元するという特許権付与の目的に反することになる。そこで，諸国の特許法では，不実施の特許に対して強制的な実施権の設定が認められている（特許法83条参照）。

　このように，国際的な技術移転を行うためには，それぞれ技術輸出国および受入国の通商法，競争法，特許法などの公法的な規制に服さなければならない。

　＊国際技術移転に関する公法的規制に関しては，高柳・前掲論文72頁以下，小原喜雄『国際的技術移転と法規制』（日本評論社，1995年）など参照。

外為法上の規制　国際技術移転契約に関するわが国の外為法上の規制としては，特定技術の輸出に関する許可制と，技術導入契約に関する事前届出制がある。

特定技術の輸出に関する許可制は，共産圏諸国に対する戦略技術の提供を規制するため，昭和62年の外為法改正により設けられたものである。しかし，その後の大量破壊兵器による脅威の拡大や米国同時多発テロ事件の発生など，国際的な平和および安全を巡る世界情勢の変化に対応するため，現在では，安全保障貿易管理制度の枠組みの下で規制が行われている。それによれば，国際的な平和および安全の維持を妨げることとなると認められるものとして政令（外国為替令）で定められた技術（特定技術）を特定の外国で提供することを目的とする取引や特定国の非居住者に提供することを目的とする取引を行う場合には，経済産業大臣の許可が必要である（外為法25条1項）。経済産業大臣の許可を得ないでこれらの取引をした者は，他の外為法規違反よりも重い罰則が科されるとともに（69条の6），経済産業大臣は，3年以内の期間を限り，特定技術の提供または特定技術に係る特定種類の貨物の輸出を禁止することができるとされている（25条の2）。この場合を除き，外為法は，わが国からの技術輸出については別段の規制を設けていない。

　＊安全保障貿易管理制度とは，わが国を含む国際社会の平和と安全を維持するため，武器や軍事転用可能な物および技術の取引を規制するものであり，技術の移転に関しては，外国為替令17条と別表により，規制の対象となる技術，規制対象地域が詳細に定められている。安全保障貿易管理については，石川雅啓『実践貿易実務〔第12版〕』（ジェトロ，2016年）323頁以下，経済産業省安全保障貿易管理HP（https://www.meti.go.jp/policy/anpo/index.html）など参照。

　一方，技術導入契約については，平成3年の外為法の改正により，

従来の審査付き事前届出制が，一部の技術導入契約を除いて，原則
として，財務大臣および事業所管大臣への事後報告制に改められた
（30 条・55 条の 6）。これは，わが国の市場開放措置の一環として，
外為法の対内直接投資および技術導入契約に関する規定が見直され
たことによるものである。これによって，技術導入契約の手続は大
幅に簡素化されることになった。

　これに対して，事前届出を必要とする技術導入契約は，わが国が
加盟する経済協力開発機構（OECD）の「経常貿易外取引の自由化
に関する規約」（1961 年）上自由化義務のないものであって，国家
の安全保障および公の秩序維持などに支障を来すおそれのあるもの，
または国家経済の円滑な運営に著しい悪影響を及ぼすおそれのある
ものに限定されている（30 条 3 項）。具体的には，従来から「指定
技術」とされてきた航空機，武器，原子力，宇宙開発などに関する
技術が問題となるものと考えられる。なお，これらの技術導入契約
については，その審査のため，届出受理の日から 30 日を経過する
までは締結できないとされている（同条 2 項）。

独占禁止法上の規制　わが国の独占禁止法は，不当な取引制限また
は不公正な取引方法に該当する事項を内容と
する国際的協定または国際的契約を締結することを禁止し，公正取
引委員会は，そのような事項を内容とする契約の締結の差止めその
他違反行為を排除するために必要な措置を命じることができるとさ
れている（6 条・7 条）。国際技術移転契約についても，実施権者の
事業活動の自由を不当に奪い，公正な競争を阻害するおそれのある
ものについては，独占禁止法違反が問題となることから，公正取引
委員会は，知的財産の取引に関する独占禁止法上の問題に関するガ
イドラインを作成し，一般に公表している。これまでに，「国際技

術導入契約に関する認定基準」（昭和43年），「特許・ノウハウライセンス契約における不公正な取引方法の規制に関する運用基準」（平成元年），「特許・ノウハウライセンス契約に関する独占禁止法上の指針」（平成11年）などが策定された。その後，わが国の産業界でも知的財産を戦略的に活用する動きが高まったことやEUにおいて技術移転に関する規則の改正などがあったことを踏まえて，上記指針に代えて，「知的財産の利用に関する独占禁止法上の指針」（平成19年）が作られている。同指針は，知的財産権の権利者が，他の事業者がその権利を利用することを拒絶したり，実施の許諾に当たって実施権者の事業活動を制限したりする行為について，独占禁止法の運用に関する公正取引委員会の考え方を明らかにしているが，事業者の事業活動が行われる場所の内外にかかわらず，日本の市場に影響が及ぶ限り適用されるとされており，国際技術移転契約も対象となっている。

＊「知的財産の利用に関する独占禁止法上の指針」に関しては，「特集　知的財産権と競争法──知的財産指針の策定」公正取引684号4頁以下（2007年）など参照。

4　技術的知識の国際的な保護

総　　説　　今日，世界の主要な国々は，特許制度などを整備し，産業上重要な技術的知識の保護を図っている。しかし，各国の特許法には，特許要件や特許の内容などにつき種々の相違があり，また，特許の効力も原則としてその領域内に限定されている（属地主義）。すなわち，わが国の特許庁が付与した特許権は，

わが国の領域内においてのみ効力を有し，外国にまでその効力が及ばないのが原則である。したがって，ある技術的知識につき国際的に保護を得ようとする場合には，各国ごとに特許の出願を行い，それぞれの国の特許法による審査を受けて，各国ごとに権利を取得しなければならない。

このように，各国ごとの個別的な保護では，技術的知識の国際的な保護には不十分であり，ひいては国際的な技術移転にも支障を来すことになる。そこで，各国法の不統一を調整し，特許出願のための時間的・経済的負担を緩和するため，種々の国際条約が作成されている。その中でも最も代表的なものが，1883年の「工業所有権の保護に関するパリ条約」である。同条約は，国際的な産業財産権保護の根幹をなす条約であり，今日では世界の大多数の国々が加盟国となっている（2023年1月末現在，加盟国は179カ国にのぼっている）。また，ガットのウルグアイ・ラウンドでは，知的財産権の国際的保護の問題が国際通商問題の一環として交渉され，その成果として「知的所有権の貿易関連の側面に関する協定」（Agreement on Trade-Related Aspects of Intellectual Property Rights ; TRIPs 協定）が締結されている。その他に，地域的な条約として1973年の「ヨーロッパ特許条約」，1975年の「共同体特許条約」などがある。

なお，知的財産権の世界的な保護の促進および知的財産権に関する諸条約の管理業務を引き受ける国際機関として，世界知的所有権機関（WIPO）が設立されている。同機関は，知的財産権に関する諸条約を管理するほか，知的財産権の国際的保護の促進に必要な情報収集・広報活動，発展途上国に対する技術移転についての法的助言など，さまざまな活動を行っている。

**技術的知識の保護
に関する国際条約**　技術的知識の保護に関する国際条約としては，前述したパリ条約，TRIPs 協定の他に，「特許協力条約」(1970 年)，「国際特許分類に関するストラスブール協定」(1971 年)，「特許手続上の微生物の寄託の国際的承認に関するブダペスト条約」(1977 年) などがある。ここでは，それらのうちとくに重要なパリ条約，特許協力条約および TRIPs 協定についてみることにする。

　＊それぞれの国際条約については，相澤英孝「国際特許制度の諸問題」総合研究開発機構編『多国籍企業と国際取引』(三省堂，1987 年) 107 頁以下，高桑 = 江頭編『国際取引法』304 頁以下〔木棚照一〕，松岡『現代国際取引法講義』170 頁以下〔江口順一・茶園成樹〕，吉藤幸朔 = 熊谷健一『特許法概説〔第 13 版〕』731 頁以下 (有斐閣，1998 年) など参照。

⑴　「工業所有権の保護に関するパリ条約」　特許権をはじめとする産業財産権の保護に関する基本条約が「工業所有権の保護に関するパリ条約」(以下，パリ条約と呼ぶ) である。同条約は，1883 年にパリで締結され，その後数次の改正を経ているが，その基本的な枠組みについては変更はなされていない。わが国は，明治 32 (1899) 年以来，各改正条約に加入し，現在は，最も新しいストックホルム条約 (1967 年) に加入している。

　パリ条約は，各国の特許制度を全面的に統一したり，国際的な特許制度を樹立するものではなく，いわばその次善の策として，各国が外国人に対しても自国民と同様の待遇を保障し，一方，権利の属地性から生じる弊害を除去するため，出願に際しての優先権を保障することにより，特許権などの国際的な保護を図ろうとしたものである。したがって，パリ条約では，基本的に，各国の国内特許法の相違はそのまま維持されている。

　パリ条約の実体規定は，内国民待遇の保障，優先権制度および若干の統一規定から構成されている。

　　(a)　内国民待遇の保障　　パリ条約の同盟国は，同盟国の国民に対して，自国民と同一の保護と待遇を与えなければならない（2条）。これは，それまで各国の立法上優勢であった相互主義（特許法25条参照）を改め，内外人平等主義の採用を同盟国に義務づけたものである。同盟国の国民は，内国に住所または営業所を有していなくても，この保護が与えられる。また，同盟国の国民でなくても，いずれかの同盟国に住所または現実的かつ真正な営業所を有する場合には，同盟国の国民と同様に取り扱われることになっている（3条）。

　　(b)　優先権制度　　複数の国で特許権を取得しようとする場合の困難は，できるだけ短期間にすべての国で特許出願をしないと，発明が新規性を失ったり，あるいは他の者に先に特許を取得されてしまうといった問題が生じることである。このような困難を除去し，出願人の不便を解消するために考案されたのが優先権の制度である。すなわち，優先権の制度とは，いずれかの同盟国で正規の出願をした者またはその承継人は，その最初の出願の日から一定期間（特許・実用新案は1年），同一の発明を他の同盟国で出願することに関して優先権を有するというものである（4条）。すなわち，優先権を有する出願は，第一の国における最初の出願日になされたものとして取り扱われ，その後に生じた第三者の行為によって，いかなる不利益も受けることはないとされている。具体的には，当該出願は，優先期間内になされた他人の出願よりも先願のものとして扱われ，また，当該発明が優先期間内に公知・公用となっても，新規性は失われなかったものとして取り扱われることになる。このことによっ

て，出願人は，複数の国で同時に出願するという不便を避けることができる。このような優先権の制度は，実際の利用も多く，パリ条約上最も重要な制度である。

　　(c)　統一規定　　パリ条約は，各国の国内法を部分的に統一するため，若干の統一規定を置いている。重要なものとしては，各同盟国において出願した特許は，それぞれ独立のものとする「特許独立の原則」（4条の2）や，特許の不実施に対する強制実施権を認める規定（5条 A 項）などがある。

　(2)　「特許協力条約」　　特許協力条約は，パリ条約の優先権制度をさらに一歩進め，国際出願制度を創設することによって，出願人の国際出願を簡易・迅速にし，また国際調査機関による審査によって，各国特許庁の負担を軽減しようとするものである。わが国は，昭和 53 年にこれを批准し，わが国の特許庁も国際調査機関の 1 つになっている。

　条約によれば，所定の方式に従い，所定の受理官庁に 1 個の国際出願をすれば，願書で指定した各締約国において，国際出願の日に国内出願をしたのと同一の効果が認められている（11 条）。国際出願は，受理官庁を経て，国際調査機関に送付され，発明の新規性・進歩性に関する調査が行われ，その結果が調査報告書として出願人に送付される。出願人は，この報告書に基づいて，それぞれの国における特許権取得の可否を判断することになる。なお，国際出願は，あくまでも出願手続に関するものであり，各国における特許権付与の手続は，それぞれの国の特許法による。したがって，特許権取得の可能性ありと判断したときは，国際出願日から 30 カ月以内に，各指定国に国際出願の写しなどを提出することによって国内手続が開始されることになる（22 条）。

(3)　TRIPs 協定　　ハイテク製品などの取引においてみられるように，知的財産権が各国において適切に保護されなければ，不正に模倣された商品が国際市場に氾濫するなど，商品の国際流通が歪められ，阻害されるおそれがある。このように，知的財産権保護の問題が国際貿易にも重大な影響を及ぼすとの認識から，とくにアメリカを中心とした先進諸国の要請に基づいて，ウルグアイ・ラウンドでは，新たな交渉分野の 1 つとして，知的財産権問題が取り上げられた。交渉の過程では，先進国の技術独占を警戒する途上国から，この問題を取り上げることに反対の立場も表明されたが，長期にわたる交渉の結果，WTO 協定の付属書 1C として，TRIPs 協定が成立した（WTO 協定に関しては，前述 39 頁参照）。

　TRIPs 協定は，「貿易関連の側面に関する」との表題にもかかわらず，実際には，特許権や著作権などの伝統的な知的財産権に加えて，半導体集積回路の回路配置，非公開情報（いわゆるトレード・シークレット），地理的表示（シャンパンなどの原産地に由来する表示）などの新しい権利をも保護の対象とした包括的な国際条約である。協定は，各権利ごとに保護対象，保護要件，保護期間などの保護基準を定め，各権利についての国際的なミニマム・スタンダードを明らかにしている（第 2 部）。特許権に関しては，パリ条約の主要部分を取り込んだ上で（2 条），パリ条約には規定のなかった特許の保護期間（33 条）や強制実施権の要件（31 条）などにつき，新たに規定を設けている。また，協定は，実体規定の基準を定めるだけでなく，民事上・行政上の手続および救済措置，暫定措置，税関による国境措置，刑事手続などの権利行使手続について詳細な規定を設け（第3 部），実効的な保護手段の整備を加盟国に課している点にも大きな特色がある。さらに，TRIPs 協定の成立によって，知的財産権に

関する紛争を WTO の紛争解決手続によって処理することが可能
となり，迅速かつ実効的な問題処理が期待されている。

　　＊ TRIPs 協定の内容については，玉井克哉「知的財産に関する新たな国
　　際的枠組の発足」ジュリスト 1071 号 44 頁以下（1995 年），松下『国
　　際経済法』124 頁以下，外務省経済局国際機関第一課編『解説 WTO
　　協定』（日本国際問題研究所，1996 年）511 頁以下，吉藤＝熊谷・前掲
　　書 761 頁以下など参照。

　　　なお，特許に関しては，各国特許制度の国際的調和を目指す特許法
　　条約の交渉が WIPO において精力的に進められ，2000 年 6 月 1 日に
　　「特許法条約（Patent Law Treaty）」が採択された。その後，デンマ
　　ーク，イギリスなどの国々が批准したことにより，2005 年 4 月 28 日
　　に同条約は発効した。日本も，出願人の利便性を向上し，負担軽減を
　　図るために，平成 28（2016）年に同条約に加入している。同条約制定
　　の経緯に関しては，小泉直樹「特許制度の国際化──WIPO 特許法条
　　約案を中心として」ジュリスト 1000 号 318 頁以下（1992 年），吉藤＝
　　熊谷・前掲書 770 頁以下参照。

第5章　国際投資

第1節　国際投資の意義

1　総　　　説

　物品の売買を中心とした貿易取引や，プラント輸出および技術移転などの役務・技術の取引とともに，国際取引のもう1つの柱をなすのが国際投資である。国際投資とは，国際的な資金の貸付，外国株式の取得，外国における支店・子会社の設立などのように，国境を越えて行われる資本の移転である。このような国際投資は，第2次世界大戦後，アメリカを中心として急速に増大し，企業の経済活動の国際化に伴って，わが国の企業も活発な対外投資を展開している（前掲3頁，**表3**参照）。近時の国際投資の傾向としては，アジアをはじめとする途上国向けの投資が増加したことと，投資の形態が多様化したことがあげられる。これは，2008年のリーマン・ショック以後の国際経済の停滞によって先進国間の投資が鈍化したのに対して，財政赤字や政治的な不安定といった種々のリスク（いわゆる，カントリー・リスク）を伴うものの，アジア，中南米諸国などの経済発展によって，途上国に対して活発な投資が行われるようになったことが背景となっている。また，投資の多様化としては，従来の海外直接投資の他に，不動産投資や不動産開発のための投資，外

貨証券投資などの増加が特徴的である。

　国際投資のうち，海外での事業に対する経営支配または経営参加を目的とするものを直接投資，それ以外の利子や配当などを目的とするものを間接投資（証券投資）と呼んでいる。たとえば，海外に支店や工場を設立する場合や，現地の企業と合弁事業を行ったり，企業買収のように経営参加の目的で外国会社の株式を取得する場合が直接投資である（外為法 23 条 2 項参照）。これに対して，経営支配を伴わない外国企業への貸付，配当を目的とする外国企業の株式の取得などが間接投資の例である。

　　＊国際的な資本移動は，投資の主体，投資期間の長さ，投資目的などからさまざまに分類されるが，国際投資は，主として，民間の企業による 1 年を超える長期的な資本移動を指す場合が多い。これに対して，国家や国際機関（世界銀行や地域開発銀行など）による資金の貸付などの資本移動を国際援助または国際協力と呼んでいる。

　外国資本の導入は，国内資本を補い，新たな経営ノウ・ハウや生産技術の導入によって生産活動および経済活動を活発化する反面，外国資本が優位な経済力や技術力を有する場合には，国内の同種の産業を圧倒してしまうなどのおそれがある。とくに，対内直接投資は，短期的な，あるいは一過性の経済取引とは異なり，国内経済に対して相当長期間にわたり重大な影響をもつことから，各国は，外国資本の導入に対して，何らかの規制を設けているのが普通である。わが国も，戦後長く，外国資本の導入に対して厳重な規制を置いていたが，現在では，対内直接投資も原則として自由化されている。

　なお，発展途上国や社会主義諸国に対する投資では，投資の相手方が国家機関もしくは国営企業などである場合が多い。このような場合には，投資契約はいわゆる国家契約となり，その準拠法の決定

や紛争の解決について種々の問題が生じる（それらの点については，前述 70 頁参照）。

2 国際投資の形態

国際投資は，外国企業に対する資金の貸付，外国株式・外国債券の取得，外国における支店・子会社の設立，外国企業との合弁など多様な形態をとって行われる。これらのうち，対外投資として重要なものは，国際的な貸付と合弁である。

国際的な貸付は，主として銀行その他の金融機関によって行われている。一般に，国際的な貸付は，融資規模の大きなプロジェクトに対して行われることが多く，そのような場合には，単独の銀行で融資を行うことは困難であり，また危険も大きくなる。そこで，国際的な資金の貸付では，内外の銀行が融資団を形成することによって，国際的な協調融資（syndicated loan）を行う場合が多い。また，資源開発のように巨大なプロジェクトでは，開発主体企業の危険負担能力に限界があることから，返済の財源を当該プロジェクト自体の資金および利益のみにとどめ，開発主体企業への影響を一定限度に限定する，プロジェクト・ファイナンス（project finance）の方式を採用する事例が増えている。

これに対して，典型的な対外直接投資が，外国における支店・子会社の設立および外国企業との合弁である。外国における支店・子会社の設立についてはすでに触れたので（前述 68 頁），ここでは外国企業との合弁について述べることにする。

　＊国際的な貸付については，澤田他『国際取引法講義』171 頁以下〔柏

木昇〕，高桑＝江頭編『国際取引法』266頁以下〔山口十蔵〕，松岡編
『現代国際取引法講義』107頁以下〔野村美明〕，木棚照一＝中川淳
司＝山根裕子編『プライマリー国際取引法』（法律文化社，2006年）
149頁以下など参照。なお，国際投資については，櫻井雅夫『国際経
済法〔新版〕』（成文堂，1997年）が詳しい。

第2節　合　　　弁

1　合弁の意義

総　　説　　一般に，合弁とは，複数の企業が事業を行うために
共同で出資することをいう。すなわち，企業が海外
に進出して事業を行う場合に，単独で支店や現地法人を設立するの
ではなく，現地の企業などと共同出資を行い，新たな企業を設立す
る場合が合弁である。合弁の資本・組織・運営に関する当事者間の
契約を合弁契約（joint venture agreement）と呼んでいる。

　単独進出ではなく，合弁を選択する理由は多様であるが，合弁に
は，次のような利点があるといわれている。第1に，一企業のみで
は不可能な大きな資金を調達することができ，また危険を分散する
ことができる。第2に，合弁に参加する各企業の技術や経営のノ
ウ・ハウを利用することができる。第3に，現地企業が参加するこ
とにより，進出先の経済的な慣行や制度になじむことが容易となり，
また現地政府による各種の保護を期待することができる。第4に，
複数の国の企業が参加することによって，現地政府による国有化な

いし民族資本化の動きを牽制することができる，などの点である。具体的には，これらの利点と，経営方針について常に他の企業と意見調整を行わねばならないといった不都合とを比較衡量して，進出の方針を決定することになる。

合弁の種類 合弁は，その組織の形態により，会社設立の方式によるものと，会社を設立しないパートナーシップないし組合型のものとに大別される。会社設立型の合弁とは，合弁事業を実施するために，現地の法律に従って，株式会社あるいは有限会社などの新会社，いわゆる合弁会社を共同で設立するものである。また，この種の合弁は，既存の会社に対して経営参加することによって行われる場合もある。これに対して，会社形態によらず，複数の企業が，わが国民法上の組合類似の関係を結んで共同事業を行うのが，パートナーシップないし組合型の合弁である。会社設立型の合弁では，事業主体が明確であり，事業の責任も原則として合弁会社に限られるが，事業の運営に当たって，現地の会社法その他の規制を受けることになる。他方，組合型の合弁では，当事者間の契約により比較的自由に業務の執行を行うことができるが，各当事者が原則として無限責任を負わねばならない。このように，それぞれの合弁形態には長所・短所があることから，どちらの形態を選択するかは，具体的な事例ごとに判断せざるを得ない。もっとも，一般に，土木建設事業のように事業期間が一定期間に限定されるような場合には，組合型が採用されることが多く，製造・販売事業のように継続的な事業の場合には，会社設立型が適しているということができる。

*合弁の種類およびその実務については，澤田他『国際取引法講義』196頁以下〔柏木昇〕，松枝迪夫「合弁契約」『現代契約法大系8』306頁以

下，同『国際取引法』（三省堂，1993 年）166 頁以下，高桑 = 江頭編
『国際取引法』382 頁以下〔田中信幸〕，高桑『国際商取引法』247 頁以
下など参照。

2　合弁の成立

　合 弁 契 約　　組合型の合弁は，合弁契約によって成立する。この
　　　　　　　　場合の合弁契約は，一般に，複数の企業が出資して
共同の事業を営むことを約束する契約であり，わが国では，民法上
の組合契約に相当すると解されている。これに対して，英米法系の
諸国には，パートナーシップの制度があり，会社設立の方式を採ら
ない合弁は，パートナーシップの形態で行われるのが普通である。
パートナーシップには，わが国の合名会社に相当するジェネラル・
パートナーシップ（general partnership）と，合資会社に当たるリ
ミテッド・パートナーシップ（limited partnership）とがあるが，い
ずれも法人格は認められていない。これらのパートナーシップは，
パートナーシップ契約によって成立する。パートナーシップの成立
要件については，パートナーシップ法による規制がある。現在，ア
メリカの多くの州では，統一パートナーシップ法（Uniform Partner-
ship Act, 1914：1997 年に全面改正，2013 年一部改正）が採用されてお
り，アメリカでパートナーシップを結成する場合には，その規制を
受けることになる。

　パートナーシップないし組合型の合弁は，もっぱら合弁契約によ
って規律されることから，当事者は，各自の出資の内容および比率，
業務の執行，損益の配分，契約の変更・終了などにつき，合弁契約

で詳細に規定しておくことが必要である。

　＊統一パートナーシップ法によれば，パートナーシップとは，「2 人以上
　　の者が営利事業を共同所有者として行うための社団」と定義されてい
　　る（101 条（6）。國生一彦『アメリカのパートナーシップの法律』（商
　　事法務研究会，1991 年））。民法上の組合と異なる点は，営利事業を目
　　的とするものに限られることである。なお，パートナーシップに関す
　　る抵触法および外国人法上の問題に関しては，前述 66 頁参照。

合弁会社の設立　会社設立型の合弁では，合弁契約の締結とともに，合弁契約に基づいて合弁会社を設立することが必要である。したがって，この場合の合弁契約は，合弁会社設立契約と合弁会社の管理・運営に関する株主間契約を含んでいる。会社設立型の合弁契約には，通常，次のような条項が規定される。すなわち，合弁会社の形態，定款，出資などの会社設立に関する条項，株主総会，取締役会，役員などの会社の運営に関する条項，資金調達，製品の販売，従業員の雇用などの会社の営業活動に関する条項，契約の期間，契約の終了，解散などの一般条項である。

　当事者は，合弁契約に基づき，合弁事業を行う地の法に従って合弁会社を設立する。わが国で設立される合弁会社は，大部分が株式会社である。出資の形態には，現金出資と現物出資があるが，技術移転を伴う合弁では，産業財産権やノウ・ハウが現物出資される場合がある（前述 234 頁）。また，合弁会社設立の方法としては，現地の企業と外国企業が最初から共同出資して設立する方法（単純設立）と，現地企業のみでとりあえず現地法人を設立し，その後，短期間内に外国企業が増資新株を引き受けるという方法（クロージング〔closing〕設立）がある。

　＊合弁契約および合弁会社の設立に関しては，松枝・前掲論文 306 頁以
　　下，坪田潤二郎『国際取引実務講座Ⅱ』（酒井書店，1977 年）38 頁以

下，浅田福一『国際取引契約の理論と実際〔改訂版〕』（同文舘，1999年）309 頁以下など参照。

3　合弁の運営

合弁の運営　　組合型の合弁では，合弁の運営は，もっぱら合弁契約の規定による。したがって，合弁契約によって各構成員の役割分担を定めたときはそれによる。また，契約で特定の当事者に業務執行を委任したり，運営委員会のような下部機関を設けてそれに業務を委任する場合もある。問題となるのは，合弁の運営に当たって当事者間の意見が対立した場合の処理である。わが国の民法は，組合の業務執行につき，組合員の過半数で決定する旨規定しているが（670 条 1 項），アメリカの統一パートナーシップ法では，平常の業務に関する事項については多数決により，契約に規定された事項を変更する場合には全員一致を必要としている（401 条（k））。したがって，当事者の意見の一致が得られない場合には，しばしば合弁の運営は暗礁に乗り上げることになる。そこで，そのような場合の解決策として，合弁の解散や持分の買取り，あるいは仲裁への付託などの処理方法を予め合意しておくことが必要である。

　会社設立型の合弁では，合弁事業の運営は，株主総会，取締役会，取締役などの合弁会社の機関によって行われる。したがって，合弁の当事者は，株主として会社の経営に関与することはできるが，直接に合弁事業の運営を行うことはできない。そこで，合弁契約において，会社の運営方法を取り決め，それを合弁会社の定款に適切に盛り込むことが必要である。たとえば，少数株主の権利を保護する

ため，株主総会における定足数および議決権数を加重することなどが約定される場合がある。もっとも，会社の運営に関しては会社法上の規制があるため，それに反するような取決めを合弁契約でしても，会社法上は効力がない。たとえば，わが国の会社法は，株式の譲渡を全面的に禁止することを認めていないので（127条），合弁契約でその旨規定しても，それは債権契約としての効力を有するだけである。したがって，契約に反して株式を譲渡したとしても，株式の譲渡自体は有効であり，株式を譲渡した当事者の契約違反の問題が生じるに過ぎない。

合弁の終了　合弁事業が，戦争・内乱などの政治的理由やコストの上昇・販売不振などの経済的理由から継続不能となった場合や，合弁当事者間の意見が衝突して，合弁の運営が行き詰まった場合，あるいは当事者のいずれかが支払不能または倒産に陥ったり，契約違反があった場合などには，合弁を終了させることが必要となる。

　合弁の終了には，合弁の解散と清算手続が必要である。わが国の民法は，組合の解散事由として，目的たる事業の成功または不成功の確定，存続期間の満了，組合契約で定める解散事由の発生，総組合員の同意（682条）および，やむを得ない事由がある場合の解散請求（683条）を規定しているが，実務的には，どのような事態が生じた場合に合弁を解散することができるかを，合弁契約で具体的に規定しておくことが望ましい。一方，合弁会社を設立した場合には，合弁会社の解散とその清算が必要となる。一般に，会社の解散事由は会社法上限定されているので，合弁契約に基づいて会社を解散するためには，合弁契約で取り決められた解散事由を，定款に規定しておくことが必要である。

＊合弁の運営および合弁の終了などに関しては，松枝・前掲論文314頁以下，高桑＝江頭編『国際取引法』391頁以下〔田中信幸〕など参照。

第3節　国際投資の規制

1　総　　説

　外国資本の導入は，国内資本を補い，新たな経営ノウ・ハウや生産技術の導入によって国内の生産活動および経済活動を活発化するとともに，国内での雇用を創出するなどの利点をもつ反面，外国資本が優位な経済力および技術力を有する場合には，国内の同種の産業を圧迫し，自国産業の育成を阻害するなどのおそれがある。とくに，対内直接投資は，短期的な経済取引とは異なり，国内経済に対して長期間にわたって重大な影響をもつことから，各国は，外国資本の導入に対して，何らかの規制を設けているのが普通である。もっとも，そのような規制の態様は，先進諸国と発展途上国とでは大きく異なっている。

　一般に，先進諸国では，資本取引の自由化が進んでおり，対内直接投資も，国家の安全保障や公の秩序の維持などにかかわる場合を除いて，原則として自由に認められている。このような自由化の背景となっているのが，1961年に経済協力開発機構（OECD）が採択した「資本移動の自由化に関する規約」（資本自由化規約）である。同規約は，経済協力開発機構の加盟国である主要先進諸国に対して，資本移動に関する制限を漸進的に撤廃し，資本移動の自由化を義務

づけたものである。わが国も，資本自由化規約に従って漸次に規制を緩和し，昭和 54（1979）年の外為法改正によって，対内直接投資の原則的な自由化を認め，さらに，平成 3 年および平成 9 年の改正で対内ならびに対外いずれの直接投資についても実質的に自由化を実現している。

　これに対して，発展途上国では，自国の産業基盤が脆弱であることから，とくに対内直接投資に関して厳重な規制を設けている場合が少なくない。また，その規制の方法も多様である。しかし，一方で，これらの国々においては，自国の国内資本のみによる経済発展には限界があり，外国資本を積極的に導入していく必要がある。そこで，これらの国の外資法では，投資を規制する一方で，投資元本および投資利益の本国への送金を保証したり，租税面で優遇措置を講じるなど，外国からの投資を奨励する措置が採られている。

　このような投資規制とともに，投資母国である先進諸国において重視されているのが，対外投資の保護の問題である。海外への投資には，政治的・経済的な原因に基づく種々の危険が伴う。そこで，各国は，海外投資保険の制度を設けたり，二国間で投資保護に関する条約を結んでいる。

　　＊国際投資の規制に関しては，高桑＝江頭編『国際取引法』368 頁以下
　　　〔田中信幸〕，松下『国際経済法』247 頁以下，櫻井・前掲書 73 頁以下，
　　　高桑『国際商取引法』252 頁以下など参照。

2 対内投資の規制

わが国の法規制 平成3年の外為法改正により，これまですべての対内直接投資について要求されていた大蔵大臣（当時）および事業所管大臣への事前届出が，一部の対内直接投資を除いて，原則として財務大臣および事業所管大臣への事後報告制に改められた（55条の5）。これは，日米構造問題協議を契機に，わが国の市場開放措置の一環として，外為法の対内直接投資に関する規定が見直されたことによるものである。

事前届出を必要とする対内直接投資は，資本自由化規約上自由化義務のないものであって，国家の安全保障および公の秩序の維持などに支障を来すおそれがあるもの，または国家経済の円滑な運営に著しい悪影響を及ぼすおそれがあるものなどに限定されている（27条3項）。具体的には，資本自由化規約上わが国が自由化を留保している農林水産業，鉱業，石油業および皮革または皮革製品製造業への投資，および国家の安全保障等に関連する武器製造業，航空機産業，原子力産業などへの投資が問題となろう。なお，対内直接投資の届出をした外国投資家は，その内容の審査を受けるため，届出受理の日から30日を経過するまでは，当該届出に係る対内直接投資を行ってはならないとされている（同条2項）。審査の結果，当該対内直接投資が国家の安全等に係るものと認められるときは，財務大臣および事業所管大臣は，関税・外国為替等審議会の意見を聴いて，その内容の変更または中止を勧告することができ（同条5項），さらに勧告を受けた者が勧告を拒否したときは，内容の変更または

中止を命ずることができるとされている（同条 10 項）。

　なお，諸外国と同様，わが国においても，無線通信事業や電気通信事業のように，一定の事業活動については，外国人の活動が禁止または規制されている。したがって，これらの分野に関しては，外国企業の対内直接投資が制限されることになる。

> ＊外為法上の対内直接投資の規制については，千野忠男監修・藤川鉄馬編『最新外為法の実務』（大蔵財務協会，1990 年）221 頁以下，松下『国際経済法』265 頁以下など参照。また，平成 3 年の外為法の改正については，金田輝秀「対内直接投資等および技術導入契約の締結等に係る外為法の一部を改正する法律の概要」NBL 476 号 30 頁以下（1991 年）参照。なお，外国企業のわが国への直接投資に関しては，独占禁止法上の企業結合に関する規制の適用が問題となる。この点に関しては，松下『国際経済法』275 頁以下参照。

　発展途上国における法規制　発展途上国では，自国資本の保護育成などの理由から，外国からの直接投資に関して厳重な規制を設けている場合が少なくない。そのような規制の方法としては，特定の事業への外国企業の参入を制限するもの，国内企業との合弁事業についてのみ投資を許可し，外資の参加比率についても制限を加えるもの，製品の製造に関して国産品の使用を義務づけるもの，投資利益の本国への送金を制限するものなど多様なものがある。

　このような投資規制の一方で，外国の優良な資本を導入するために，各国はさまざまな投資奨励策を採用している。たとえば，一定期間の法人税の減免や利益送金税の減免などの租税面での優遇措置や，投資元本および投資利益の対外送金の保証，政府系の金融機関による低利の融資，港湾や道路の整備などの措置が採られている。

　このように，途上国における外資の規制には，外資規制と外資の奨励・保護という相矛盾する要素が含まれており，これらの国々に

進出する企業は，その内容を十分に調査・検討しておくことが必要である。

　＊各国の投資法の概要については，櫻井・前掲書99頁以下，澤田壽夫編『新国際取引ハンドブック』（有斐閣，1990年）22頁以下など参照。

　なお，ガットのウルグアイ・ラウンドでは，各国の投資規制の中で，貿易の流れに影響を与えるような投資措置の制限をめぐる問題が取り上げられ，「貿易に関連する投資措置に関する協定」（Agreement on Trade-Related Investment Measures ; TRIMs協定）が成立している。TRIMs協定によれば，ガットの内国民待遇および数量制限の規定（1994年ガット3条・11条）に違反する貿易関連投資措置は一律に禁止され（協定2条1項），加盟国は一定の期間内にこれらの措置を廃止することが義務づけられている。具体的には，企業活動において国内産品の使用を義務づける要求（ローカル・コンテント要求）や企業の輸入をその企業の輸出量に関連づけた数量に制限する要求などがこれらの措置に当たるとされている。

　＊TRIMs協定については，外務省経済局国際機関第一課編『解説WTO協定』（日本国際問題研究所，1996年）251頁以下参照。

3　対外投資の規制

わが国の法規制　これまで，対外直接投資については，資本取引としてすべて大蔵大臣（当時）への事前届出が必要とされてきたが，平成9年の外為法改正によって，政令で定める一部の制限業種などの例外を除き，財務大臣への事後報告制に改められた（23条・55条の3）。これは，すでに実務上行われていた対外

取引の自由化を，外為法上も明らかにし，それをさらに一歩進めたものである。また，事前届出が課された対外直接投資について，財務大臣が有事の規制として直接投資の変更または中止を勧告することができる場合の要件も，その直接投資が実行されたならば，国家経済の円滑な運営に著しい悪影響を及ぼし，または国家の安全保障および公の秩序維持を妨げ，外為法の目的を達成できなくなると認められるときに限られている（23 条 4 項）。この要件も，改正前に比べ，より限定された内容となっている。

海外投資の保護　海外投資には，政治的・経済的原因に基づく種々の危険が伴う。とくに，発展途上国では，戦争，内乱および革命などの危険（戦争危険）や，政府による資産の没収，収用，国有化などの危険（収用危険）および為替管理の強化による外国送金の制限または禁止などの危険（送金危険）が存在し，これらの国々への投資を阻害している。そこで，投資母国である先進諸国は，途上国への対外投資を奨励し，自国企業の海外投資を保護するため，国内法上，投資保険などの投資保証を整備するとともに，投資先国との間に投資保証に関する協定を締結するなどの措置を採っている。わが国も，貿易保険法において，日本貿易保険は海外投資保険および海外事業資金貸付保険を引き受けることができると定め，外国法人の株式の取得や外国にある不動産等の取得，外国法人への長期貸付などの海外投資に関して，投資保険の制度を設けている（貿易保険法 69 条以下・71 条以下）。また，諸外国との投資保護に関する協定としては，各国との友好通商航海条約中に投資保護を保証する規定を設けるとともに，エジプト，スリランカ，中国，トルコ，香港，バングラデシュ，ロシア，韓国，ベトナム，ペルーなどとの間に投資保護協定を締結している。

＊先進諸国における海外投資の保護に関しては，櫻井・前掲書131頁以下参照。なお，わが国の海外直接投資の保護における問題点については，松井芳郎「海外直接投資の保護に関する日本の法政策」松井芳郎＝木棚照一＝加藤雅信編『国際取引と法』（名古屋大学出版会，1988年）49頁以下参照。

第6章　国際取引紛争の解決

第1節　総　　説

　国際取引においても，大部分の紛争は，当事者間の交渉による和解によって解決されている。しかし，当事者の利害があくまで対立する場合には，和解による解決には限界がある。そのような場合に，当事者間の紛争を解決する方法として一般に用いられているのが，民事訴訟と仲裁である。

　民事訴訟は，裁判所という公的な機関が強制的に民事紛争を解決する制度であり，最も強行的な紛争解決の方法ということができる。ところで，現在の国際社会には，国際取引から生じる民事紛争を一般的に解決するための国際的な裁判機関は存在していない。したがって，国際取引に関する民事訴訟も，いずれかの国の国内裁判所で行わなければならない。しかし，国際裁判管轄や外国判決の承認・執行などに関する各国の法制は必ずしも一様ではなく，当事者がある国での裁判を望んでも，その国の裁判所は当然にその管轄を認めるとは限らないし，また，ある国の裁判所で給付判決を得ても，その判決に基づいて他の国で当然に強制執行ができるわけではない。また，訴訟手続の違いや言葉の違いなど，外国で裁判をするには実際上もさまざまな困難がある。もっとも，これまでそのような困難を除去するための努力が国際的に払われてこなかったわけではない。

たとえば，国際裁判管轄や外国判決の承認・執行などに関しても，各国法を統一・調整するために，多くの二国間および多数国間条約が作成されている。しかし，これらの条約は，特定の事項に関するものや（海事に関する条約や国際航空運送に関する条約の中には，国際裁判管轄に関する規定を置くものが少なくない。たとえば，国際航空運送に関するモントリオール条約33条・46条），地域的な統一にとどまっているものが多い（代表的なものとして，ECの「民事及び商事に関する裁判管轄権及び判決の執行に関する条約」〔1968年〕がある）。

　このように，民事訴訟による紛争の解決には種々の問題があることから，国際取引では，訴訟により紛争を解決するよりも，むしろ裁判外の紛争解決手続である国際商事仲裁が利用されている。

　＊ハーグ国際私法会議では，1997年以来，民事および商事に関する国際裁判管轄および外国判決の承認・執行に関する一般条約の作成が続けられてきた。1999年に作成された「民事及び商事に関する裁判管轄及び外国判決に関する条約準備案」では，各種の管轄原因を広くカバーする，包括的な条約の作成が目標とされ，種々の管轄原因を，①条約上，直接管轄として規定した上で，判決承認の要件である間接管轄としても締約国で承認すべきとされるもの（ホワイト・リスト），②条約上，直接管轄としても間接管轄としても認められないもの（ブラック・リスト），③その採否が締約国の判断に任されているもの（グレー・リスト）の3つに分類する「ミックス条約」という方式が採用された。しかし，アメリカと他の加盟国間の意見の隔たりが大きく，意見の一致をみることはできなかった。そして，その後の検討の結果，合意が可能な範囲に条約の対象を限定することとなり，2005年6月30日に「管轄合意に関する条約」が採択されている。この条約作成の経緯からみても，国際裁判管轄および外国判決の承認・執行に関する世界的な法統一の実現には，まだ相当の日時を要するものと思われる。「管轄合意に関するハーグ条約」については，今井理「ハーグ国際私法会議第20会期の概要――管轄合意に関する条約を中心として」民事月

報 60 巻 11 号 41 頁以下（2005 年），道垣内正人『ハーグ国際裁判管轄条約』（商事法務，2009 年）参照。なお，ハーグ国際私法会議では，その後，条約作成のプロジェクトが再開され，外国判決の承認・執行に関して，「民事又は商事に関する外国判決の承認及び執行に関する条約」が 2019 年 7 月に採択されている（未発効）。同条約については，竹下啓介「外国判決の承認・執行に関する新しいハーグ条約（1）」JCA ジャーナル 67 巻 4 号 40 頁以下（2020 年）参照。

＊国際裁判管轄や外国判決の承認・執行に関する条約などとともに，各国における裁判を公正かつ円滑に進めるため，送達や証拠収集などの司法手続に関する各国間の協力（国際司法共助）についての取決めも多数行われている（たとえば，「民事訴訟手続に関する条約」〔1954 年〕，「民事又は商事に関する裁判上及び裁判外の文書の外国における送達及び告知に関する条約」〔1965 年〕など）。国際民事訴訟法に関するこれらの条約を総合的に分析・検討するものとして，高桑昭「民事手続法に関する多数国間条約」『国際民事訴訟法の理論』493 頁以下，同「国際裁判管轄権に関する条約の立法論的考察」三ケ月章先生古稀記念『民事手続法学の革新 上巻』（有斐閣，1991 年）325 頁以下がある。

第 2 節　国際民事訴訟

　国際取引では，一般に，訴訟よりも仲裁によって紛争を解決する例が多い。しかし，仲裁の利用は当事者の合意を基礎とするため，そのような合意が成立しない場合には仲裁によることができない。これに対して，訴訟による紛争解決は，相手方の同意の如何にかかわらずこれを利用することができる点に特徴がある。

　国際取引から生じる紛争を訴訟によって解決するためには，まず

いずれかの国の裁判所に訴訟を提起しなければならない。この場合，訴訟を提起された国の裁判所は，その事件について裁判を行う管轄権を有するかどうかが問題となる。いわゆる国際裁判管轄の問題である。また，裁判は国家による裁判権の行使であるが，外国国家，外交官，領事官などに対しては，一定の場合に，裁判権の行使が制限される。裁判権の免除である。次に，訴訟手続については，訴訟が追行される法廷地の手続法によるのが原則であるが，訴訟の当事者が外国人・外国法人である場合には，当事者能力，訴訟能力，当事者適格などについて，国内事件とは異なる問題が生じる。また，渉外事件の進行および審理のために，送達や証拠収集などについて，国際的な司法共助を必要とする場合がある。さらに，外国で下された判決に対して，国内においてどのような効力を認めるかが問題となる。これは，外国判決の承認・執行に関する問題である。また，外国裁判所で係属中の事件について，さらに国内で重ねて訴訟が提起された場合，そのような訴訟の競合を認めるかどうかが問題となる。これが，いわゆる国際的訴訟競合の問題である。

1　民事裁判権の免除

民事裁判権 免除の意義　（1）総説　国際法上，一般に，国家は他国の主権に服さないとされることから，主権の一作用である裁判権についても，外国国家や国家元首は裁判権が免除されるとされてきた。これが，裁判権免除または主権免除の原則である（前述73頁参照）。しかし，国家の活動領域が経済活動にまで広く及んだ今日，外国国家や外国の国家機関などについて民事裁判権を行使で

きないことは，それらと経済的な取引を行った私人が，裁判によって権利救済を受けられないという結果を招くことになる。そこで，1970 年代以降，イギリス，アメリカを始めとする欧米諸国を中心に，裁判権免除の適用を一定の場合に制限する制限免除主義を採用する諸国が増加してきた。こうした動きを背景として，国連においても，裁判権免除に関する法典化の作業が進められ，2004 年 12 月，「国及びその財産の裁判権からの免除に関する国際連合条約」（国連国家免除条約）が成立している（未発効）。

　わが国では，絶対免除主義を明らかにした大審院判例（大決昭和3 年 12 月 28 日民集 7 巻 1128 頁）が長く先例とされてきたが，最高裁は，平成 18 年 7 月 21 日判決（民集 60 巻 6 号 2542 頁〔百選 75〕）で判例を変更し，明示的に制限免除主義を採用した。さらに，わが国は，国連国家免除条約に署名し，同条約が発効した場合に備えて，条約の内容に準拠した「外国等に対する我が国の民事裁判権に関する法律」（民事裁判権法）を制定し（平成 21 年法律 24 号），外国の国家等に対してわが国の民事裁判権が及ぶ範囲を明らかにしている。

　(2)　裁判権の対人的・対物的制限　　裁判権に対する制限としては，外国国家や国家元首に対する免除の他に，外交官や領事官，国際機関およびその職員に対する免除が認められている。これらの者に対する免除は，外交使節団あるいは国際機関としての任務の効果的な遂行を容易にするという要請に基づくものであり，国際慣習法に由来しているが，現在では，外交関係や領事関係に関する二国間条約または外交関係に関するウィーン条約（1961 年），領事関係に関するウィーン条約（1963 年）などの多数国間条約が根拠となっている。外国国家，外交官，領事官などに対するこれらの裁判権免除は，それが裁判権の対象となる主体の性質に起因することから，し

ばしば裁判権の対人的な制限と呼ばれる。これに対して，主として具体的事案と裁判国との関連性を理由に裁判権の制限が問題となるのが，裁判権の対物的な制限である。もっとも，この点については，現在の国際法上，各国はその主権の及ぶ範囲内で裁判権を行使することができるという一般的な基準が認められるにとどまり，それ以上に各国の民事裁判権を積極的に制限する原則は見いだされていない。

　＊理論的には，民事裁判権の対物的な制限として，裁判権の行使には，事件との一定の関連性が必要であるとされる。しかし，実際には，民事裁判権の過剰な行使であるとして国際法違反とされた事例は存在していない。道垣内正人「国際的裁判管轄権」新堂幸司＝小島武司編『注釈民事訴訟法（1）』（有斐閣，1991年）90頁以下参照。

民事裁判権法　　(1)　総説　　民事裁判権法は，国連国家免除条約に準拠しているが，適用の対象を条約の締約国に限定していない。したがって，同条約の非締約国についても同法は適用される。民事裁判権法は，外国の国家等が原則としてわが国の裁判権を免除されるとして，裁判権免除の原則を明らかにした上で，裁判手続および保全・執行手続について，それぞれ裁判権免除の例外を個別に規定している（4条）。

　＊民事裁判権法による裁判権免除について詳しくは，飛澤知行編著『逐条解説　対外国民事裁判権法——わが国の主権免除法制について』（商事法務，2009年），澤木＝道垣内『国際私法入門』262頁以下，本間＝中野＝酒井『国際民事手続法』20頁以下など参照。

(2)　免除の対象　　裁判権免除の対象となるのは，国家および政府機関だけでなく，国家から独立した主権的権能が認められている連邦国家の州（米国ジョージア州について，最判平成21年10月16日民

集 63 巻 8 号 1799 頁参照) や行政区画 (香港, マカオなど), 外国中央銀行のように, 独立の法人格を有し, 主権的権能を行使する権限を与えられた団体, およびこれらの代表者 (国家元首や連邦国家の州知事など) である (2 条。以下では, これらを「外国等」という)。裁判権免除は, 国家間の主権の尊重を基礎とするため, わが国が未承認の国家や政府の機関は免除の対象とならないと解されている。

(3)　免除されない場合　　民事裁判権法は, 国連国家免除条約に倣って, 免除が認められない場合を個別に規定している。裁判手続に関して免除が認められない場合は, 外国等の同意がある場合 (5 条ないし 7 条) と商業的取引, 労働契約などの特定の事項に関連する裁判 (8 条ないし 16 条) についてである。以下, 裁判権免除の例外とされる主要な場合をみておくことにする。

(a)　裁判権に服することの同意　　外国等が, 特定の事項または事件に関して, 明示的にわが国の裁判権に服することに同意した場合には, 裁判権から免除されない (5 条 1 項)。免除の特権を放棄し, わが国の裁判権に任意に服従したと考えられるからである。特定の事項について条約で同意している場合や, 外国等との契約中にわが国の裁判権に服する旨の条項がある場合 (たとえば, 日本の裁判所を専属管轄とする条項), 裁判手続中の陳述や裁判所または相手方に対する書面による通知で同意した場合が, それに該当する。これに対して, 日本法を準拠法とすることに同意しただけでは, 日本の裁判権に服することの同意にはならないとされている (同条 2 項)。

また, 外国等が自らわが国の裁判所に訴えを提起した場合や裁判手続に参加した場合, 本案について異議を述べることなく応訴した場合も, わが国の裁判権に服することに同意したものみなされる (6 条 1 項)。外国等が自ら裁判の当事者となったときは, 相手方の

反訴に対しても裁判権免除を主張することはできない（7条）。

　(b)　商業的取引　　一般に，制限免除主義の下では，外国国家は，公法的行為（主権的行為）については裁判権が免除されるが，私法的行為（業務管理的行為）に関しては免除が認められないとされている。民事裁判権法も，外国等は，商業的取引に関する裁判手続については，裁判権から免除されないとして（8条1項），このことを明らかにしている。どのような行為を私法的行為として取り扱うかについては，その行為の目的を基準とする立場と，行為の性質に着目し，私人でも行うことができる行為であるか否かを基準とする立場との対立があるが，民事裁判権法は，同法にいう「商業的取引」とは，「民事又は商事に係る物品の売買，役務の調達，金銭の貸借その他の事項についての契約又は取引」をいうとしており，行為性質基準説を採用したものと解されている（前掲最判平成18年7月21日参照）。

　　＊国連国家免除条約は，「商業的取引」を免除の例外としているが（10条1項），どのような取引が「商業的取引」に該当するかについては，当該行為の性質を基準とするとした上で，当事者が合意した場合または法廷地国が行為目的基準説をとる場合には，行為の目的も考慮されるとして，折衷的な立場を採用している（2条2項）。

　もっとも，商業的取引に該当する場合であっても，外国とその国の国民との間の取引に関する裁判については，その国の国内事件として処理すべきであるとの考慮から，わが国の裁判権から免除される（8条1項）。また，国連国家免除条約に倣って，国家間の取引の場合および当事者間に別段の明示的な合意がある場合も，免除が認められている（同条2項）。

　(c)　労働契約　　外国等と個人との労働契約に関しては，民事

裁判権法 9 条で免除の例外が定められている。それによれば，外国等は，日本国内で労務が提供され，または提供されることが予定されている労働契約に関して，日本の裁判権から免除されない（9 条1 項）。労働者保護に関する国内の公序を守るとともに，労働者個人の利益保護を図るためである。もっとも，被用者が外交官など外交上の免除が認められている者である場合や（同条 2 項 1 号），国家の安全や外交上の秘密などの国家の重大な利益に関する任務のために雇用された者である場合には，当該外国の国家利益との調整の観点から，免除が認められている（同項 2 号）。

　また，採用または再雇用の契約の成否に関する訴えの場合，解雇など労働契約終了の効力に関する訴えの場合（ただし，当該外国等の安全保障上の利益を害しうるものに限られる）についても，免除が認められる（同項 3 号・4 号）。個人の採用あるいは解雇については外国等の裁量が認められることから，他国の裁判所がその適否を判断すべきではないと考えられたものである。もっとも，不当な不採用や解雇を理由とする損害賠償請求については，採用や解雇に直接介入するわけではないので，裁判権の行使が認められる。なお，民事裁判権法制定前の事例であるが，米国ジョージア州港湾局の極東代表部に雇用されていた者の解雇に関する訴訟で，わが国の裁判権を認めた事例がある（前掲最判平成 21 年 10 月 16 日）。

　　(d)　人の死傷または有体物の滅失等　　人の死傷または有体物の滅失，毀損を理由とする損害賠償請求についても，その原因となった行為の全部または一部が日本国内で行われ，かつ行為者が行為の当時日本に所在した場合（たとえば，外国公務員による交通事故など）には，外国等は裁判権から免除されない（10 条）。被害者保護を考慮したものである。

(e)　不動産に関する権利・利益　　不動産に関する裁判は，国家の領土主権との関係から，絶対免除主義の下でも裁判権免除の例外とされてきた。民事裁判権法も，日本国内に所在する不動産に関する裁判手続については，外国等は裁判権から免除されないとしている（11条）。

(f)　知的財産権　　外国等は，日本法に基づく特許権などの知的財産権の存否，効力，帰属または内容に関する裁判および日本国内で犯したとされる知的財産権の侵害に関する裁判について，裁判権から免除されない（13条）。日本法に基づく知的財産権に関する紛争の解決は，わが国の裁判所で行うことが最適であること，外国等がわが国で特許の出願をしたような場合は，それによってわが国の法制度に任意に服したといえることなどが，その理由とされている。

(g)　仲裁合意　　外国等は，他国の国民または企業と商業的取引に関して仲裁の合意をした場合は，その存否または効力，仲裁合意に基づく仲裁手続に関する裁判手続につき，裁判権から免除されない（16条）。

(4)　執行免除　　保全処分または民事執行の実施は，外国等の有する財産に直接影響を及ぼすものであり，外国等の主権的活動を阻害するおそれが一層大きいことから，裁判手続に関する免除の制限以上に限定的な立場がとられている。すなわち，外国等は，裁判手続に関する同意とは別に（17条3項），条約，仲裁合意，書面による契約によって，その財産に対する保全処分または民事執行を行うことについて明示的に同意した場合には，それらの手続について，裁判権から免除されない（同条1項）。また，保全処分または民事執行のために，特定の財産を指定し，あるいは担保として提供した場

合にも，当該保全処分または民事執行の手続について，裁判権から免除されない。

　他方で，外国等の有する財産であっても，もっぱら商業的活動のために使用されるものについては，裁判権を免除する理由に乏しい。そこで，民事裁判権法は，商業的な目的のためにのみ使用され，または使用されることが予定されている財産に対する民事執行については，外国等は，その同意がなくても，裁判権から免除されないとしている（18 条 1 項）。「非商業的目的以外」と規定されているのは，当該財産が，商業的目的だけでなく，「非商業的目的」以外のために使用される場合を含める趣旨である。国有の商船，賃貸不動産，商業目的の預金などがこれに該当する。もっとも，外交使節団等の任務の遂行のための財産，軍事的な性質を有する財産，文化遺産や公文書などは，外国等の同意がない限り，執行から免除される（同条 2 項）。

2　国際裁判管轄

国際裁判管轄の意義　(1)　総説　　国際裁判管轄とは，一般に，ある渉外事件について，いずれの国の裁判所が裁判を行うべきかという問題であり，また，それは，特定の国家の側からみた場合，その国の裁判所は，自国とどのような関係のある事件について裁判を行う権限を有するか，という問題である。

　裁判制度および訴訟手続は，国によって異なっており，言葉の違いなども考えると，どこの国の裁判所で裁判を行うかは，当事者にとって重要な問題である。また，前述したように，国際私法も各国

で異なるため，どこの国の裁判所で裁判を行うかによって，当該事件に適用される法が異なり，場合によっては結論が違ってくる可能性さえある。しかも，国内事件では，当事者が訴えた裁判所が管轄を有しなかったり，不便宜な裁判所である場合には，管轄を有する適切な裁判所への移送という制度が存在しているが（民訴法16条・17条），国際的にはこのような移送の制度がないため，国際裁判管轄を有していない国の裁判所に訴えを提起しても，その訴えは却下されてしまうことになる。このように，国際裁判管轄の問題は，当事者にとってきわめて重要な意味をもつことから，国際民事訴訟では，この問題が激しく争われる場合が少なくない。わが国においても，この問題を争った裁判例は多数存在している。

　＊アメリカでは，州際事件が多いこともあり，国際裁判管轄を含むジュリスディクション（jurisdiction）の問題が争われるケースが非常に多い。この中には，日本の企業が関連した事件もかなりの数にのぼっている。たとえば，連邦最高裁判所判決では，製造物責任訴訟に引き込まれた日本の部品メーカーに対する台湾企業の求償請求訴訟について，カリフォルニア州の裁判管轄権の行使は不当かつ不公正であるとしたものがある（Asahi Metal Industry Co. v. Superior Court of California, 480 U.S. 102〔1987〕）。アメリカにおける裁判管轄権の理論の概略については，野村美明「アメリカにおける国際事件の裁判管轄権問題」阪大法学126号91頁，127号67頁，131号55頁，132号65頁（1983年，1984年），小林秀之『新版 アメリカ民事訴訟法』（弘文堂，1996年）17頁以下など参照。

　　国際取引から生じる紛争に関して訴訟が提起される場合にも，当事者は国際裁判管轄の問題を主として争い，この問題に決着がついたときは，本案は和解で解決するという例が少なくない。このような傾向は，理論的には，法廷地が決まることにより，適用される国際私法が確定し，準拠法が特定されるので，和解の基準が明確になるためであると説明することができる。高桑＝江頭編『国際取引法』69頁〔道垣

〔内正人〕参照。

(2)　**裁判権と国際裁判管轄**　　前述したように（272 頁），裁判は主権の一作用としての裁判権の行使という側面をもつことから，各国が渉外事件について裁判を行うには，それに対する国際法上の制約が問題となる。外国国家，外交官・領事官などに対する裁判権免除は，裁判権の対人的な制限とされる。これに対して，民事裁判権の対物的な制限については，現在の国際法上，各国はその主権の及ぶ範囲内で裁判権を行使することができるという一般的な基準が認められるにとどまっている。

　　国際裁判管轄は，このような国際法上の制約の下において，各国がそれぞれ手続法上の理念に基づき実際に裁判を行う範囲を自主的に規制したものである。したがって，国際裁判管轄の決定は，原則として，各国の国内法に任されている。しかし，国際裁判管轄の規則が各国で異なることは，裁判管轄の適正な分配の理念や渉外的私法生活の安全の観点からみて，望ましいものではない。そこで，二国間条約・多数国間条約によって国際裁判管轄の規則を統一する試みが続けられている。その代表的なものが，EC の「民事及び商事に関する裁判管轄及び判決の執行に関する条約」（1968 年，ブリュッセル条約）である。この条約は，EC 加盟国の増加とともに，その都度，新たな締約国との関係で若干の付加・修正がなされ，1988年には，ヨーロッパ自由貿易連合（EFTA）諸国との間で，当時のブリュッセル条約に若干の条項を追加・修正した条約（ルガーノ条約）が締結されている。また，EU 統合の進展によって，現在では，ブリュッセル条約は，EU 派生法としての EU 規則となっている（ブリュッセル I 規則：2012 年に改正）。

　　わが国は，国際航空運送に関するモントリオール条約（33 条・46

条）の他，国際裁判管轄に関する規定をもつ若干の条約を締結しているが，それらは海事など特定の事項に限られており，一般的には，わが国の国際裁判管轄は，わが国の国内法によって決定されることになる。

＊各国の国際裁判管轄の規定の中には，自国民が原告または被告である事件について，広範に国際裁判管轄を肯定するもの（フランス民法14条・15条）や，被告の財産が国内に存在すれば，その財産と無関係な事件についても国際裁判管轄を肯定するもの（ドイツ民訴法23条）など，過剰な国際裁判管轄を認めるものが少なくない。しかし，このような過剰な管轄も，他国がそれを理由にその国で下された判決を承認・執行しないことはともかく，国際法上違法なものとまでは考えられていない。なお，ブリュッセルⅠ改正規則5条は，加盟各国の過剰管轄に関して，締約国内に居住する者に対する訴訟には適用することができない旨を規定している。

理論の展開　　(1)　国際裁判管轄と土地管轄　　わが国の民訴法では，4条以下に裁判所の管轄が定められている。そのため，平成23年の民訴法改正でわが国の国際裁判管轄が明文化される以前は，これらの土地管轄規定と国際裁判管轄の関係が問題となった。理論的には，土地管轄（国内的裁判管轄）は，わが国に国際裁判管轄が認められることを前提として，国内のどの裁判所が当該事件を管轄するかという問題であり，両者はその機能を異にしている。しかし，ドイツのように，民訴法の土地管轄規定が同時に国際裁判管轄をも定めていると解している国もある。このような場合，民訴法の管轄規定は，国内土地管轄を定めるとともに，国際裁判管轄をも決定するという二重の機能をもつことになる（二重機能説）。これに対して，わが国では，民訴法の土地管轄規定は，もっぱら国内の土地管轄を定めたものであり，したがって，国際裁判管轄に関

する明文の国内法規は，わが国には存在していないというのが，通説・判例の立場であった（最判昭和 56 年 10 月 16 日民集 35 巻 7 号 1224 頁〔マレーシア航空事件〕〔百選 76〕）。

(2)　判例・学説の展開　　一部の条約を除き，わが国には国際裁判管轄に関する直接の明文規定がない以上，その決定については，法の欠缺として条理により補充するほかはない。しかし，条理の内容について学説の解釈は分かれていた。かつての通説は，日本国内に民訴法の規定する裁判籍が認められる場合には，それは当然に，わが国の国際裁判管轄が前提とされているとして，土地管轄規定から国際裁判管轄が推知されるという立場（逆推知説）であった。しかし，このような立場は，土地管轄と国際裁判管轄の関係が逆転しており，二重機能説をとらない以上，土地管轄から国際裁判管轄を当然に導きだすことはできないとの強い批判を受けた。そこで，むしろ，国際裁判管轄の決定は，国際社会における裁判機能の各国裁判所への分配の問題であり，「当事者間の公平，裁判の適正・迅速を期する」という民事訴訟上の基本理念によるべきであるとする立場（管轄配分説）が支持されるようになった。

そのような民事訴訟上の基本理念を具体的に実現する方法としては，個々の事件の諸事情を総合的に勘案して，わが国に国際裁判管轄を認めることが上記の基本理念に合致するかどうかを個別的に判断するという立場（利益衡量説。東京地中間判昭和 54 年 3 月 20 日判時 925 号 78 頁）も主張された。しかし，そのように全面的な利益衡量によって国際裁判管轄を決定することは，法的安定性，予測可能性の点で問題が大きいことから，裁判例の多くは，民訴法の土地管轄の規定を一応の基準として，民訴法の規定する裁判籍のいずれかが日本国内にあるときは，わが国の国際裁判管轄を肯定することが条

理にかなうとする立場を採用した（前掲最判昭和56年10月16日参照）。もっとも，これらの裁判例のリーディング・ケースとされるマレーシア航空事件判決は，民訴法の土地管轄規定が直ちに条理の内容をなす旨判示していたが，その後の下級審の裁判例では，民訴法の土地管轄規定を適用しつつ，それによってわが国の裁判所に管轄を認めることが「当事者間の公平，裁判の適正・迅速を期する」という民事訴訟上の基本理念に著しく反する結果をもたらす「特段の事情」が存在する場合には，例外的にわが国の管轄が否定されるとの立場（特段の事情論）がとられるに至った（東京地中間判昭和59年3月27日下民集35巻1～4号110頁〔管轄肯定〕，東京地判昭和61年6月20日判時1196号87頁〔管轄否定〕など）。このような下級審判決の流れを受けて，最高裁も，平成9年11月11日判決（民集51巻10号4055頁〔百選83〕）で，「特段の事情」による個別的な調整を認めることを明らかにした。

　(3)　民訴法改正　　しかし，上記のような判例法理に対しては，学説から，次のような強い批判があった。すなわち，民訴法の土地管轄規定を直ちに条理の内容とすることに関しては，それらの規定の中には，国際裁判管轄の基準とすべきでないもの（4条2項・5項）や，国際的な場面に適用する場合には一定の修正を要するもの（5条4号）が存在することが問題とされた（後述286頁）。また，民訴法が規定する管轄原因以外にも，国際裁判管轄を認めてしかるべき場合がありうるとの主張も有力であった（たとえば，事業活動に基づく管轄など）。他方で，「特段の事情」による個別的な調整に対しては，時として，「特段の事情」の検討に重点が置かれ過ぎるため，当事者の予測可能性や法的安定性が損なわれるとの批判がなされた。

　こうした事情を背景として，財産法関係事件に関するわが国裁判

所の国際裁判管轄を明らかにするため，平成 23 年に，「民事訴訟法及び民事保全法の一部を改正する法律」（法律 36 号）によって民訴法が改正され，国際裁判管轄規定が明文化された。

＊国際裁判管轄の決定に関しては，池原季雄「国際的裁判管轄権」『新・実務民事訴訟講座 7』3 頁以下，高橋宏志「国際裁判管轄」『国際民事訴訟法の理論』31 頁以下，道垣内・前掲論文 99 頁以下，斎藤秀夫他編『注解民事訴訟法 5〔第 2 版〕』（第一法規，1991 年）438 頁以下〔山本和彦〕など参照。また，改正民訴法の国際裁判管轄規定については，高桑『国際商取引法』324 頁以下，澤木 = 道垣内『国際私法入門』270 頁以下，佐藤達文 = 小林康彦編著『一問一答・平成 23 年民事訴訟法等改正 国際裁判管轄法制の整備』（商事法務，2012 年），本間 = 中野 = 酒井『国際民事手続法』43 頁以下など参照。

わが国の国際裁判管轄　民訴法で定められた管轄原因は，人に対して認められる一般的裁判管轄と法律関係の類型ごとに認められる個別的裁判管轄に大別される。そのうち，国際取引に関する訴訟について問題となる主要な管轄原因としては，次のものがある。

(1)　**被告の住所地管轄**（3 条の 2）　　被告が自然人の場合，わが国に住所を有するときは，わが国の国際裁判管轄が肯定される（同条 1 項）。自己の権利を主張するために，積極的に訴訟を提起する原告に対して，もっぱら受動的立場に立つ被告の防御の便宜は，国際裁判管轄の決定においても考慮されるべきだからである（「原告は被告の法廷に従う（actor sequitur forum rei）」）。この場合の管轄は，人に対する一般的な管轄であって（一般的裁判管轄），土地管轄における普通裁判籍に相当するものである。したがって，訴えの内容いかんにかかわらず，被告の住所が日本に存在すれば，日本の裁判所は国際裁判管轄を有することになる。被告の住所が日本国内だけでなく外国にもない場合，またはそれが知れない場合には，日本に居

所があれば，国際裁判管轄は認められる。また，いずれの国にも居所がなく，またはそれが知れない者が，最後の住所を日本に有していたときも，日本の国際裁判管轄が認められる（同項後段）。

＊民訴法4条2項は，「日本国内に」住所がないとき，または住所が知れないときは，居所の管轄を認めている。これをそのまま国際裁判管轄に適用した場合には，外国に住所のある被告に対して，日本に居所があるというだけで，日本の国際裁判管轄を認める結果となる。そこで，改正法は，単に「住所がないとき又は住所が知れないとき」として，日本国内だけでなく，外国にも住所がないことを要件としている。同様に，日本国内の最後の住所も，それ以後に外国に住所を有したときは，管轄原因から除外されている（3条の2第1項後段括弧書）。いずれも，過剰管轄を防止する趣旨である。

　被告が法人その他の社団または財団の場合には，その主たる事務所または営業所が日本国内にあれば，わが国の管轄が認められる（同条3項）。したがって，日本法人に対する訴えについては，その主たる事務所または営業所が日本国内にあるので，わが国の一般的な国際裁判管轄が認められる。これに対して，日本国内に主たる事務所または営業所をもたない外国法人に対する訴えについては，日本の裁判所は国際裁判管轄を有しない。もっとも，その法人が外国にも主たる事務所または営業所をもたない場合，またはその所在地が知れない場合で，日本国内に代表者その他の主たる業務担当者の住所があるときは，国際裁判管轄が認められる。前述のマレーシア航空事件では，最高裁は，被告マレーシア航空が日本国内に営業所を有することを理由に，わが国の国際裁判管轄を肯定したが（4条5項参照），現行法の下では，単に事務所または営業所が日本国内にあるという理由だけで，外国法人に対する訴えをわが国で起こすことはできないことになる。

(2)　契約債務の履行地管轄（3条の3第1号）　　契約上の債務の履行を求める訴えについて，契約上の義務履行地が国内にあるとき，わが国の国際裁判管轄を認めることには合理的な理由がある。被告となる債務者にとって義務履行地の予測は可能であり，その場所での給付の実現は，本来の契約の趣旨にも沿うからである。この点，民訴法5条1号は，広く財産権上の訴えについて，義務履行地の管轄を認めている。しかし，これをそのまま国際裁判管轄の基礎とした場合には，不法行為に基づく損害賠償請求についても義務履行地の管轄が認められることとなり，当事者の予測を害するおそれがある。そこで，民訴法は，当事者の予測可能性を考慮して，契約上の債務の履行に関連する請求に限って，履行地の管轄を認めることにしている。すなわち，民訴法3条の3第1号は，①売買契約における代金支払請求や目的物引渡請求などの「契約上の債務の履行の請求」を目的とする訴えまたは②「契約上の債務に関する請求」を目的とする訴えに限定して，日本国内に債務の履行地があるときは，わが国の国際裁判管轄が認められるとしている。「契約上の債務に関する請求」には，本来の契約上の債務以外の，「契約上の債務に関して行われた事務管理」（委任契約の受任者が委任の範囲を超えて事務を行った場合の費用償還請求など）もしくは「生じた不当利得」（売買契約の解除に伴う目的物返還請求など）に係る請求，または契約上の債務不履行による損害賠償請求などが含まれる。他方で，契約とは無関係な不法行為事件については，履行地の管轄は認められない。

　管轄の基礎となるのは「当該債務の履行地」である。すなわち，売買代金の支払請求であれば，代金支払債務の履行地，目的物の引渡請求であれば，当該引渡債務の履行地である。契約上の債務不履行に基づく損害賠償請求の場合には，損害賠償債務の履行地ではな

く，契約が定める本来の債務の履行地が「当該債務の履行地」である。損害賠償債務の履行地を当事者は予め想定しているわけではないからである。

わが国の国際裁判管轄が認められるのは，当事者が契約で定めた履行地が日本国内にあるとき，または当事者が選択した契約準拠法によれば履行地が日本国内にあるとされる場合である。当事者の準拠法の選択は，明示的な場合だけでなく，黙示の選択でもよいと解される（法適用7条，前述94頁参照）。また，実体的な契約準拠法の決定の場合とは異なり，ここでの問題は管轄原因としての履行地の決定であるから，当事者による準拠法の選択がない場合は，履行地管轄は適用されない（前掲最判平成9年11月11日参照）。

　(3)　財産所在地管轄（3条の3第3号）　　原告の請求がわが国に所在する特定の物または権利を目的とするときは，証拠収集の便宜や執行の容易さの点から，その財産の所在を理由として，わが国の裁判所に国際裁判管轄を認めることができる（同号前段）。これに対して，被告の一般財産が国内に所在するというだけで，わが国の国際裁判管轄を認めることは，係争事件と関連の乏しい過剰管轄となるおそれがある。もっとも，渉外事件では，被告の財産を補足することがしばしば困難であることを考慮すると，被告の財産に対して強制執行を行い，迅速に債権を回収するために，財産所在地であるわが国の国際裁判管轄を認めることにも合理的な理由がある。そこで，民訴法は，金銭の支払を請求する訴えに限って，差押え可能な被告の財産が日本国内にあるとき，日本の裁判所に訴えを提起できることにしている（同号後段）。ただし，日本にある被告の財産の価額が著しく低いときは，上記の目的を達成することができないため，適用除外とされている（同号括弧書）。財産の価額が低いか否かの判

断は, 絶対額の多寡ではなく, 上記の債権回収の目的との関連で判断すべきものと思われる。

(4)　事務所・営業所所在地管轄 (3 条の 3 第 4 号), 継続的事業活動地管轄 (同条第 5 号)　　被告の事務所または営業所が日本国内にあるときは, その事務所または営業所の業務に関する訴えについて, 日本の裁判所は国際裁判管轄を有する。当該業務については, その事務所または営業所が拠点であり, 証拠収集の便宜, 当事者の予測可能性の観点から, 所在地であるわが国の管轄を認めることに合理性があるからである。ここでの「業務」については, その範囲が日本国内に限定されていないので, 外国における業務であっても, 日本国内の事務所または営業所が担当している場合は, その業務に関する訴えについて, 日本の裁判所に訴えを提起することができる。もっとも, 係争となっている取引が単に国内の事務所または営業所の業務範囲に含まれるというだけでは, 事務所または営業所の所在を理由に一般的な管轄を認めることと大差がなくなる。したがって, 第 4 号にいう「業務」は, わが国にある事務所または営業所が実際に関与した業務と解すべきであろう。

業務関連性という観点からは, 被告が事務所または営業所を日本国内に置いていない場合でも, 日本で継続的に事業活動を行っているときは, その事業に関連した訴えについて, 日本の国際裁判管轄を認めることが考えられる。民訴法 3 条の 3 第 5 号は, そうした理由から, 被告が日本国内で事業を行っているときは, 日本における業務に関する訴えについて, わが国の国際裁判管轄を認めている。したがって, 会社法によれば, 外国会社は, 営業所の代わりに, 日本における代表者を定めれば, 国内で継続的な取引を行うことができるが (会社法 817 条 1 項, 前述 65 頁参照), そのような外国会社に

対しても，民訴法3条の3第5号の規定によって，日本国内における取引に関する訴えをわが国の裁判所に提起することができる（同号括弧書）。

> ＊領域内で継続的な取引活動を行っていることを根拠として裁判管轄を基礎づけるものとしては，アメリカの事業活動（doing business）管轄が有名である。もっとも，アメリカにおける事業活動管轄は，一般管轄である対人管轄に関する法理であるのに対して，民訴法3条の3第5号の継続的事業活動地管轄は，わが国における業務に関する訴えに限定されている点で異なっている。

(5)　不法行為地管轄（3条の3第8号）　　不法行為に関する訴えについては，証拠収集の便宜，被害者の保護，不法行為地国の公序との関連などの観点から，不法行為地の管轄が認められている。この場合の「不法行為地」には，加害行為地だけでなく結果発生地も含まれる（知財高判平成22年9月15日判タ1340号265頁〔百選80〕参照）。隔地的な不法行為の場合，加害行為地は被告の本拠と重なることが多いため，結果発生地の管轄を認めることは，とくに原告となる被害者の立場から意味がある。もっとも，日本における結果の発生を通常予見できない場合にまで管轄を認めることは，かえって被告の応訴の負担を重くすることになるので，その場合には管轄原因とならないとされている（同号括弧書）。結果発生地には，二次的・派生的に生じる経済的な損害の発生地を含まないとするのが多数の見解である。この点も予見可能性の問題として個別に処理することも考えられるが，二次的な損害発生地は類型的に区別することが可能であり，損害発生地は含まないと解すべきであろう。

　「不法行為に関する訴え」には，不法行為に基づく損害賠償請求だけでなく，知的財産権の侵害を理由とする差止請求も含まれる（前掲知財高判平成22年9月15日ほか）。製造物責任に関する訴訟も本

号の対象となる。損害賠償債務不存在確認の訴えについては，被害者側が加害者の選択する法廷地で応訴を強いられることになるため，不法行為地管轄を認めるべきではないとする見解もあるが，証拠収集の便宜などを考慮すると，一律に管轄を否定するのは厳格に過ぎると思われる。当事者間の公平に反する場合には，3条の9の「特別の事情」によって訴えを却下すべきであろう。

　不法行為地管轄を認めるためには，日本国内で不法行為が行われたことの証明が必要である。この証明は，本案である不法行為の成否に関する証明と重なるため，国際裁判管轄を判断する際には，どの程度の証明を要求するかが問題となる。国内事件に比べて被告の応訴の負担が重い渉外事件では，管轄原因となる事実についても，不法行為があったことについての一応の証明が必要であるとする見解（一応の証明説）が有力であるが，判例は，被告がわが国においてした行為により原告の法益について損害が生じたとの客観的事実関係が証明されれば足りるとの立場（客観的事実関係証明説）をとっている（最判平成13年6月8日民集55巻4号727頁〔百選79〕）。

　(6)　消費者契約・労働関係の特例（3条の4）　　民訴法は，消費者および労働者の保護を図るために，消費者契約および個別的労働関係に関する訴えに関して，特例を設けている。すなわち，消費者からの事業者に対する訴えについては，被告の住所地管轄（3条の2）および契約債務履行地管轄その他の事件類型に基づく管轄（3条の3）に加えて，訴え提起時または契約締結時の消費者の住所が日本にあるときは，日本の裁判所に提起することができる（3条の4第1項）。消費者の裁判所へのアクセスの便宜を考慮したものである。同様に，労働者からの事業主に対する訴えについては，労働契約における労務提供地が国内にあるときは，日本の国際裁判管轄が

認められる（同条2項）。

　他方，事業者からの消費者に対する訴えについては，消費者にとって住所地以外の国で応訴することは負担が重いことから，3条の3に定める管轄は適用されないとしている（同条3項）。事業主からの労働者に対する訴えについても同様である。また，消費者契約および個別労働関係民事紛争については，合意管轄についても制限が設けられている（3条の7第5項・6項）。

　(7)　専属管轄（3条の5）　日本法に基づいて設立された会社，社団または財団に関する一定の訴え（1項），日本においてすべき登記・登録に関する訴え（2項）および日本において設定の登録がなされた知的財産権の存否または効力に関する訴え（3項）については，日本の裁判所に管轄権が専属する。これらの訴えについては，法律関係を画一的に処理する必要性が高いとともに，それらの制度に関するわが国の国家的な関心が強いことを根拠としている。知的財産権の存否または効力に関する訴えとは，特許権等の不存在確認や無効確認の訴え等の知的財産権の存否または有効性を争う場合をいい，知的財産権の侵害に関する請求は本条の対象とはならない。したがって，知的財産権の侵害を理由とする損害賠償請求については，被告住所地管轄（3条の2），不法行為地管轄（3条の3第8号）も認められる。

　(8)　併合請求の管轄（3条の6）　同一被告に対して数個の請求をする場合，その中の1つにつきわが国に国際裁判管轄があるときは，その請求と他の請求との間に密接な関係があるときに限って，他の請求についてもわが国の国際裁判管轄が認められる（客観的併合）。国内事件では，客観的併合については，請求間の密接関連性は要件とされていない（7条）。しかし，渉外事件の場合には，関連

性のない請求についてまで被告に応訴を強いることは当事者間の公平の理念に反することから、請求間の密接関連性を要求したものである（前掲最判平成 13 年 6 月 8 日参照）。

　当事者が異なる複数の請求を併合する、いわゆる主観的併合についても、請求間の関連が必要であり、民訴法 38 条前段が定める共同訴訟の要件を満たす場合に限って、わが国の管轄が認められる（3 条の 6 但書）。

　(9)　合意管轄（3 条の 7）　　国際取引では、紛争の発生に備えて、契約中で裁判管轄の合意を予めしておくことが少なくない。当事者がわが国の裁判所の管轄を合意していた場合には、外国の専属管轄に属するものでない限り、わが国の裁判所に国際裁判管轄が認められる（1 項）。国際裁判管轄の合意は、「契約関係から生じる紛争」というように、「一定の法律関係に基づく訴え」に関するものである必要がある。また、合意は書面または電磁的記録によってしなければならない（2 項・3 項）。裁判管轄の合意は、当事者の紛争解決に重大な影響を及ぼすため、意思の明確化と証明の確実性を図ったものである。もっとも、書面については、少なくとも当事者の一方が作成した書面に管轄の合意が明示され、当事者間における合意の存在と内容が明白であれば足りると解される。また、民訴法には明文規定がないが、管轄の合意が甚だしく不合理で公序に反する場合には、有効な合意があるとは言えず、合意管轄が否定されると解されている。（最判昭和 50 年 11 月 28 日民集 29 巻 10 号 1554 頁〔百選 81〕参照）。

　外国裁判所を専属的な管轄裁判所として指定する合意は、日本に専属管轄がある場合は、効力を生じない（3 条の 10）。また、外国裁判所が、その国の法律上裁判管轄を認めない場合、あるいは戦乱、

天災などで事実上裁判を行うことができないような場合には，妨訴抗弁として，その管轄合意を援用することができない（3条の7第4項）。

　消費者契約および個別労働関係民事紛争を対象とする管轄合意については，消費者および労働者保護の観点から，将来生じる紛争に関する合意に関して制限が設けられている（同条5項・6項）。

　⑽　応訴管轄（3条の8）　　被告が管轄につき異議をとどめることなく，本案について弁論し，または弁論準備手続において申述したときは，わが国の国際裁判管轄が認められる（大阪地判昭和61年3月26日判時1200号97頁）。

　⑾　特別の事情による訴えの却下（3条の9）　　上記の管轄原因に基づいて日本の裁判所に国際裁判管轄が認められる場合であっても，「事案の性質，応訴による被告の負担の程度，証拠の所在地その他の事情を考慮して，日本の裁判所が審理及び裁判をすることが当事者間の衡平を害し，又は適正かつ迅速な審理の実現を妨げることとなる特別の事情があると認めるときは」，裁判所は，その訴えの全体または一部を却下することができる。この規定は，前述した判例法理を基礎としたものである（前述284頁）。しかし，国際裁判管轄に関する規定が整備された現行法の下では，改正前の実務とは異なり，その適用は慎重になされるべきものと思われる（最判平成28年3月10日民集70巻3号846頁〔百選84〕参照）。

　当事者間に日本の裁判所を専属管轄とする合意がある場合は，本条は適用されない（3条の9括弧書）。当事者が日本における紛争解決を前提としているのに，事後的にその効力を否定することは，当事者の期待に反することになるからである。また，日本の裁判所の専属管轄が認められている場合（3条の5）も，本条の適用はない

(3 条の 10)。

> ＊アメリカでは，自州の裁判所に管轄が認められる場合にも，他に管轄を有する法廷地があり，かつ他の法廷地の方が便宜である場合には，管轄権の行使を差し控え，訴えを却下または中止（stay）するという，フォーラム・ノン・コンヴィニエンス（forum non conveniens）の法理が認められている。これは，アメリカの拡大しすぎた裁判管轄を抑制するために発展した理論といわれている。裁判所に管轄判断の裁量が許されている点は，わが国の「特別の事情」と共通する面があるが，その要件および効果には種々の違いがある。フォーラム・ノン・コンヴィニエンスの法理については，江泉芳信「フォーラム・ノン・コンヴィニエンスの法理の新たな展開」青山法学論集 28 巻 2 号 1 頁以下（1986 年），山本敬三「国際訴訟におけるフォーラム・ノン・コンヴェニエンス法理の適用」広島法学 14 巻 4 号 387 頁以下（1991 年）など参照。

⑿　その他　　国際取引において，国際航空運送に関するモントリオール条約が適用される訴訟については，同条約 33 条 1 項により，運送人の住所，運送人の主たる営業所，運送人が契約を締結した営業所または到達地のいずれかが日本にある場合には，原告は，わが国の裁判所に訴訟を提起することができる。ワルソー条約の下ではあるが，運送契約上の到達地がわが国であることを理由として，わが国の裁判所の管轄権を認めた裁判例がある（東京地判昭和 60 年 7 月 15 日判時 1211 号 120 頁ほか）。

3　裁判手続上の問題

「手続は法廷地法による」の原則　今日，各国の国際民事訴訟法上一般に認められている原則として，「手続は法廷地法によ

る」の原則がある。これは，裁判上の手続問題については，もっぱら法廷地の手続法が適用されるとする原則である。この原則の起源は，中世後期にまで遡るといわれているが，その根拠として，手続法の属地性，公法的性格，あるいは「場所は行為を支配する」の原則など，種々の理由付けがなされている。さらに，近時では，手続法と法廷地の司法制度との密接不可分性，手続法全体としての完結性，および手続法の画一的適用の要請など，訴訟法的見地からこの原則を説明する見解が有力となっている。

　このように「手続は法廷地法による」の原則が基本的には妥当するとしても，問題はその適用範囲である。一般的には，司法制度と密接に関連する事項や，訴訟手続全体との関係で分離できないような事項，訴訟の画一的な処理に関連する事項などは，一応「手続問題」と解することができる。したがって，訴え提起の方式，判決の形式，上訴要件，弁論手続などは，もっぱら法廷地の手続法によることになる。これに対して，消滅時効や挙証責任の分配の問題は，実体法上の権利との関係が強いことから，実体の準拠法によるとするのが通説・判例である。

　　＊「手続は法廷地法による」の原則，手続と実体との性質決定の問題については，澤木敬郎『「手続は法廷地法によるの原則」について」立教法学13号31頁以下（1974年），同「国際私法と国際民事訴訟法」『国際民事訴訟法の理論』1頁以下，斎藤他・前掲書399頁以下，石川＝小島編『国際民事訴訟法』174頁以下，櫻田嘉章『「手続は法廷地法による」の意義」『国際私法の争点』216頁以下など参照。

　外国人の訴訟上の地位　わが国の裁判所に提起された民事訴訟の当事者が外国人（外国法人を含む）である場合には，その当事者能力，訴訟能力，当事者適格につき，いかなる国の法が適用される

かが問題となる。

(1)　当事者能力　　当事者能力とは，民事訴訟の当事者となることができる一般的能力である。このような当事者能力の決定については，これをもっぱら訴訟手続上の問題とみて，法廷地であるわが国の民訴法の規定によるとする立場（法廷地法説）と，当事者能力は人の属性・能力に関する問題であり，その者の属人法である本国の訴訟法によるとする立場（属人法説）とが対立している。法廷地法説によれば，外国人の当事者能力も民訴法 28 条，29 条を適用して判断することになる。すなわち，民訴法 28 条は，当事者能力を実体法上の権利能力に依拠させているから，国際私法によって指定される本国の実体法上権利能力を有する外国人は，わが国においても当事者能力が認められる。また，外国の権利能力なき社団・財団については，民訴法 29 条により，代表者または管理人の定めのあるものは当事者能力が肯定されることになる（東京高判昭和 43 年 6 月 28 日高裁民集 21 巻 4 号 353 頁）。これに対して，属人法説は，当事者能力の有無を本国の訴訟法によって決定するものである。もっとも，この見解を採る者の多くは，法廷地における手続の安定・便宜の観点から，本国の訴訟法上当事者能力が認められない場合でも，法廷地法上それが認められるとき（民訴法 29 条）は，当事者能力を認めるべきであると解している。したがって，いずれの見解によってもその実際の結果は大きく異ならないが，当事者能力は，法廷地における訴訟の遂行と密接にかかわる問題であるから，法廷地の訴訟法によるべきであろう。

(2)　訴訟能力　　訴訟能力とは，単独で有効な訴訟行為をなし，またこれを受けることができる能力である。これについても，当事者能力の場合と同様に，法廷地法説と属人法説とが対立している。

法廷地法説は，訴訟能力についても民訴法28条が適用されるとし，同条が訴訟能力を実体法上の行為能力によらしめていることから，法適用通則法により指定される本国法上行為能力があれば（法適用4条1項），訴訟能力が認められると解している。ただし，本国法上行為能力がなく，その結果，民訴法28条によって訴訟能力が認められない場合にも，同法33条により，日本法によれば訴訟能力を有するときは，訴訟能力者として扱われることになる。これに対して，属人法説によれば，民訴法33条は，外国人の訴訟能力が本国訴訟法によることを前提として，本国訴訟法上訴訟能力がない場合にも，日本法上訴訟能力が認められるときは，例外的に日本法によらしめた規定であると解されている。

　＊外国人の当事者能力・訴訟能力については，山田鐐一「外国人の訴訟能力」『国際私法の基本問題』413頁以下，松岡博「渉外訴訟事件における当事者」新堂幸司編集代表『講座民事訴訟3巻』（弘文堂，1984年）161頁以下，青山善充「外国人の当事者能力および訴訟能力」『国際民事訴訟法の理論』201頁以下，斎藤他・前掲書405頁以下，高桑＝道垣内編『国際民事訴訟法』163頁以下，本間＝中野＝酒井『国際民事手続法』110頁以下など参照。とくに，外国法人の訴訟能力については，青山・230頁以下が詳しい。

　(3)　当事者適格　　当事者適格とは，具体的な訴訟において，特定の訴訟物たる権利または法律関係につき，当事者として訴訟を追行し，本案判決を求めることができる資格である。このような当事者適格は，手続法上の概念であるとともに，当該権利または法律関係を規律する実体法とも密接に関係しており，またその態様も多様である。たとえば，訴訟中の目的物の譲渡による当事者承継のような場合は，法廷地の訴訟法制度と密接に関係しているのに対して，債権者代位訴訟における代位債権者の当事者適格のように，代位債

権者の実体法上の権利（債権者代位権）に依拠しているものもある。
したがって，この問題を一律に論じることは妥当でない。近時の有
力説は，原則として法廷地法によりつつ，実体法上の権利義務と密
接に関連している場合には，準拠実体法を考慮すべきであると解し
ている。

　なお，外国で選任された倒産管財人の当事者適格については，倒
産属地主義との関係から種々の議論があったが（東京地判平成 3 年 9
月 26 日判時 1422 号 128 頁参照），現在は，「外国倒産処理手続の承認
援助に関する法律」によって，外国管財人がわが国で債務者の財産
につき訴訟を追行するためには，管理命令制度を利用することが必
要となった（32 条・34 条・51 条・53 条）。

　＊イギリスの慣習上認められる任意的訴訟担当（イギリスでは，保険引
　　受人団体が締結した保険契約について，筆頭保険者に訴訟追行権が認
　　められている）を，わが国の最高裁判例の示す基準に従い適法と認め
　　た裁判例がある（東京地判平成 3 年 8 月 27 日判時 1425 号 100 頁）。な
　　お，当事者適格の問題については，福永有利「渉外訴訟事件における
　　訴訟追行権」吉川大二郎追悼『手続法の理論と実践（下）』（法律文化
　　社，1981 年）83 頁以下，小林秀之「外国人の訴訟当事者適格」『新・
　　実務民事訴訟講座 7』87 頁以下，斎藤他・前掲書 410 頁以下，高桑＝
　　道垣内編『国際民事訴訟法』181 頁以下，本間＝中野＝酒井『国際民
　　事手続法』120 頁以下など参照。

国際司法共助　　渉外事件の裁判を公正かつ円滑に遂行するために
は，裁判の進行および審理につき，各国の裁判機
関が国際的に協力することが必要である。このような各国の裁判機
関の国際的な協力活動を国際司法共助と呼んでいる。民事訴訟にお
ける国際司法共助の中心は，訴状その他の文書の送達と証拠の収集
である。

民訴法108条および184条は，外国においてなすべき送達および証拠調べにつき，その国の管轄官庁または外国に駐在する日本の大使，公使もしくは領事に嘱託してなす旨規定している。しかし，このような行為をなすについては，相手国の容認または受諾が必要である。そのために，わが国は，司法共助に関する多数国間条約（「民事訴訟手続に関する条約」〔1954年〕，「民事又は商事に関する裁判上及び裁判外の文書の外国における送達及び告知に関する条約」〔1965年〕）に加盟するとともに，いくつかの国と司法共助取決めを締結している。

　＊国際司法共助については，服部壽重「民事事件における国際司法共助」『新・実務民事訴訟講座7』161頁以下，小林秀之「国際司法共助」『国際民事訴訟法の理論』285頁以下，石川＝小島編『国際民事訴訟法』82頁以下，多田望『国際民事証拠共助法の研究』（大阪大学出版会，2000年），高桑＝道垣内編『国際民事訴訟法』190頁以下，本間＝中野＝酒井『国際民事手続法』128頁以下など参照。

4　外国判決の承認および執行

外国判決の承認・執行の意義　現在の裁判制度の下では，外国で得られた判決は，内国において当然にその効力を有するわけではない。しかし，同一の事件について内国で再び裁判を起こさせることは，当事者の権利保護に欠けることになり，訴訟経済の観点からも望ましいことではない。また，渉外的な私法関係の安定のためにも，迅速に権利保護が図られることが必要である。しかし，他方で，十分な防御の機会を与えられず，あるいは不当な欠席手続によって下された判決のように，欠陥のある訴訟手続に基づく外国判決の効力を内国で認めることは，当事者にとってのみならず，内国

の法秩序・司法秩序の観点からも，容認することはできない。このような理由から，各国は，一定の要件の下に，外国判決を承認し，その執行を許容している。わが国も，民訴法 118 条および民事執行法 24 条で，外国判決の承認および執行についての要件を規定している。

　外国判決承認の制度は，現在のところ，各国により一様ではないが，わが国は，ドイツ法にならい，一定の承認要件を具備している外国判決は，特別の手続を必要とすることなく当然に承認されるという，自動的承認制度を採用している。したがって，後述する承認要件を満たす外国判決は，当然にわが国において効力を有することになる。ただし，外国給付判決に基づいて，内国で強制執行をするためには，外国判決につき執行判決を得る必要がある（民執法 22 条 6 号）。

　上記のような外国判決承認制度の意義から，承認要件の審査は，判決理由や事実にも及ぶが，外国裁判所のした法適用や事実認定の当否を審査することは許されないとされている（民執法 24 条 2 項，実質的再審査の禁止）。

　＊外国判決承認・執行の要件が各国で異なることは，渉外的な私法関係の安全の観点からみて望ましいことではない。そこで，各国における承認の要件を統一するため，二国間および多数国間で条約を作成する努力が行われている。多数国間条約としては，ハーグ国際私法会議の作成した「民事及び商事に関する外国判決の承認及び執行に関する条約」（1971 年）があるが，締約国は少数である。そのため，新たな条約の作成が企図され，管轄合意に基づく判決の承認・執行を定めた「管轄合意に関する条約」（2005 年）および「民事又は商事に関する外国判決の承認及び執行に関する条約」（2019 年）が作成されている。また，地域的なものとしては，前述のブリュッセルⅠ規則，ルガーノ

条約などがある。なお，外国判決の承認・執行については，高桑昭「外国判決の承認及び執行」『新・実務民事訴訟講座7』125頁以下，青山善充「外国裁判所の判決の執行判決」鈴木忠一＝三ケ月章編『注解民事執行法(1)』(第一法規，1984年) 362頁以下，高田裕成「財産関係事件に関する外国判決の承認」『国際民事訴訟法の理論』365頁以下，石川＝小島編『国際民事訴訟法』132頁以下，高桑＝道垣内編『国際民事訴訟法』306頁以下，本間＝中野＝酒井『国際民事手続法』175頁以下など参照。

外国判決の承認・執行の要件　**(1)　外国判決の承認要件**　民訴法118条は，外国判決の承認要件として，外国裁判所の確定判決であることと同条各号の4つの要件を規定している。

(a)　外国裁判所の確定判決（柱書）　外国判決は，「外国裁判所の確定判決」であることを要する。この場合の「外国」に未承認国家・政府が含まれるか否かについては見解が分かれるが，民事法上の効力の承認の点では，未承認国家・政府を含めることに支障はないように思われる。「確定」判決とは，判決国において通常の不服申立方法では不服の申立ができなくなったものをいう。したがって，仮差押・仮処分のように，法的紛争についての終局的な裁判でないものは，承認・執行の対象とならないとするのが通説である。しかし，これに対しては，迅速な救済の必要性がある場合には，例外的に「未確定」判決の承認・執行を認めるべきであるとの見解も主張されている。

　＊ヨーロッパ諸国では，二国間・多数国間の条約で，未確定の判決についても承認・執行を認めるものが増加している（たとえば，ブリュッセルⅠ改正規則2条(a)号）。これは，各国相互間の訴訟法上の交流が深いことにも起因しているが，今後のわが国の外国判決承認・執行制度を考える上でも参考になるものと思われる。これらの点については，中野俊一郎「外国未確定裁判の執行」国際商事法務13巻9号1頁，

10 号 14 頁，11 号 20 頁，12 号 27 頁（1985 年）参照。

　ここにいう「外国裁判所の確定判決」は民事判決に限られる。この点に関連して，懲罰的損害賠償を命じるアメリカの判決が承認の対象となるかどうかが問題となる。懲罰的損害賠償判決は，加害者の懲罰を目的としている点で，民事判決とはいえないとし，承認適格性を否定する見解も有力である。しかし，多数説・判例は，懲罰的損害賠償判決も承認の対象となる民事判決とした上で，それがわが国の法秩序と相容れない場合には，後述する公序違反の問題として個別的に処理すべきと解している（最判平成 9 年 7 月 11 日民集 51 巻 6 号 2573 頁〔百選 96〕）。

　(b)　間接的裁判管轄（1 号）　　外国判決が承認されるためには，判決国の裁判所が，わが国からみて，当該事件に国際裁判管轄を有していたことが必要である。この場合の国際裁判管轄（間接的裁判管轄）は，わが国が裁判を行う際に問題となる国際裁判管轄（直接的裁判管轄）とはコインの両面のような関係にあり，同一の基準によって判断されるとするのが多数説である（東京地判平成 6 年 1 月 14 日判時 1509 号 96 頁ほか）。これに対して，両者は必ずしも一致する必要はないとし，外国判決承認の機会を広げるため，間接的裁判管轄を直接的裁判管轄よりも広く認める見解が有力に主張されている。最高裁も，間接的裁判管轄について，「基本的に我が国の民訴法の定める国際裁判管轄に関する規定に準拠しつつ，個々の事案における具体的事情に即して，外国裁判所の判決を我が国が承認するのが適当か否かという観点から，条理に照らして判断すべき」（最判平成 26 年 4 月 24 日民集 68 巻 4 号 329 頁〔百選 92〕）であるとして，直接的裁判管轄とは別個の判断をする余地を認めている。

　(c)　訴訟の開始に必要な呼出の送達（2 号）　　被告の手続権が

保障されるためには，訴訟の開始が知らされ，防御の機会が確保されなければならない。そこで，118 条 2 号は，敗訴の被告が訴訟の開始に必要な呼出の送達を受けたこと，または，そのような送達を受けない場合でも，応訴したことを承認の要件としている。公示送達またはこれに類する送達は，被告が実際に防御の機会を得ることが難しいことから，承認要件としての送達からは除外されている（同号括弧書）。

　送達に関しては，外国から日本の被告への郵送による送達が問題となる。「民事又は商事に関する裁判上及び裁判外の文書の外国における送達及び告知に関する条約」（送達条約）では，郵送による送達を拒否する旨宣言できることになっているが（10 条 a 号），わが国はそのような宣言を行っていないので，このような送達も，訴訟係属国の法律が認める限り，条約に違反するものではない。郵送による送達は手続権の保障を欠くとして 118 条 2 号の要件を満たさないとする見解もあるが，翻訳文の添付があるなど受取人が文書の内容を理解でき，かつ，期日までに時間的余裕がある場合には，同号の要件を満たすとする見解が有力である（東京地八王子支判平成 9 年 12 月 8 日判タ 976 号 235 頁は，常に翻訳文の添付を要するとしている）。

　　＊なお，英米法系諸国では，弁護士が訴状を名宛人に直接交付することが認められているが，このような方法は，送達条約が認める送達方法に含まれておらず，わが国では承認要件を満たす送達として認められていない。香港における訴訟の原告から依頼された日本の弁護士が，日本に在住する被告に訴訟関係書類を直接交付したという事例で，最高裁は，民訴法 118 条 2 号にいう「送達」は，被告が現実に訴訟手続の開始を了知することができ，かつ，その防御権の行使に支障のないものでなければならないことに加えて，訴訟手続の明確と安定を図る見地からすれば，判決国とわが国との間に司法共助に関する条約が締

結されている場合には，条約に定められた方法を遵守しない送達は，同号所定の要件を満たす送達に当たらないとしている（最判平成 10 年 4 月 28 日民集 52 巻 3 号 853 頁〔百選 94〕）。

(d)　公序（3 号）　　外国判決がわが国の公序良俗に反する場合には，承認されない。この場合の公序は，外国判決の主文および理由のみならず，判決の成立手続（手続的公序）についても問題となる（最判昭和 58 年 6 月 7 日民集 37 巻 5 号 611 頁〔百選 98〕）。118 条 3 号が「判決の内容及び訴訟手続」が公序に反しないことと規定しているのは，その趣旨を明らかにしたものである。判決内容に関しては，アメリカの懲罰的損害賠償を命じる判決について，制裁および一般予防を目的とする損害賠償を認めることは，損害の塡補を目的とするわが国の不法行為損害賠償制度の基本理念と相容れないとして，公序違反を認めた裁判例がある（前掲最判平成 9 年 7 月 11 日）。また，成立手続に関しては，制度的に公正な判決手続の保障が欠けている場合や，手続権の保障が欠けていた場合（最判平成 31 年 1 月 18 日民集 73 巻 1 号 1 頁〔百選 97〕参照）などがあげられている。

(e)　相互の保証（4 号）　　外国判決を承認するには，判決国との間に相互の保証が必要である。相互主義は，国家間の対等を要求するものであるが，今日では，承認要件としては合理性を欠くと批判されている。従来から，学説はこの要件をできる限り狭く解釈してきたが，判例も，判決国における外国判決の承認の条件が，わが国における条件と実質的に同等であれば足りると解している（前掲最判昭和 58 年 6 月 7 日）。なお，中国の人民法院が下した判決について，相互の保証の要件を満たしていないとした判決がある（大阪高判平成 15 年 4 月 9 日判時 1841 号 111 頁，東京高判平成 27 年 11 月 25 日判例集未登載〔百選 99〕）。

(2)　外国判決の執行　　外国給付判決に基づき内国で強制執行するには，単に承認要件を具備するのみでは足りず，日本の裁判所による執行判決が必要である。

わが国は，外国判決の執行に関して，一元的に執行判決によっている（民執法24条）。しかし，執行判決制度は通常の判決手続によるために，被告側が争った場合には，時間と労力がかかり過ぎるという問題がある。この点に関しては，比較的簡易な手続で執行を認める試みが諸外国で行われており，わが国も今後の検討課題とする必要がある（外国仲裁判断の執行については，決定手続に改められている。仲裁法46条参照）。

外国判決の承認の効果　　一般に，外国判決の承認とは，判決国においてその判決が有する一切の効力を承認することであると解されている。したがって，既判力の客観的・主観的範囲も，当該判決国法によるとするのが通説である。しかし，判決の効力には，既判力の他に，形成力，法律要件的効力，参加的効力など多様なものが認められており，単純に判決国法上の一切の効力が承認されるとする点については，近時，異論が提起されている。また，既判力についても，たとえば，判決国法による第三者への判決効の拡張が不当に広い場合には，第三者の手続権を保障するため，内国訴訟法の干渉を認めるというように，内国訴訟法による調整の余地を認めるべきであるとする見解が有力に主張されている。なお，外国判決は常に一体として承認される必要はなく，他の部分と分離が可能な場合には，その一部のみについて承認することも可能であると思われる（前掲最判平成9年7月11日も，懲罰的損害賠償については公序を理由に承認を拒否したが，補償的損害賠償と訴訟費用に関する部分については執行を認めている）。

5　国際訴訟競合

　前述したように，国際裁判管轄の決定は，各国の国際民事訴訟法に委ねられていることから，同一の事件について複数の国で訴えが提起されることがある。たとえば，ある国で被告になった者が，自己に有利な判決を得るために，別の国で原告として訴えを提起するというような場合である。このような状況は国際訴訟競合と呼ばれ，2 つの訴訟がともに進行し，判決が下された場合には，内外判決の抵触という困難な問題が生じる。

　わが国の判例は，民訴法 142 条にいう「裁判所」には外国裁判所は含まれないとして，すでに外国で係属中の事件についても，わが国での提訴を認めている（大阪地判昭和 48 年 10 月 9 日判時 728 号 76 頁，東京地中間判平成 19 年 3 月 20 日判時 1974 号 156 頁など）。そして，わが国に確定判決がある場合には，訴えの提起，判決の言渡・確定の前後にかかわらず，これと抵触する外国判決を承認することは民訴法 118 条 3 号の公序に反すると解している（大阪地判昭和 52 年 12 月 22 日判タ 361 号 127 頁〔百選 103〕）。しかし，国際訴訟競合に民訴法 142 条が適用されないとしても，同条の基礎にある矛盾判決の回避・訴訟経済などの理念は，渉外事件においても等しく妥当すべきであると思われる。そこで，学説では，一定の場合に，外国訴訟と競合する内国訴訟の提起を制限すべきであるとする見解が有力に主張されている。そのような見解としては，わが国が外国判決について自動的承認制度を採用していることとの関連において，将来わが国で承認される可能性のある外国訴訟と競合する内国訴訟の提起を

制限するものや，内国裁判所の国際裁判管轄や訴えの利益を判断する際に，いずれの国が適切な法廷地であるかを比較衡量して，内国での訴訟提起の可否を決定すべきであるとする説などがある。また，訴訟競合を解決する方法としても，内国訴訟を却下するのではなく，訴訟の中止など柔軟な方法を適用すべきであるとの見解も主張されている（反対，東京地判平成元年 5 月 30 日判時 1348 号 91 頁）。このような学説の主張を受けて，外国における訴訟係属を，国際裁判管轄を決定する際の「特段の事情」の 1 つとして考慮する裁判例も現れた（東京地判平成 3 年 1 月 29 日判時 1390 号 98 頁，前掲東京地中間判平成 19 年 3 月 20 日など）。

　なお，平成 23 年の民訴法改正に際して，国際訴訟競合に関する規定の立法化が検討されたが，現在の実務でも柔軟に対応が可能であることや，訴訟中止の制度を導入した場合には，中止決定に対する不服申立てにより，かえって紛争解決が遅延するなどの理由によって，新たな規定を設けることは見送られた。したがって，この問題の解決は，引き続き解釈に委ねられることになるが，上述した近時の裁判例による「特段の事情」による判断が，民訴法 3 条の 9 の「特別の事情」の下でも可能か否かが争点の 1 つになるものと思われる（知財高判平成 29 年 12 月 25 日判例集未登載〔百選 102〕）。

　　＊判例が，先行する外国訴訟と競合する内国訴訟の提起を認めていることから，実務では，アメリカなどの外国で損害賠償請求訴訟を提起された日本企業が，これに対抗するため，当該損害賠償債務の不存在確認請求を日本の裁判所に提起するというケースが目立っている（前掲大阪地判昭和 48 年 10 月 9 日）。国際訴訟競合については，道垣内正人「国際的訴訟競合」法学協会雑誌 99 巻 8 号 1151 頁，99 巻 9 号 1348 頁，99 巻 10 号 1471 頁，99 巻 11 号 1666 頁，100 巻 4 号 715 頁（1982 年，1983 年），澤木敬郎「国際的訴訟競合」『新・実務民事訴訟講座 7』105

頁以下，石黒一憲「外国における訴訟係属の国内的効果」『国際民事訴訟法の理論』323 頁以下，道垣内正人 = 早川吉尚「国際的訴訟競合の諸問題」『国際私法の争点』253 頁以下，本間 = 中野 = 酒井『国際民事手続法』86 頁以下など参照。

第 3 節　国際商事仲裁

1　国際商事仲裁の意義

総　　説　　仲裁とは，当事者間の合意により，訴訟に代えて，第三者に紛争の解決を委ね，その判断に当事者が服するという裁判外での紛争解決制度である。今日では，各国とも，このような当事者の自主的な紛争解決制度に法的な効力を認め，仲裁の合意を妨訴抗弁として認めるとともに（仲裁法 14 条 1 項参照），仲裁判断に判決と同一の効力を与えている（45 条 1 項参照）。

　前述したように，国際取引から生じる紛争を訴訟によって解決するには種々の問題があることから，実務では，紛争解決手段として仲裁が用いられる場合が多い。さらに，仲裁には，次のような利点があるとされている。第 1 に，当該取引分野について専門的知識を有する者を仲裁人として選任することによって，専門的観点からの紛争解決を期待することができる。第 2 に，仲裁では，一般に柔軟に手続を定めることができるため，比較的迅速かつ安価に紛争を解決することが可能である。第 3 に，仲裁手続は非公開であるので，紛争の存在およびその内容を秘密にすることができる。第 4 に，外

国仲裁判断の承認・執行に関する二国間および多数国間条約が整備されているため，外国における仲裁判断の承認・執行は判決に比べて確実性が高いという点である。

わが国は，旧民訴法制定（1890年）以来，当時のドイツ民訴法に倣った仲裁規定を維持してきたが，国際商事仲裁に適用するにはきわめて不十分であるとの批判が強かった。そこで，仲裁法の全面的な見直しが検討され，平成15年に新たな「仲裁法」（法律138号）が制定された。同法は，国際的に定評のある国連国際商取引法委員会の「国際商事仲裁モデル法」（1985年，2006年改訂）を基礎としており，国際商事仲裁での積極的な活用が企図されたものである。

なお，外国仲裁判断の承認・執行に関しては，わが国は，「外国仲裁判断の執行に関する条約」（1927年），「外国仲裁判断の承認及び執行に関する条約」（ニューヨーク条約，1958年）などの多数国間条約の他，いくつかの国々と二国間条約（たとえば，日米友好通商航海条約4条2項）を締結している。とくに，ニューヨーク条約は，世界のほとんどの国々が加盟しており（2023年1月末現在，加盟国172ヵ国），最も成功した統一法の1つと評価することができる。

* 旧民訴法中の仲裁規定は制定以来ほとんど改正が行われたことがなく，国際商事仲裁に関する規定を欠いていた。それらの規定は，平成8年の民訴法の全面改正の際にも，「公示催告手続及ビ仲裁手続ニ関スル法律」として維持されたが，仲裁法の制定で一新された。仲裁法制定の経緯については，「研究会　新仲裁法の理論と実務　第1回」ジュリスト1263号90頁以下（2004年）参照。
* 「国際商事仲裁モデル法」は，国連国際商取引法委員会が，仲裁法に関する国際的な法の調和を図るために，国内立法のモデルとして作成したものである。各国は，このモデル法を適宜修正，補充して国内法に取り入れることができるため，日本以外にも，カナダ，オーストラ

リア，インド，シンガポール，カリフォルニア州，イリノイ州など多
数の国および州が採用している。モデル法については，高桑昭『国際
商事仲裁法の研究』293 頁以下（信山社，2000 年）参照。

＊新仲裁法については，近藤昌昭ほか『仲裁法コンメンタール』（商事法
務，2003 年）参照。なお，改正前の仲裁法に関するものではあるが，
小島武司＝高桑昭編『注解仲裁法』（青林書院，1988 年）には，主要
国の仲裁法，外国の主要仲裁機関の仲裁規則，国連国際商取引法委員
会の仲裁規則，仲裁モデル法の解説などが収められている。

国際商事仲裁の種類　　国際商事仲裁には，個別的（ad hoc）仲裁と
制度的仲裁とがある。個別的仲裁とは，個別
的な紛争ごとに当事者が仲裁契約を締結して紛争の解決を仲裁人に
委託するものである。この場合，当事者は，仲裁人の選任のみなら
ず，仲裁手続についても定めなければならないため，特定のモデル
仲裁規則が利用されることが多い。そのようなモデル仲裁規則とし
て，国連国際商取引法委員会が作成した仲裁規則（1976 年）がある。
この仲裁規則は，個別的仲裁を対象として作成されたものであるが，
その内容が合理的で公正なものであるため，いくつかの国の常設仲
裁機関においても採用されている。同規則は，2010 年に改訂され，
より効率的な手続を可能とする規定が追加されている。

　制度的（または機関）仲裁とは，常設の仲裁機関に仲裁を依頼す
るものである。制度的仲裁は，常設仲裁機関の機構と仲裁規則を利
用することができるという利点をもつことから，国際取引において
は，広く一般に用いられている。代表的な常設仲裁機関としては，
ロンドン国際仲裁裁判所，国際商業会議所（ICC），アメリカ仲裁協
会などがあり，それぞれ独自の仲裁規則を制定して活動している。
わが国には，国際商事仲裁を取り扱う仲裁機関として，日本商事仲
裁協会と，海事仲裁の専門機関である日本海運集会所がある。

2　国際商事仲裁の合意

総　　説　仲裁の基礎は，有効な仲裁合意の存在である。仲裁の合意には，紛争発生後，仲裁契約として当事者間で結ばれる場合と，将来発生する紛争に関して予め契約書中に規定される場合（仲裁条項）とがある。

　各国法上，仲裁合意は，主たる契約の一条項として規定されている場合にも，それぞれ独立の合意と解されている。わが国の通説・判例（最判昭和50年7月15日民集29巻6号1061頁）も，仲裁合意の独立性（separability）を承認している。したがって，主たる契約が何らかの理由で無効となっても，仲裁合意は当然に無効となるわけではなく，仲裁合意自体が有効要件を満たしている限り，仲裁に基づいて紛争を解決することが可能である（仲裁法13条6項参照）。

　仲裁合意の方式については，実務的にも書面によることが普通であり，ニューヨーク条約も書面による合意を要件としている（2条1項）。わが国の旧規定では，この点につき明文の規定がなかったため，口頭による合意も有効と解されていたが，仲裁法は書面によることを要求している（13条2項）。

　どのような紛争について仲裁による解決を公認するかという点も（仲裁適格性または仲裁可能性），各国の司法政策を反映して一様ではない。たとえば，アメリカでは，特許法や反トラスト法の適用に関する事件などについても仲裁による紛争解決が許されているが，わが国では，「当事者が和解をすることができる民事上の紛争」（同条1項）に限定されている。

仲裁合意の準拠法　仲裁合意の成立および効力に関する各国法の内容には相違があることから，妨訴抗弁の判断，仲裁手続への援助，仲裁判断の取消しおよび執行などが裁判所に求められた場合，それらの申立ての前提となる仲裁合意の有効性に関して，いずれの国の法によるべきかが問題となる。この点については，仲裁合意を一種の訴訟契約とみて法廷地法によるとする立場や，仲裁契約について当事者が準拠法を明示的に選択することは稀であることから，仲裁地法への客観的連結を主張する見解もある。しかし，判例・多数説は，仲裁合意についても当事者自治の原則が妥当するとして，当事者による準拠法の選択を認めている（最判平成 9 年 9 月 4 日民集 51 巻 8 号 3657 頁〔リングリング・サーカス事件〕〔百選 106〕）。もっとも，その理由付けについては，法適用通則法 7 条によるとするもの，条理によるもの，ニューヨーク条約（2 条 3 項・5 条 1 項 (a)）を根拠とするもの，仲裁法 44 条 1 項 2 号，45 条 2 項 2 号の類推適用によるものなど，多岐にわたっている。

　仲裁合意の準拠法は，原則として，仲裁合意の成立，内容，解釈および効力などの問題に適用される（前掲最判平成 9 年 9 月 4 日参照）。

　仲裁合意の方式については，法適用通則法 10 条により，仲裁合意の準拠法または仲裁契約締結地法によるとする見解が多数であるが，仲裁地が日本国内にある仲裁については，仲裁法の規定（13 条 2 項ないし 5 項）が直接に適用されるとする見解もある。

　特定の権利または法律関係から生じる紛争を仲裁に付託することが許されるか否かは，その権利または法律関係の性質と関連する問題であるから，当該紛争の実体関係を支配する法によるとする見解が有力である。

　なお，仲裁合意が妨訴抗弁となるか否かは，訴訟手続上の問題で

あり，法廷地法によると解される。

*　仲裁合意の準拠法については，小島＝高桑・前掲『注解仲裁法』214
頁以下〔澤木敬郎〕，道垣内正人「国際商事仲裁」国際法学会編『日本
と国際法の100年　第9巻　紛争の解決』95頁以下（三省堂，2001年），
高桑＝道垣内編『国際民事訴訟法』420頁以下，澤木＝道垣内『国際
私法入門』371頁以下，本間＝中野＝酒井『国際民事手続法』239頁以
下など参照。

3　国際商事仲裁の手続

仲 裁 手 続　　仲裁手続は，別段の合意がない限り，当事者の一方
が相手方に対して仲裁手続に付する旨の通知をした
日に開始する（仲裁法29条1項参照）。一般に，機関仲裁の場合には，
当該仲裁機関の仲裁規則などに定める仲裁申立書を提出することに
よって，手続が開始されることになっている。

仲裁人の数，選定手続については，当事者が合意により定めるこ
とができる（17条参照）。常設仲裁機関の仲裁規則では，仲裁人の
数は奇数であるのが一般的である。仲裁人に選定されることによっ
て，当然に仲裁人としての権利・義務が発生するのではなく，その
者が仲裁人に就任することを同意して初めて，これらの権利・義務
が発生することになる。当事者と仲裁人・仲裁機関との関係は，仲
裁人契約という一種の委任契約と解されている。

当事者は，具体的な仲裁手続の進行についても合意することがで
きる。機関仲裁の場合には，各仲裁機関の仲裁規則が利用されてい
る。

仲裁契約の有効性，仲裁手続への援助，仲裁判断の取消し・執行

などに関する問題の解決が裁判所に求められた場合，国際裁判管轄ないし準拠法の決定に当たって，しばしば「仲裁地」が重要な役割を演じる。仲裁地とは，一般に，仲裁事件の審理を行い，仲裁判断がなされる地である。しかし，実際には，複数の場所で審問や仲裁人間の評議が行われることもあるため，当事者または仲裁人が定めた地を仲裁地とすることが少なくない（28 条参照）。

仲裁手続の準拠法　仲裁規則にもかかわらず当事者が仲裁人を指定しない場合や，仲裁手続に関する当事者の合意が不完全な場合には，裁判所にその救済が求められることがある。そのような場合に問題となるのが，仲裁手続の準拠法である。多数説は，仲裁制度の自治的性格を重視し，仲裁合意の準拠法と一致することが望ましいとして，仲裁手続の準拠法に関しても当事者自治の原則（法適用 7 条）が適用されると解している。しかし，仲裁地とは異なる国の法を準拠法として選択しても，仲裁地では実際にそのような手続を行うことができない場合が考えられ，むしろ，仲裁手続は手続法上の問題として仲裁地法によるとする見解も有力である。この見解によれば，裁判所は，仲裁地が国内にある場合に，自国法に従って仲裁人の選定，証拠調べなどの援助・協力をすればよいと解されている（仲裁法 3 条 1 項参照）。

　仲裁手続の準拠法は，仲裁付託，仲裁人の選任，仲裁手続の進行，仲裁判断などの問題に適用される。

　＊仲裁手続の準拠法については，小島＝高桑・前掲『注解仲裁法』224 頁以下〔澤木敬郎〕，高桑＝道垣内編『国際民事訴訟法』431 頁以下，前掲「研究会 新仲裁法の理論と実務 第 5 回」ジュリスト 1271 号 48 頁以下（2004 年），本間＝中野＝酒井『国際民事手続法』237 頁以下など参照。

仲裁判断　当事者の主張・立証が尽くされたときは，仲裁人は，審問手続を終結して仲裁判断をしなければならない。国際取引に関する仲裁では，法による仲裁がほとんどであるが，各国の実定法上，「衡平と善」による仲裁のように，法律の基準によらない仲裁が認められており，仲裁手続の準拠法が許容する限り，当事者の合意があれば，そのような仲裁判断も許される（仲裁法36条3項参照）。

　法による仲裁の場合には，仲裁判断の基準として，いずれの法によるかが問題となるが，わが国が仲裁地とされる仲裁については，第1に，当事者が合意した法により，当事者による準拠法の選択がないときは，当該紛争に最も密接な関係がある国の法によるとする見解が有力である（同条1項・2項参照）。もっとも，紛争の内容が契約関係以外の場合についても，当事者による準拠法の選択を認めるか否かについては争いがある（たとえば，物権の問題）。なお，仲裁判断の基準とすべき法としては，いずれかの国の国家法に限らず，ユニドロワ国際商事契約原則などの非国家法も指定することができると解されている。

　　＊仲裁判断の基準については，高桑・前掲『国際商事仲裁法の研究』129頁以下，前掲「研究会 新仲裁法の理論と実務 第5回，第6回」ジュリスト1271号65頁以下，1272号106頁以下（2004年）など参照。

4　外国仲裁判断の承認および執行

　外国仲裁判断の承認・執行は，一般に，承認・執行を求められた国の国際民事訴訟法によると解されている。わが国は，前述のよう

にニューヨーク条約を始め複数の多数国間条約に加盟し，またいくつかの国々と二国間条約を締結している。さらに，仲裁判断の承認・執行に関しては，仲裁地が外国にある仲裁についても仲裁法が適用されることから（仲裁法3条3項），これらの条約および仲裁法の適用関係が問題となる。ニューヨーク条約の適用については，わが国は相互主義の宣言をしているため，他の締約国の領域でなされた仲裁判断だけが適用の対象となる（ニューヨーク条約1条3項）。また，1927年の「外国仲裁判断の執行に関する条約」との関係では，ニューヨーク条約が優先するとされている（同7条2項）。これに対して，その他の二国間条約との関係では，ニューヨーク条約は外国仲裁判断の承認・執行に関する制限の最大限度を定めたものであり，この条約よりも厳格な承認・執行要件を規定する条約に対しては，優先して適用されるとの見解が多数である（同条1項）。しかし，文理上そのように解すべき根拠はなく，承認要件（承認拒否事由）の比較もその判断が困難であるとして，当事者はいずれの条約を根拠とすることもできるとする見解もある。仲裁法45条の承認拒否事由はニューヨーク条約のそれとほぼ同一であるから，いずれの見解によっても，当事者は，ニューヨーク条約および仲裁法のいずれを選択することもできると解される。

＊仲裁法によれば，仲裁地が日本国内にあるか否かを問わず，承認拒否事由に該当する仲裁判断は承認されない（45条1項・2項）。また，内国仲裁判断については，ほぼ同様の事由に該当する場合には，当事者は仲裁判断の取消しを申し立てることができる（44条1項）。

＊何を基準に外国仲裁判断と内国仲裁判断を区別するかについては，仲裁判断を仲裁契約の発展とみて，仲裁手続ないし仲裁契約の準拠法によるとする見解もあるが，最近では，基準の明確性などの理由から，仲裁地の内外を基準とする見解が有力である。小林秀之「外国仲裁判

断の承認と執行」『国際私法の争点』255 頁。なお，ニューヨーク条約
その他の外国仲裁判断の承認・執行に関する法源相互間の関係につい
ては，高桑・前掲『国際商事仲裁法の研究』147 頁以下，本間＝中野
＝酒井『国際民事手続法』247 頁以下参照。

　仲裁法 45 条は，「国際商事仲裁モデル法」を基礎としているため，
仲裁判断の承認・執行の要件については，ニューヨーク条約（5 条）
にほぼ倣っている。それによれば，以下の事由がある場合には，裁
判所は，仲裁判断の承認・執行を拒絶することができる（仲裁法 45
条 2 項）。

① 　仲裁合意が，当事者の行為能力の制限により，その効力を有し
　ないこと。行為能力の有無は，法廷地の国際私法によって指定さ
　れた国の法によることになる。

② 　仲裁合意が，当事者が準拠法として指定した法（指定がないと
　きは仲裁地国法）によれば，①以外の理由で，その効力を有しな
　いこと。

③ 　当事者が，仲裁人の選任手続または仲裁手続において，仲裁地
　国法により必要な通知を受けなかったこと。

④ 　当事者が，仲裁手続において防御することが不可能であったこ
　と。この点に関して，適式な通知を受けながら期限までに被申立
　人が仲裁人を選任しなかったために，仲裁条項の定めに従って，
　申立人が 2 名の仲裁人を選任し，さらに仲裁人が選んだ 1 名を加
　えた 3 名の仲裁人で仲裁判断が行われたという事案で，被申立人
　がその利益を防御する機会を不当に奪われたということはできな
　いとして，ニューヨーク条約に基づく執行を認めた裁判例がある
　（大阪地判昭和 58 年 4 月 22 日判時 1090 号 146 頁）。

⑤ 　仲裁判断が，仲裁付託の範囲を逸脱していること。

⑥　仲裁廷の構成または仲裁手続が，仲裁地国法に違反していたこ
と，または当事者の合意に反していたこと。

⑦　仲裁判断が未確定であること，または仲裁地国の裁判所によっ
て取り消されたかもしくは効力を停止されたこと。

⑧　仲裁手続における申立てが，日本法によれば仲裁可能性がない
紛争に関するものであること。

⑨　仲裁判断の内容が，わが国の公序良俗に反すること。

以上の事由のうち，①ないし⑦については，当事者がその存在を
証明することが必要である（仲裁法45条2項，ニューヨーク条約5条1
項）。

なお，仲裁判断の執行については，旧規定では外国判決と同様に
執行判決を必要としていたが，仲裁法では，執行手続の簡易・迅速
化のために，決定手続に改められている（46条）。

　＊外国仲裁判断の承認・執行については，小島＝高桑・前掲『注解仲裁
　　法』239頁以下〔小林秀之〕，石川＝小島編『国際民事訴訟法』198頁以
　　下，高桑＝道垣内編『国際民事訴訟法』449頁以下，澤木＝道垣内
　　『国際私法入門』382頁以下，本間＝中野＝酒井『国際民事手続法』
　　246頁以下など参照。なお，ニューヨーク条約については，阿川清道
　　「外国仲裁判断の承認及び執行に関する条約について」ジュリスト231
　　号18頁，232号42頁（1961年），前掲『注解仲裁法』359頁以下〔高
　　桑昭〕が詳しい。

資　　料

〈資料1〉　法の適用に関する通則法

平成 18 年 6 月 21 日法律第 78 号

平成 19 年 1 月 1 日施行

法例（明治 31 年法律第 10 号）の全部を改正する。

第 1 章　総　　則

（趣旨）

第 1 条　この法律は，法の適用に関する通則について定めるものとする。

第 2 章　法律に関する通則

（法律の施行期日）

第 2 条　法律は，公布の日から起算して 20 日を経過した日から施行する。ただし，法律でこれと異なる施行期日を定めたときは，その定めによる。

（法律と同一の効力を有する慣習）

第 3 条　公の秩序又は善良の風俗に反しない慣習は，法令の規定により認められたもの又は法令に規定されていない事項に関するものに限り，法律と同一の効力を有する。

第 3 章　準拠法に関する通則

第 1 節　人

（人の行為能力）

第 4 条　①　人の行為能力は，その本国法によって定める。

②　法律行為をした者がその本国法によれば行為能力の制限を受けた者となるときであっても行為地法によれば行為能力者となるべきときは，当該法律行為の当時そのすべての当事者が法を同じくする地に在った場合に限り，当該法律行

為をした者は，前項の規定にかかわらず，行為能力者とみなす。

③　前項の規定は，親族法又は相続法の規定によるべき法律行為及び行為地と法を異にする地に在る不動産に関する法律行為については，適用しない。

（後見開始の審判等）

第5条　裁判所は，成年被後見人，被保佐人又は被補助人となるべき者が日本に住所若しくは居所を有するとき又は日本の国籍を有するときは，日本法により，後見開始，保佐開始又は補助開始の審判（以下「後見開始の審判等」と総称する。）をすることができる。

（失踪の宣告）

第6条　①　裁判所は，不在者が生存していたと認められる最後の時点において，不在者が日本に住所を有していたとき又は日本の国籍を有していたときは，日本法により，失踪の宣告をすることができる。

②　前項に規定する場合に該当しないときであっても，裁判所は，不在者の財産が日本に在るときはその財産についてのみ，不在者に関する法律関係が日本法によるべきときその他法律関係の性質，当事者の住所又は国籍その他の事情に照らして日本に関係があるときはその法律関係についてのみ，日本法により，失踪の宣告をすることができる。

第2節　法律行為

（当事者による準拠法の選択）

第7条　法律行為の成立及び効力は，当事者が当該法律行為の当時に選択した地の法による。

（当事者による準拠法の選択がない場合）

第8条　①　前条の規定による選択がないときは，法律行為の成立及び効力は，当該法律行為の当時において当該法律行為に最も密接な関係がある地の法による。

②　前項の場合において，法律行為において特徴的な給付を当事者の一方のみが行うものであるときは，その給付を行う当事者の常居所地法（その当事者が当該法律行為に関係する事業所を有する場合にあっては当該事業所の所在地の法，その当事者が当該法律行為に関係する2以上の事業所で法を異にする地に所在するものを有する場合にあってはその主たる事業所の所在地の法）を当該法律行為に最も密接な関係がある地の法と推定する。

③　第1項の場合において，不動産を目的物とする法律行為については，前項の

規定にかかわらず，その不動産の所在地法を当該法律行為に最も密接な関係が
ある地の法と推定する。

（当事者による準拠法の変更）

第9条　当事者は，法律行為の成立及び効力について適用すべき法を変更するこ
とができる。ただし，第三者の権利を害することとなるときは，その変更をそ
の第三者に対抗することができない。

（法律行為の方式）

第10条　①　法律行為の方式は，当該法律行為の成立について適用すべき法
（当該法律行為の後に前条の規定による変更がされた場合にあっては，その変
更前の法）による。

②　前項の規定にかかわらず，行為地法に適合する方式は，有効とする。

③　法を異にする地に在る者に対してされた意思表示については，前項の規定の
適用に当たっては，その通知を発した地を行為地とみなす。

④　法を異にする地に在る者の間で締結された契約の方式については，前2項の
規定は，適用しない。この場合においては，第1項の規定にかかわらず，申込
みの通知を発した地の法又は承諾の通知を発した地の法のいずれかに適合する
契約の方式は，有効とする。

⑤　前3項の規定は，動産又は不動産に関する物権及びその他の登記をすべき権
利を設定し又は処分する法律行為の方式については，適用しない。

（消費者契約の特例）

第11条　①　消費者（個人（事業として又は事業のために契約の当事者となる
場合におけるものを除く。）をいう。以下この条において同じ。）と事業者（法
人その他の社団又は財団及び事業として又は事業のために契約の当事者となる
場合における個人をいう。以下この条において同じ。）との間で締結される契
約（労働契約を除く。以下この条において「消費者契約」という。）の成立及
び効力について第7条又は第9条の規定による選択又は変更により適用すべき
法が消費者の常居所地法以外の法である場合であっても，消費者がその常居所
地法中の特定の強行規定を適用すべき旨の意思を事業者に対し表示したときは，
当該消費者契約の成立及び効力に関しその強行規定の定める事項については，
その強行規定をも適用する。

②　消費者契約の成立及び効力について第7条の規定による選択がないときは，
第8条の規定にかかわらず，当該消費者契約の成立及び効力は，消費者の常居
所地法による。

③　消費者契約の成立について第7条の規定により消費者の常居所地法以外の法が選択された場合であっても，当該消費者契約の方式について消費者がその常居所地法中の特定の強行規定を適用すべき旨の意思を事業者に対し表示したときは，前条第1項，第2項及び第4項の規定にかかわらず，当該消費者契約の方式に関しその強行規定の定める事項については，専らその強行規定を適用する。

④　消費者契約の成立について第7条の規定により消費者の常居所地法が選択された場合において，当該消費者契約の方式について消費者が専らその常居所地法によるべき旨の意思を事業者に対し表示したときは，前条第2項及び第4項の規定にかかわらず，当該消費者契約の方式は，専ら消費者の常居所地法による。

⑤　消費者契約の成立について第7条の規定による選択がないときは，前条第1項，第2項及び第4項の規定にかかわらず，当該消費者契約の方式は，消費者の常居所地法による。

⑥　前各項の規定は，次のいずれかに該当する場合には，適用しない。

一　事業者の事業所で消費者契約に関係するものが消費者の常居所地と法を異にする地に所在した場合であって，消費者が当該事業所の所在地と法を同じくする地に赴いて当該消費者契約を締結したとき。ただし，消費者が，当該事業者から，当該事業所の所在地と法を同じくする地において消費者契約を締結することについての勧誘をその常居所地において受けていたときを除く。

二　事業者の事業所で消費者契約に関係するものが消費者の常居所地と法を異にする地に所在した場合であって，消費者が当該事業所の所在地と法を同じくする地において当該消費者契約に基づく債務の全部の履行を受けたとき，又は受けることとされていたとき。ただし，消費者が，当該事業者から，当該事業所の所在地と法を同じくする地において債務の全部の履行を受けることについての勧誘をその常居所地において受けていたときを除く。

三　消費者契約の締結の当時，事業者が，消費者の常居所を知らず，かつ，知らなかったことについて相当の理由があるとき。

四　消費者契約の締結の当時，事業者が，その相手方が消費者でないと誤認し，かつ，誤認したことについて相当の理由があるとき。

（労働契約の特例）

第12条　①　労働契約の成立及び効力について第7条又は第9条の規定による選択又は変更により適用すべき法が当該労働契約に最も密接な関係がある地の

法以外の法である場合であっても，労働者が当該労働契約に最も密接な関係が
ある地の法中の特定の強行規定を適用すべき旨の意思を使用者に対し表示した
ときは，当該労働契約の成立及び効力に関しその強行規定の定める事項につい
ては，その強行規定をも適用する。

②　前項の規定の適用に当たっては，当該労働契約において労務を提供すべき地
の法（その労務を提供すべき地を特定することができない場合にあっては，当
該労働者を雇い入れた事業所の所在地の法。次項において同じ。）を当該労働
契約に最も密接な関係がある地の法と推定する。

③　労働契約の成立及び効力について第7条の規定による選択がないときは，当
該労働契約の成立及び効力については，第8条第2項の規定にかかわらず，当
該労働契約において労務を提供すべき地の法を当該労働契約に最も密接な関係
がある地の法と推定する。

第3節　物権等

（物権及びその他の登記をすべき権利）

第13条　①　動産又は不動産に関する物権及びその他の登記をすべき権利は，
その目的物の所在地法による。

②　前項の規定にかかわらず，同項に規定する権利の得喪は，その原因となる事
実が完成した当時におけるその目的物の所在地法による。

第4節　債　権

（事務管理及び不当利得）

第14条　事務管理又は不当利得によって生ずる債権の成立及び効力は，その原
因となる事実が発生した地の法による。

（明らかにより密接な関係がある地がある場合の例外）

第15条　前条の規定にかかわらず，事務管理又は不当利得によって生ずる債権
の成立及び効力は，その原因となる事実が発生した当時において当事者が法を
同じくする地に常居所を有していたこと，当事者間の契約に関連して事務管理
が行われ又は不当利得が生じたことその他の事情に照らして，明らかに同条の
規定により適用すべき法の属する地よりも密接な関係がある他の地があるとき
は，当該他の地の法による。

（当事者による準拠法の変更）

第16条　事務管理又は不当利得の当事者は，その原因となる事実が発生した後

において，事務管理又は不当利得によって生ずる債権の成立及び効力について適用すべき法を変更することができる。ただし，第三者の権利を害することとなるときは，その変更をその第三者に対抗することができない。

（不法行為）

第 17 条　不法行為によって生ずる債権の成立及び効力は，加害行為の結果が発生した地の法による。ただし，その地における結果の発生が通常予見することのできないものであったときは，加害行為が行われた地の法による。

（生産物責任の特例）

第 18 条　前条の規定にかかわらず，生産物（生産され又は加工された物をいう。以下この条において同じ。）で引渡しがされたものの瑕疵により他人の生命，身体又は財産を侵害する不法行為によって生ずる生産業者（生産物を業として生産し，加工し，輸入し，輸出し，流通させ，又は販売した者をいう。以下この条において同じ。）又は生産物にその生産業者と認めることができる表示をした者（以下この条において「生産業者等」と総称する。）に対する債権の成立及び効力は，被害者が生産物の引渡しを受けた地の法による。ただし，その地における生産物の引渡しが通常予見することのできないものであったときは，生産業者等の主たる事業所の所在地の法（生産業者等が事業所を有しない場合にあっては，その常居所地法）による。

（名誉又は信用の毀損の特例）

第 19 条　第 17 条の規定にかかわらず，他人の名誉又は信用を毀損する不法行為によって生ずる債権の成立及び効力は，被害者の常居所地法（被害者が法人その他の社団又は財団である場合にあっては，その主たる事業所の所在地の法）による。

（明らかにより密接な関係がある地がある場合の例外）

第 20 条　前 3 条の規定にかかわらず，不法行為によって生ずる債権の成立及び効力は，不法行為の当時において当事者が法を同じくする地に常居所を有していたこと，当事者間の契約に基づく義務に違反して不法行為が行われたことその他の事情に照らして，明らかに前 3 条の規定により適用すべき法の属する地よりも密接な関係がある他の地があるときは，当該他の地の法による。

（当事者による準拠法の変更）

第 21 条　不法行為の当事者は，不法行為の後において，不法行為によって生ずる債権の成立及び効力について適用すべき法を変更することができる。ただし，第三者の権利を害することとなるときは，その変更をその第三者に対抗するこ

とができない。

（不法行為についての公序による制限）

第22条　①　不法行為について外国法によるべき場合において，当該外国法を適用すべき事実が日本法によれば不法とならないときは，当該外国法に基づく損害賠償その他の処分の請求は，することができない。

②　不法行為について外国法によるべき場合において，当該外国法を適用すべき事実が当該外国法及び日本法により不法となるときであっても，被害者は，日本法により認められる損害賠償その他の処分でなければ請求することができない。

（債権の譲渡）

第23条　債権の譲渡の債務者その他の第三者に対する効力は，譲渡に係る債権について適用すべき法による。

第5節　親　族

（婚姻の成立及び方式）

第24条　①　婚姻の成立は，各当事者につき，その本国法による。

②　婚姻の方式は，婚姻挙行地の法による。

③　前項の規定にかかわらず，当事者の一方の本国法に適合する方式は，有効とする。ただし，日本において婚姻が挙行された場合において，当事者の一方が日本人であるときは，この限りでない。

（婚姻の効力）

第25条　婚姻の効力は，夫婦の本国法が同一であるときはその法により，その法がない場合において夫婦の常居所地法が同一であるときはその法により，そのいずれの法もないときは夫婦に最も密接な関係がある地の法による。

（夫婦財産制）

第26条　①　前条の規定は，夫婦財産制について準用する。

②　前項の規定にかかわらず，夫婦が，その署名した書面で日付を記載したものにより，次に掲げる法のうちいずれの法によるべきかを定めたときは，夫婦財産制は，その法による。この場合において，その定めは，将来に向かってのみその効力を生ずる。

　一　夫婦の一方が国籍を有する国の法

　二　夫婦の一方の常居所地法

　三　不動産に関する夫婦財産制については，その不動産の所在地法

③　前2項の規定により外国法を適用すべき夫婦財産制は，日本においてされた
法律行為及び日本に在る財産については，善意の第三者に対抗することができ
ない。この場合において，その第三者との間の関係については，夫婦財産制は，
日本法による。

④　前項の規定にかかわらず，第1項又は第2項の規定により適用すべき外国法
に基づいてされた夫婦財産契約は，日本においてこれを登記したときは，第三
者に対抗することができる。

（離婚）

第27条　第25条の規定は，離婚について準用する。ただし，夫婦の一方が日本
に常居所を有する日本人であるときは，離婚は，日本法による。

（嫡出である子の親子関係の成立）

第28条　①　夫婦の一方の本国法で子の出生の当時におけるものにより子が嫡
出となるべきときは，その子は，嫡出である子とする。

②　夫が子の出生前に死亡したときは，その死亡の当時における夫の本国法を前
項の夫の本国法とみなす。

（嫡出でない子の親子関係の成立）

第29条　①　嫡出でない子の親子関係の成立は，父との間の親子関係について
は子の出生の当時における父の本国法により，母との間の親子関係については
その当時における母の本国法による。この場合において，子の認知による親子
関係の成立については，認知の当時における子の本国法によればその子又は第
三者の承諾又は同意があることが認知の要件であるときは，その要件をも備え
なければならない。

②　子の認知は，前項前段の規定により適用すべき法によるほか，認知の当時に
おける認知する者又は子の本国法による。この場合において，認知する者の本
国法によるときは，同項後段の規定を準用する。

③　父が子の出生前に死亡したときは，その死亡の当時における父の本国法を第
1項の父の本国法とみなす。前項に規定する者が認知前に死亡したときは，そ
の死亡の当時におけるその者の本国法を同項のその者の本国法とみなす。

（準正）

第30条　①　子は，準正の要件である事実が完成した当時における父若しくは
母又は子の本国法により準正が成立するときは，嫡出子の身分を取得する。

②　前項に規定する者が準正の要件である事実の完成前に死亡したときは，その
死亡の当時におけるその者の本国法を同項のその者の本国法とみなす。

（養子縁組）

第31条　①　養子縁組は，縁組の当時における養親となるべき者の本国法による。この場合において，養子となるべき者の本国法によればその者若しくは第三者の承諾若しくは同意又は公的機関の許可その他の処分があることが養子縁組の成立の要件であるときは，その要件をも備えなければならない。

②　養子とその実方の血族との親族関係の終了及び離縁は，前項前段の規定により適用すべき法による。

（親子間の法律関係）

第32条　親子間の法律関係は，子の本国法が父又は母の本国法（父母の一方が死亡し，又は知れない場合にあっては，他の一方の本国法）と同一である場合には子の本国法により，その他の場合には子の常居所地法による。

（その他の親族関係等）

第33条　第24条から前条までに規定するもののほか，親族関係及びこれによって生ずる権利義務は，当事者の本国法によって定める。

（親族関係についての法律行為の方式）

第34条　①　第25条から前条までに規定する親族関係についての法律行為の方式は，当該法律行為の成立について適用すべき法による。

②　前項の規定にかかわらず，行為地法に適合する方式は，有効とする。

（後見等）

第35条　①　後見，保佐又は補助（以下「後見等」と総称する。）は，被後見人，被保佐人又は被補助人（次項において「被後見人等」と総称する。）の本国法による。

②　前項の規定にかかわらず，外国人が被後見人等である場合であって，次に掲げるときは，後見人，保佐人又は補助人の選任の審判その他の後見等に関する審判については，日本法による。

　一　当該外国人の本国法によればその者について後見等が開始する原因がある場合であって，日本における後見等の事務を行う者がないとき。

　二　日本において当該外国人について後見開始の審判等があったとき。

第6節　相　続

（相続）

第36条　相続は，被相続人の本国法による。

（遺言）

第37条　①　遺言の成立及び効力は，その成立の当時における遺言者の本国法による。

②　遺言の取消しは，その当時における遺言者の本国法による。

第7節　補　則

（本国法）

第38条　①　当事者が2以上の国籍を有する場合には，その国籍を有する国のうちに当事者が常居所を有する国があるときはその国の法を，その国籍を有する国のうちに当事者が常居所を有する国がないときは当事者に最も密接な関係がある国の法を当事者の本国法とする。ただし，その国籍のうちのいずれかが日本の国籍であるときは，日本法を当事者の本国法とする。

②　当事者の本国法によるべき場合において，当事者が国籍を有しないときは，その常居所地法による。ただし，第25条（第26条第1項及び第27条において準用する場合を含む。）及び第32条の規定の適用については，この限りでない。

③　当事者が地域により法を異にする国の国籍を有する場合には，その国の規則に従い指定される法（そのような規則がない場合にあっては，当事者に最も密接な関係がある地域の法）を当事者の本国法とする。

（常居所地法）

第39条　当事者の常居所地法によるべき場合において，その常居所が知れないときは，その居所地法による。ただし，第25条（第26条第1項及び第27条において準用する場合を含む。）の規定の適用については，この限りでない。

（人的に法を異にする国又は地の法）

第40条　①　当事者が人的に法を異にする国の国籍を有する場合には，その国の規則に従い指定される法（そのような規則がない場合にあっては，当事者に最も密接な関係がある法）を当事者の本国法とする。

②　前項の規定は，当事者の常居所地が人的に法を異にする場合における当事者の常居所地法で第25条（第26条第1項及び第27条において準用する場合を含む。），第26条第2項第2号，第32条又は第38条第2項の規定により適用されるもの及び夫婦に最も密接な関係がある地が人的に法を異にする場合における夫婦に最も密接な関係がある地の法について準用する。

（反致）

第41条　当事者の本国法によるべき場合において，その国の法に従えば日本法

によるべきときは，日本法による。ただし，第25条（第26条第1項及び第27条において準用する場合を含む。）又は第32条の規定により当事者の本国法によるべき場合は，この限りでない。

（公序）

第42条　外国法によるべき場合において，その規定の適用が公の秩序又は善良の風俗に反するときは，これを適用しない。

（適用除外）

第43条　①　この章の規定は，夫婦，親子その他の親族関係から生ずる扶養の義務については，適用しない。ただし，第39条本文の規定の適用については，この限りでない。

②　この章の規定は，遺言の方式については，適用しない。ただし，第38条第2項本文，第39条本文及び第40条の規定の適用については，この限りでない。

附　　　則

（施行期日）

第1条　この法律は，公布の日から起算して1年を超えない範囲内において政令で定める日から施行する。

（経過措置）

第2条　改正後の法の適用に関する通則法（以下「新法」という。）の規定は，次条の規定による場合を除き，この法律の施行の日（以下「施行日」という。）前に生じた事項にも適用する。

第3条　①　施行日前にされた法律行為の当事者の能力については，新法第4条の規定にかかわらず，なお従前の例による。

②　施行日前にされた申立てに係る後見開始の審判等及び失踪の宣告については，新法第5条及び第6条の規定にかかわらず，なお従前の例による。

③　施行日前にされた法律行為の成立及び効力並びに方式については，新法第8条から第12条までの規定にかかわらず，なお従前の例による。

④　施行日前にその原因となる事実が発生した事務管理及び不当利得並びに施行日前に加害行為の結果が発生した不法行為によって生ずる債権の成立及び効力については，新法第15条から第21条までの規定にかかわらず，なお従前の例による。

⑤　施行日前にされた債権の譲渡の債務者その他の第三者に対する効力については，新法第23条の規定にかかわらず，なお従前の例による。

⑥　施行日前にされた親族関係（改正前の法例第 14 条から第 21 条までに規定する親族関係を除く。）についての法律行為の方式については，新法第 34 条の規定にかかわらず，なお従前の例による。

⑦　施行日前にされた申立てに係る後見人，保佐人又は補助人の選任の審判その他の後見等に関する審判については，新法第 35 条第 2 項の規定にかかわらず，なお従前の例による。

〔以下，省略〕

〈資料2〉　国際物品売買契約に関する国際連合条約

採　　択　　1980年4月10日（ウィーン）

効力発生　　1988年1月1日

公　　布　　平成20年7月7日条約第8号

この条約の締約国は，

国際連合総会第6回特別会期において採択された新たな国際経済秩序の確立に関する決議の広範な目的に留意し，

平等及び相互の利益を基礎とした国際取引の発展が諸国間の友好関係を促進する上での重要な要素であることを考慮し，

異なる社会的，経済的及び法的な制度を考慮した国際物品売買契約を規律する統一的準則を採択することが，国際取引における法的障害の除去に貢献し，及び国際取引の発展を促進することを認めて，

次のとおり協定した。

第1部　適用範囲及び総則

第1章　適用範囲

第1条　(1)　この条約は，営業所が異なる国に所在する当事者間の物品売買契約について，次のいずれかの場合に適用する。

(a)　これらの国がいずれも締約国である場合

(b)　国際私法の準則によれば締約国の法の適用が導かれる場合

(2)　当事者の営業所が異なる国に所在するという事実は，その事実が，契約から認められない場合又は契約の締結時以前における当事者間のあらゆる取引関係から若しくは契約の締結時以前に当事者によって明らかにされた情報から認められない場合には，考慮しない。

(3)　当事者の国籍及び当事者又は契約の民事的又は商事的な性質は，この条約の適用を決定するに当たって考慮しない。

第2条　この条約は，次の売買については，適用しない。

（a）　個人用，家族用又は家庭用に購入された物品の売買。ただし，売主が契約の締結時以前に当該物品がそのような使用のために購入されたことを知らず，かつ，知っているべきでもなかった場合は，この限りでない。

（b）　競り売買

（c）　強制執行その他法令に基づく売買

（d）　有価証券，商業証券又は通貨の売買

（e）　船，船舶，エアクッション船又は航空機の売買

（f）　電気の売買

第3条　（1）　物品を製造し，又は生産して供給する契約は，売買とする。ただし，物品を注文した当事者がそのような製造又は生産に必要な材料の実質的な部分を供給することを引き受ける場合は，この限りでない。

（2）　この条約は，物品を供給する当事者の義務の主要な部分が労働その他の役務の提供から成る契約については，適用しない。

第4条　この条約は，売買契約の成立並びに売買契約から生ずる売主及び買主の権利及び義務についてのみ規律する。この条約は，この条約に別段の明文の規定がある場合を除くほか，特に次の事項については，規律しない。

（a）　契約若しくはその条項又は慣習の有効性

（b）　売却された物品の所有権について契約が有し得る効果

第5条　この条約は，物品によって生じたあらゆる人の死亡又は身体の傷害に関する売主の責任については，適用しない。

第6条　当事者は，この条約の適用を排除することができるものとし，第12条の規定に従うことを条件として，この条約のいかなる規定も，その適用を制限し，又はその効力を変更することができる。

　　　　第2章　総　則

第7条　（1）　この条約の解釈に当たっては，その国際的な性質並びにその適用における統一及び国際取引における信義の遵守を促進する必要性を考慮する。

（2）　この条約が規律する事項に関する問題であって，この条約において明示的に解決されていないものについては，この条約の基礎を成す一般原則に従い，又はこのような原則がない場合には国際私法の準則により適用される法に従って解決する。

第8条　（1）　この条約の適用上，当事者の一方が行った言明その他の行為は，

相手方が当該当事者の一方の意図を知り，又は知らないことはあり得なかった場合には，その意図に従って解釈する。

(2)　(1)の規定を適用することができない場合には，当事者の一方が行った言明その他の行為は，相手方と同種の合理的な者が同様の状況の下で有したであろう理解に従って解釈する。

(3)　当事者の意図又は合理的な者が有したであろう理解を決定するに当たっては，関連するすべての状況（交渉，当事者間で確立した慣行，慣習及び当事者の事後の行為を含む。）に妥当な考慮を払う。

第9条　(1)　当事者は，合意した慣習及び当事者間で確立した慣行に拘束される。

(2)　当事者は，別段の合意がない限り，当事者双方が知り，又は知っているべきであった慣習であって，国際取引において，関係する特定の取引分野において同種の契約をする者に広く知られ，かつ，それらの者により通常遵守されているものが，黙示的に当事者間の契約又はその成立に適用されることとしたものとする。

第10条　この条約の適用上，

　　(a)　営業所とは，当事者が2以上の営業所を有する場合には，契約の締結時以前に当事者双方が知り，又は想定していた事情を考慮して，契約及びその履行に最も密接な関係を有する営業所をいう。

　　(b)　当事者が営業所を有しない場合には，その常居所を基準とする。

第11条　売買契約は，書面によって締結し，又は証明することを要しないものとし，方式について他のいかなる要件にも服さない。売買契約は，あらゆる方法（証人を含む。）によって証明することができる。

第12条　売買契約，合意によるその変更若しくは終了又は申込み，承諾その他の意思表示を書面による方法以外の方法で行うことを認める前条，第29条又は第2部のいかなる規定も，当事者のいずれかが第96条の規定に基づく宣言を行った締約国に営業所を有する場合には，適用しない。当事者は，この条の規定の適用を制限し，又はその効力を変更することができない。

第13条　この条約の適用上，「書面」には，電報及びテレックスを含む。

第 2 部　契約の成立

第 14 条　(1)　1 人又は 2 人以上の特定の者に対してした契約を締結するための申入れは，それが十分に確定し，かつ，承諾があるときは拘束されるとの申入れをした者の意思が示されている場合には，申込みとなる。申入れは，物品を示し，並びに明示的又は黙示的に，その数量及び代金を定め，又はそれらの決定方法について規定している場合には，十分に確定しているものとする。

(2)　1 人又は 2 人以上の特定の者に対してした申入れ以外の申入れは，申入れをした者が反対の意思を明確に示す場合を除くほか，単に申込みの誘引とする。

第 15 条　(1)　申込みは，相手方に到達した時にその効力を生ずる。

(2)　申込みは，撤回することができない場合であっても，その取りやめの通知が申込みの到達時以前に相手方に到達するときは，取りやめることができる。

第 16 条　(1)　申込みは，契約が締結されるまでの間，相手方が承諾の通知を発する前に撤回の通知が当該相手方に到達する場合には，撤回することができる。

(2)　申込みは，次の場合には，撤回することができない。

　(a)　申込みが，一定の承諾の期間を定めることによるか他の方法によるかを問わず，撤回することができないものであることを示している場合

　(b)　相手方が申込みを撤回することができないものであると信頼したことが合理的であり，かつ，当該相手方が当該申込みを信頼して行動した場合

第 17 条　申込みは，撤回することができない場合であっても，拒絶の通知が申込者に到達した時にその効力を失う。

第 18 条　(1)　申込みに対する同意を示す相手方の言明その他の行為は，承諾とする。沈黙又はいかなる行為も行わないことは，それ自体では，承諾とならない。

(2)　申込みに対する承諾は，同意の表示が申込者に到達した時にその効力を生ずる。同意の表示が，申込者の定めた期間内に，又は期間の定めがない場合には取引の状況（申込者が用いた通信手段の迅速性を含む。）について妥当な考慮を払った合理的な期間内に申込者に到達しないときは，承諾は，その効力を生じない。口頭による申込みは，別段の事情がある場合を除くほか，直ちに承諾されなければならない。

(3)　申込みに基づき，又は当事者間で確立した慣行若しくは慣習により，相手方が申込者に通知することなく，物品の発送又は代金の支払等の行為を行うこ

とにより同意を示すことができる場合には，承諾は，当該行為が行われた時に
その効力を生ずる。ただし，当該行為が（2）に規定する期間内に行われた場
合に限る。

第19条　（1）　申込みに対する承諾を意図する応答であって，追加，制限その他
の変更を含むものは，当該申込みの拒絶であるとともに，反対申込みとなる。

（2）　申込みに対する承諾を意図する応答は，追加的な又は異なる条件を含む場
合であっても，当該条件が申込みの内容を実質的に変更しないときは，申込者
が不当に遅滞することなくその相違について口頭で異議を述べ，又はその旨の
通知を発した場合を除くほか，承諾となる。申込者がそのような異議を述べな
い場合には，契約の内容は，申込みの内容に承諾に含まれた変更を加えたもの
とする。

（3）　追加的な又は異なる条件であって，特に，代金，支払，物品の品質若しく
は数量，引渡しの場所若しくは時期，当事者の一方の相手方に対する責任の限
度又は紛争解決に関するものは，申込みの内容を実質的に変更するものとする。

第20条　（1）　申込者が電報又は書簡に定める承諾の期間は，電報が発信のため
に提出された時から又は書簡に示された日付若しくはこのような日付が示され
ていない場合には封筒に示された日付から起算する。申込者が電話，テレック
スその他の即時の通信の手段によって定める承諾の期間は，申込みが相手方に
到達した時から起算する。

（2）　承諾の期間中の公の休日又は非取引日は，当該期間に算入する。承諾の期
間の末日が申込者の営業所の所在地の公の休日又は非取引日に当たるために承
諾の通知が当該末日に申込者の住所に届かない場合には，当該期間は，当該末
日に続く最初の取引日まで延長する。

第21条　（1）　遅延した承諾であっても，それが承諾としての効力を有すること
を申込者が遅滞なく相手方に対して口頭で知らせ，又はその旨の通知を発した
場合には，承諾としての効力を有する。

（2）　遅延した承諾が記載された書簡その他の書面が，通信状態が通常であった
としたならば期限までに申込者に到達したであろう状況の下で発送されたこと
を示している場合には，当該承諾は，承諾としての効力を有する。ただし，当
該申込者が自己の申込みを失効していたものとすることを遅滞なく相手方に対
して口頭で知らせ，又はその旨の通知を発した場合は，この限りでない。

第22条　承諾は，その取りやめの通知が当該承諾の効力の生ずる時以前に申込
者に到達する場合には，取りやめることができる。

第23条　契約は，申込みに対する承諾がこの条約に基づいて効力を生ずる時に成立する。

第24条　この部の規定の適用上，申込み，承諾の意思表示その他の意思表示が相手方に「到達した」時とは，申込み，承諾の意思表示その他の意思表示が，相手方に対して口頭で行われた時又は他の方法により相手方個人に対し，相手方の営業所若しくは郵便送付先に対し，若しくは相手方が営業所及び郵便送付先を有しない場合には相手方の常居所に対して届けられた時とする。

第3部　物品の売買

第1章　総　則

第25条　当事者の一方が行った契約違反は，相手方がその契約に基づいて期待することができたものを実質的に奪うような不利益を当該相手方に生じさせる場合には，重大なものとする。ただし，契約違反を行った当事者がそのような結果を予見せず，かつ，同様の状況の下において当該当事者と同種の合理的な者がそのような結果を予見しなかったであろう場合は，この限りでない。

第26条　契約の解除の意思表示は，相手方に対する通知によって行われた場合に限り，その効力を有する。

第27条　この部に別段の明文の規定がある場合を除くほか，当事者がこの部の規定に従い，かつ，状況に応じて適切な方法により，通知，要求その他の通信を行った場合には，当該通信の伝達において遅延若しくは誤りが生じ，又は当該通信が到達しなかったときでも，当該当事者は，当該通信を行ったことを援用する権利を奪われない。

第28条　当事者の一方がこの条約に基づいて相手方の義務の履行を請求することができる場合であっても，裁判所は，この条約が規律しない類似の売買契約について自国の法に基づいて同様の裁判をするであろうときを除くほか，現実の履行を命ずる裁判をする義務を負わない。

第29条　(1)　契約は，当事者の合意のみによって変更し，又は終了させることができる。

(2)　合意による変更又は終了を書面によって行うことを必要とする旨の条項を定めた書面による契約は，その他の方法による合意によって変更し，又は終了させることができない。ただし，当事者の一方は，相手方が自己の行動を信頼

した限度において，その条項を主張することができない。

第 2 章　売主の義務

第 30 条　売主は，契約及びこの条約に従い，物品を引き渡し，物品に関する書類を交付し，及び物品の所有権を移転しなければならない。

第 1 節　物品の引渡し及び書類の交付

第 31 条　売主が次の（a）から（c）までに規定する場所以外の特定の場所において物品を引き渡す義務を負わない場合には，売主の引渡しの義務は，次のことから成る。

（a）　売買契約が物品の運送を伴う場合には，買主に送付するために物品を最初の運送人に交付すること。

（b）　（a）に規定する場合以外の場合において，契約が特定物，特定の在庫から取り出される不特定物又は製造若しくは生産が行われる不特定物に関するものであり，かつ，物品が特定の場所に存在し，又は特定の場所で製造若しくは生産が行われることを当事者双方が契約の締結時に知っていたときは，その場所において物品を買主の処分にゆだねること。

（c）　その他の場合には，売主が契約の締結時に営業所を有していた場所において物品を買主の処分にゆだねること。

第 32 条　（1）　売主は，契約又はこの条約に従い物品を運送人に交付した場合において，当該物品が荷印，船積書類その他の方法により契約上の物品として明確に特定されないときは，買主に対して物品を特定した発送の通知を行わなければならない。

（2）　売主は，物品の運送を手配する義務を負う場合には，状況に応じて適切な運送手段により，かつ，このような運送のための通常の条件により，定められた場所までの運送に必要となる契約を締結しなければならない。

（3）　売主は，物品の運送について保険を掛ける義務を負わない場合であっても，買主の要求があるときは，買主が物品の運送について保険を掛けるために必要な情報であって自己が提供することのできるすべてのものを，買主に対して提供しなければならない。

第 33 条　売主は，次のいずれかの時期に物品を引き渡さなければならない。

（a）　期日が契約によって定められ，又は期日を契約から決定することができる場合には，その期日

(b)　期間が契約によって定められ，又は期間を契約から決定することができる場合には，買主が引渡しの日を選択すべきことを状況が示していない限り，その期間内のいずれかの時

(c)　その他の場合には，契約の締結後の合理的な期間内

第34条　売主は，物品に関する書類を交付する義務を負う場合には，契約に定める時期及び場所において，かつ，契約に定める方式により，当該書類を交付しなければならない。売主は，その時期より前に当該書類を交付した場合において，買主に不合理な不便又は不合理な費用を生じさせないときは，その時期まで，当該書類の不適合を追完することができる。ただし，買主は，この条約に規定する損害賠償の請求をする権利を保持する。

第2節　物品の適合性及び第三者の権利又は請求

第35条　(1)　売主は，契約に定める数量，品質及び種類に適合し，かつ，契約に定める方法で収納され，又は包装された物品を引き渡さなければならない。

(2)　当事者が別段の合意をした場合を除くほか，物品は，次の要件を満たさない限り，契約に適合しないものとする。

(a)　同種の物品が通常使用されるであろう目的に適したものであること。

(b)　契約の締結時に売主に対して明示的又は黙示的に知らされていた特定の目的に適したものであること。ただし，状況からみて，買主が売主の技能及び判断に依存せず，又は依存することが不合理であった場合は，この限りでない。

(c)　売主が買主に対して見本又はひな形として示した物品と同じ品質を有するものであること。

(d)　同種の物品にとって通常の方法により，又はこのような方法がない場合にはその物品の保存及び保護に適した方法により，収納され，又は包装されていること。

(3)　買主が契約の締結時に物品の不適合を知り，又は知らないことはあり得なかった場合には，売主は，当該物品の不適合について(2)(a)から(d)までの規定に係る責任を負わない。

第36条　(1)　売主は，契約及びこの条約に従い，危険が買主に移転した時に存在していた不適合について責任を負うものとし，当該不適合が危険の移転した時の後に明らかになった場合においても責任を負う。

(2)　売主は，(1)に規定する時の後に生じた不適合であって，自己の義務違反

（物品が一定の期間通常の目的若しくは特定の目的に適し，又は特定の品質若しくは特性を保持するとの保証に対する違反を含む。）によって生じたものについても責任を負う。

第37条　売主は，引渡しの期日前に物品を引き渡した場合には，買主に不合理な不便又は不合理な費用を生じさせないときに限り，その期日まで，欠けている部分を引き渡し，若しくは引き渡した物品の数量の不足分を補い，又は引き渡した不適合な物品の代替品を引き渡し，若しくは引き渡した物品の不適合を修補することができる。ただし，買主は，この条約に規定する損害賠償の請求をする権利を保持する。

第38条　（1）　買主は，状況に応じて実行可能な限り短い期間内に，物品を検査し，又は検査させなければならない。

（2）　契約が物品の運送を伴う場合には，検査は，物品が仕向地に到達した後まで延期することができる。

（3）　買主が自己による検査のための合理的な機会なしに物品の運送中に仕向地を変更し，又は物品を転送した場合において，売主が契約の締結時にそのような変更又は転送の可能性を知り，又は知っているべきであったときは，検査は，物品が新たな仕向地に到達した後まで延期することができる。

第39条　（1）　買主は，物品の不適合を発見し，又は発見すべきであった時から合理的な期間内に売主に対して不適合の性質を特定した通知を行わない場合には，物品の不適合を援用する権利を失う。

（2）　買主は，いかなる場合にも，自己に物品が現実に交付された日から2年以内に売主に対して（1）に規定する通知を行わないときは，この期間制限と契約上の保証期間とが一致しない場合を除くほか，物品の不適合を援用する権利を失う。

第40条　物品の不適合が，売主が知り，又は知らないことはあり得なかった事実であって，売主が買主に対して明らかにしなかったものに関するものである場合には，売主は，前2条の規定に依拠することができない。

第41条　売主は，買主が第三者の権利又は請求の対象となっている物品を受領することに同意した場合を除くほか，そのような権利又は請求の対象となっていない物品を引き渡さなければならない。ただし，当該権利又は請求が工業所有権その他の知的財産権に基づくものである場合には，売主の義務は，次条の規定によって規律される。

第42条　（1）　売主は，自己が契約の締結時に知り，又は知らないことはあり得

なかった工業所有権その他の知的財産権に基づく第三者の権利又は請求の対象となっていない物品を引き渡さなければならない。ただし，そのような権利又は請求が，次の国の法の下での工業所有権その他の知的財産権に基づく場合に限る。

(a)　ある国において物品が転売され，又は他の方法によって使用されることを当事者双方が契約の締結時に想定していた場合には，当該国の法

(b)　その他の場合には，買主が営業所を有する国の法

(2)　売主は，次の場合には，(1)の規定に基づく義務を負わない。

(a)　買主が契約の締結時に(1)に規定する権利又は請求を知り，又は知らないことはあり得なかった場合

(b)　(1)に規定する権利又は請求が，買主の提供した技術的図面，設計，製法その他の指定に売主が従ったことによって生じた場合

第43条　(1)　買主は，第三者の権利又は請求を知り，又は知るべきであった時から合理的な期間内に，売主に対してそのような権利又は請求の性質を特定した通知を行わない場合には，前2条の規定に依拠する権利を失う。

(2)　売主は，第三者の権利又は請求及びその性質を知っていた場合には，(1)の規定に依拠することができない。

第44条　第39条(1)及び前条(1)の規定にかかわらず，買主は，必要とされる通知を行わなかったことについて合理的な理由を有する場合には，第50条の規定に基づき代金を減額し，又は損害賠償（得るはずであった利益の喪失の賠償を除く。）の請求をすることができる。

第3節　売主による契約違反についての救済

第45条　(1)　買主は，売主が契約又はこの条約に基づく義務を履行しない場合には，次のことを行うことができる。

(a)　次条から第52条までに規定する権利を行使すること。

(b)　第74条から第77条までの規定に従って損害賠償の請求をすること。

(2)　買主は，損害賠償の請求をする権利を，その他の救済を求める権利の行使によって奪われない。

(3)　買主が契約違反についての救済を求める場合には，裁判所又は仲裁廷は，売主に対して猶予期間を与えることができない。

第46条　(1)　買主は，売主に対してその義務の履行を請求することができる。ただし，買主がその請求と両立しない救済を求めた場合は，この限りでない。

(2) 買主は，物品が契約に適合しない場合には，代替品の引渡しを請求することができる。ただし，その不適合が重大な契約違反となり，かつ，その請求を第39条に規定する通知の際に又はその後の合理的な期間内に行う場合に限る。

(3) 買主は，物品が契約に適合しない場合には，すべての状況に照らして不合理であるときを除くほか，売主に対し，その不適合を修補によって追完することを請求することができる。その請求は，第39条に規定する通知の際に又はその後の合理的な期間内に行わなければならない。

第47条 (1) 買主は，売主による義務の履行のために合理的な長さの付加期間を定めることができる。

(2) 買主は，(1)の規定に基づいて定めた付加期間内に履行をしない旨の通知を売主から受けた場合を除くほか，当該付加期間内は，契約違反についてのいかなる救済も求めることができない。ただし，買主は，これにより，履行の遅滞について損害賠償の請求をする権利を奪われない。

第48条 (1) 次条の規定が適用される場合を除くほか，売主は，引渡しの期日後も，不合理に遅滞せず，かつ，買主に対して不合理な不便又は買主の支出した費用につき自己から償還を受けることについての不安を生じさせない場合には，自己の費用負担によりいかなる義務の不履行も追完することができる。ただし，買主は，この条約に規定する損害賠償の請求をする権利を保持する。

(2) 売主は，買主に対して履行を受け入れるか否かについて知らせることを要求した場合において，買主が合理的な期間内にその要求に応じないときは，当該要求において示した期間内に履行をすることができる。買主は，この期間中，売主による履行と両立しない救済を求めることができない。

(3) 一定の期間内に履行をする旨の売主の通知は，(2)に規定する買主の選択を知らせることの要求を含むものと推定する。

(4) (2)又は(3)に規定する売主の要求又は通知は，買主がそれらを受けない限り，その効力を生じない。

第49条 (1) 買主は，次のいずれかの場合には，契約の解除の意思表示をすることができる。

(a) 契約又はこの条約に基づく売主の義務の不履行が重大な契約違反となる場合

(b) 引渡しがない場合において，買主が第47条(1)の規定に基づいて定めた付加期間内に売主が物品を引き渡さず，又は売主が当該付加期間内に引き渡さない旨の意思表示をしたとき。

(2)　買主は，売主が物品を引き渡した場合には，次の期間内に契約の解除の意思表示をしない限り，このような意思表示をする権利を失う。

(a)　引渡しの遅滞については，買主が引渡しが行われたことを知った時から合理的な期間内

(b)　引渡しの遅滞を除く違反については，次の時から合理的な期間内

(i)　買主が当該違反を知り，又は知るべきであった時

(ii)　買主が第47条（1）の規定に基づいて定めた付加期間を経過した時又は売主が当該付加期間内に義務を履行しない旨の意思表示をした時

(iii)　売主が前条（2）の規定に基づいて示した期間を経過した時又は買主が履行を受け入れない旨の意思表示をした時

第50条　物品が契約に適合しない場合には，代金が既に支払われたか否かを問わず，買主は，現実に引き渡された物品が引渡時において有した価値が契約に適合する物品であったとしたならば当該引渡時において有したであろう価値に対して有する割合と同じ割合により，代金を減額することができる。ただし，売主が第37条若しくは第48条の規定に基づきその義務の不履行を追完した場合又は買主がこれらの規定に基づく売主による履行を受け入れることを拒絶した場合には，買主は，代金を減額することができない。

第51条　（1）　売主が物品の一部のみを引き渡した場合又は引き渡した物品の一部のみが契約に適合する場合には，第46条から前条までの規定は，引渡しのない部分又は適合しない部分について適用する。

(2)　買主は，完全な引渡し又は契約に適合した引渡しが行われないことが重大な契約違反となる場合に限り，その契約の全部を解除する旨の意思表示をすることができる。

第52条（1）　売主が定められた期日前に物品を引き渡す場合には，買主は，引渡しを受領し，又はその受領を拒絶することができる。

(2)　売主が契約に定める数量を超過する物品を引き渡す場合には，買主は，超過する部分の引渡しを受領し，又はその受領を拒絶することができる。買主は，超過する部分の全部又は一部の引渡しを受領した場合には，その部分について契約価格に応じて代金を支払わなければならない。

第3章　買主の義務

第53条　買主は，契約及びこの条約に従い，物品の代金を支払い，及び物品の引渡しを受領しなければならない。

第1節　代金の支払

第54条　代金を支払う買主の義務には，支払を可能とするため，契約又は法令に従って必要とされる措置をとるとともに手続を遵守することを含む。

第55条　契約が有効に締結されている場合において，当該契約が明示的又は黙示的に，代金を定めず，又は代金の決定方法について規定していないときは，当事者は，反対の意思を示さない限り，関係する取引分野において同様の状況の下で売却された同種の物品について，契約の締結時に一般的に請求されていた価格を黙示的に適用したものとする。

第56条　代金が物品の重量に基づいて定められる場合において，疑義があるときは，代金は，正味重量によって決定する。

第57条　(1)　買主は，次の（a）又は（b）に規定する場所以外の特定の場所において代金を支払う義務を負わない場合には，次のいずれかの場所において売主に対して代金を支払わなければならない。

（a）　売主の営業所

（b）　物品又は書類の交付と引換えに代金を支払うべき場合には，当該交付が行われる場所

(2)　売主は，契約の締結後に営業所を変更したことによって生じた支払に付随する費用の増加額を負担する。

第58条　(1)　買主は，いずれか特定の期日に代金を支払う義務を負わない場合には，売主が契約及びこの条約に従い物品又はその処分を支配する書類を買主の処分にゆだねた時に代金を支払わなければならない。売主は，その支払を物品又は書類の交付の条件とすることができる。

(2)　売主は，契約が物品の運送を伴う場合には，代金の支払と引換えでなければ物品又はその処分を支配する書類を買主に交付しない旨の条件を付して，物品を発送することができる。

(3)　買主は，物品を検査する機会を有する時まで代金を支払う義務を負わない。ただし，当事者の合意した引渡し又は支払の手続が，買主がそのような機会を有することと両立しない場合は，この限りでない。

第59条　売主によるいかなる要求又はいかなる手続の遵守も要することなく，買主は，契約若しくはこの条約によって定められた期日又はこれらから決定することができる期日に代金を支払わなければならない。

第2節　引渡しの受領

第60条　引渡しを受領する買主の義務は，次のことから成る。

(a)　売主による引渡しを可能とするために買主に合理的に期待することのできるすべての行為を行うこと。

(b)　物品を受け取ること。

第3節　買主による契約違反についての救済

第61条　(1)　売主は，買主が契約又はこの条約に基づく義務を履行しない場合には，次のことを行うことができる。

(a)　次条から第65条までに規定する権利を行使すること。

(b)　第74条から第77条までの規定に従って損害賠償の請求をすること。

(2)　売主は，損害賠償の請求をする権利を，その他の救済を求める権利の行使によって奪われない。

(3)　売主が契約違反についての救済を求める場合には，裁判所又は仲裁廷は，買主に対して猶予期間を与えることができない。

第62条　売主は，買主に対して代金の支払，引渡しの受領その他の買主の義務の履行を請求することができる。ただし，売主がその請求と両立しない救済を求めた場合は，この限りでない。

第63条　(1)　売主は，買主による義務の履行のために合理的な長さの付加期間を定めることができる。

(2)　売主は，(1)の規定に基づいて定めた付加期間内に履行をしない旨の通知を買主から受けた場合を除くほか，当該付加期間内は，契約違反についてのいかなる救済も求めることができない。ただし，売主は，これにより，履行の遅滞について損害賠償の請求をする権利を奪われない。

第64条　(1)　売主は，次のいずれかの場合には，契約の解除の意思表示をすることができる。

(a)　契約又はこの条約に基づく買主の義務の不履行が重大な契約違反となる場合

(b)　売主が前条(1)の規定に基づいて定めた付加期間内に買主が代金の支払義務若しくは物品の引渡しの受領義務を履行しない場合又は買主が当該付加期間内にそれらの義務を履行しない旨の意思表示をした場合

(2)　売主は，買主が代金を払った場合には，次の時期に契約の解除の意思表示をしない限り，このような意思表示をする権利を失う。

　(a)　買主による履行の遅滞については，売主が履行のあったことを知る前

　(b)　履行の遅滞を除く買主による違反については，次の時から合理的な期間
　　　内

　　(i)　売主が当該違反を知り，又は知るべきであった時

　　(ii)　売主が前条（1）の規定に基づいて定めた付加期間を経過した時又は
　　　　買主が当該付加期間内に義務を履行しない旨の意思表示をした時

第65条　(1)　買主が契約に従い物品の形状，寸法その他の特徴を指定すべき場
　合において，合意した期日に又は売主から要求を受けた時から合理的な期間内
　に買主がその指定を行わないときは，売主は，自己が有する他の権利の行使を
　妨げられることなく，自己の知ることができた買主の必要に応じて，自らその
　指定を行うことができる。

(2)　売主は，自ら（1）に規定する指定を行う場合には，買主に対してその詳細
　を知らせ，かつ，買主がそれと異なる指定を行うことができる合理的な期間を
　定めなければならない。買主がその通信を受けた後，その定められた期間内に
　異なる指定を行わない場合には，売主の行った指定は，拘束力を有する。

第4章　危険の移転

第66条　買主は，危険が自己に移転した後に生じた物品の滅失又は損傷により，
　代金を支払う義務を免れない。ただし，その滅失又は損傷が売主の作為又は不
　作為による場合は，この限りでない。

第67条　(1)　売買契約が物品の運送を伴う場合において，売主が特定の場所に
　おいて物品を交付する義務を負わないときは，危険は，売買契約に従って買主
　に送付するために物品を最初の運送人に交付した時に買主に移転する。売主が
　特定の場所において物品を運送人に交付する義務を負うときは，危険は，物品
　をその場所において運送人に交付する時まで買主に移転しない。売主が物品の
　処分を支配する書類を保持することが認められている事実は，危険の移転に影
　響を及ぼさない。

(2)　(1)の規定にかかわらず，危険は，荷印，船積書類，買主に対する通知又
　は他の方法のいずれによるかを問わず，物品が契約上の物品として明確に特定
　される時まで買主に移転しない。

第68条　運送中に売却された物品に関し，危険は，契約の締結時から買主に移
　転する。ただし，運送契約を証する書類を発行した運送人に対して物品が交付
　された時から買主が危険を引き受けることを状況が示している場合には，買主

は，その時から危険を引き受ける。もっとも，売主が売買契約の締結時に，物品が滅失し，又は損傷していたことを知り，又は知っているべきであった場合において，そのことを買主に対して明らかにしなかったときは，その滅失又は損傷は，売主の負担とする。

第69条（1）　前2条に規定する場合以外の場合には，危険は，買主が物品を受け取った時に，又は買主が期限までに物品を受け取らないときは，物品が買主の処分にゆだねられ，かつ，引渡しを受領しないことによって買主が契約違反を行った時から買主に移転する。

（2）　もっとも，買主が売主の営業所以外の場所において物品を受け取る義務を負うときは，危険は，引渡しの期限が到来し，かつ，物品がその場所において買主の処分にゆだねられたことを買主が知った時に移転する。

（3）　契約が特定されていない物品に関するものである場合には，物品は，契約上の物品として明確に特定される時まで買主の処分にゆだねられていないものとする。

第70条　売主が重大な契約違反を行った場合には，前3条の規定は，買主が当該契約違反を理由として求めることができる救済を妨げるものではない。

第5章　売主及び買主の義務に共通する規定

第1節　履行期前の違反及び分割履行契約

第71条（1）　当事者の一方は，次のいずれかの理由によって相手方がその義務の実質的な部分を履行しないであろうという事情が契約の締結後に明らかになった場合には，自己の義務の履行を停止することができる。

（a）　相手方の履行をする能力又は相手方の信用力の著しい不足

（b）　契約の履行の準備又は契約の履行における相手方の行動

（2）　売主が（1）に規定する事情が明らかになる前に物品を既に発送している場合には，物品を取得する権限を与える書類を買主が有しているときであっても，売主は，買主への物品の交付を妨げることができる。この（2）の規定は，物品に関する売主と買主との間の権利についてのみ規定する。

（3）　履行を停止した当事者は，物品の発送の前後を問わず，相手方に対して履行を停止した旨を直ちに通知しなければならず，また，相手方がその履行について適切な保証を提供した場合には，自己の履行を再開しなければならない。

第72条（1）　当事者の一方は，相手方が重大な契約違反を行うであろうことが契約の履行期日前に明白である場合には，契約の解除の意思表示をすることが

できる。

(2)　時間が許す場合には，契約の解除の意思表示をする意図を有する当事者は，相手方がその履行について適切な保証を提供することを可能とするため，当該相手方に対して合理的な通知を行わなければならない。

(3)　(2)の規定は，相手方がその義務を履行しない旨の意思表示をした場合には，適用しない。

第73条　(1)　物品を複数回に分けて引き渡す契約において，いずれかの引渡部分についての当事者の一方による義務の不履行が当該引渡部分についての重大な契約違反となる場合には，相手方は，当該引渡部分について契約の解除の意思表示をすることができる。

(2)　いずれかの引渡部分についての当事者の一方による義務の不履行が将来の引渡部分について重大な契約違反が生ずると判断する十分な根拠を相手方に与える場合には，当該相手方は，将来の引渡部分について契約の解除の意思表示をすることができる。ただし，この意思表示を合理的な期間内に行う場合に限る。

(3)　いずれかの引渡部分について契約の解除の意思表示をする買主は，当該引渡部分が既に引き渡された部分又は将来の引渡部分と相互依存関係にあることにより，契約の締結時に当事者双方が想定していた目的のために既に引き渡された部分又は将来の引渡部分を使用することができなくなった場合には，それらの引渡部分についても同時に契約の解除の意思表示をすることができる。

第2節　損害賠償

第74条　当事者の一方による契約違反についての損害賠償の額は，当該契約違反により相手方が被った損失（得るはずであった利益の喪失を含む。）に等しい額とする。そのような損害賠償の額は，契約違反を行った当事者が契約の締結時に知り，又は知っているべきであった事実及び事情に照らし，当該当事者が契約違反から生じ得る結果として契約の締結時に予見し，又は予見すべきであった損失の額を超えることができない。

第75条　契約が解除された場合において，合理的な方法で，かつ，解除後の合理的な期間内に，買主が代替品を購入し，又は売主が物品を再売却したときは，損害賠償の請求をする当事者は，契約価格とこのような代替取引における価格との差額及び前条の規定に従って求めることができるその他の損害賠償を請求することができる。

第76条（1）　契約が解除され，かつ，物品に時価がある場合において，損害賠償の請求をする当事者が前条の規定に基づく購入又は再売却を行っていないときは，当該当事者は，契約に定める価格と解除時における時価との差額及び第74条の規定に従って求めることができるその他の損害賠償を請求することができる。ただし，当該当事者が物品を受け取った後に契約を解除した場合には，解除時における時価に代えて物品を受け取った時における時価を適用する。

（2）　（1）の規定の適用上，時価は，物品の引渡しが行われるべきであった場所における実勢価格とし，又は当該場所に時価がない場合には，合理的な代替地となるような他の場所における価格に物品の運送費用の差額を適切に考慮に入れたものとする。

第77条　契約違反を援用する当事者は，当該契約違反から生ずる損失（得るはずであった利益の喪失を含む。）を軽減するため，状況に応じて合理的な措置をとらなければならない。当該当事者がそのような措置をとらなかった場合には，契約違反を行った当事者は，軽減されるべきであった損失額を損害賠償の額から減額することを請求することができる。

第3節　利　息

第78条　当事者の一方が代金その他の金銭を期限を過ぎて支払わない場合には，相手方は，第74条の規定に従って求めることができる損害賠償の請求を妨げられることなく，その金銭の利息を請求することができる。

第4節　免　責

第79条（1）　当事者は，自己の義務の不履行が自己の支配を超える障害によって生じたこと及び契約の締結時に当該障害を考慮することも，当該障害又はその結果を回避し，又は克服することも自己に合理的に期待することができなかったことを証明する場合には，その不履行について責任を負わない。

（2）　当事者は，契約の全部又は一部を履行するために自己の使用した第三者による不履行により自己の不履行が生じた場合には，次の（a）及び（b）の要件が満たされるときに限り，責任を免れる。

（a）　当該当事者が（1）の規定により責任を免れること。

（b）　当該当事者の使用した第三者に（1）の規定を適用するとしたならば，当該第三者が責任を免れるであろうこと。

（3）　この条に規定する免責は，（1）に規定する障害が存在する間，その効力を

有する。

(4)　履行をすることができない当事者は，相手方に対し，(1)に規定する障害及びそれが自己の履行をする能力に及ぼす影響について通知しなければならない。当該当事者は，自己がその障害を知り，又は知るべきであった時から合理的な期間内に相手方がその通知を受けなかった場合には，それを受けなかったことによって生じた損害を賠償する責任を負う。

(5)　この条の規定は，当事者が損害賠償の請求をする権利以外のこの条約に基づく権利を行使することを妨げない。

第80条　当事者の一方は，相手方の不履行が自己の作為又は不作為によって生じた限度において，相手方の不履行を援用することができない。

第5節　解除の効果

第81条　(1)　当事者双方は，契約の解除により，損害を賠償する義務を除くほか，契約に基づく義務を免れる。契約の解除は，紛争解決のための契約条項又は契約の解除の結果生ずる当事者の権利及び義務を規律する他の契約条項に影響を及ぼさない。

(2)　契約の全部又は一部を履行した当事者は，相手方に対し，自己がその契約に従って供給し，又は支払ったものの返還を請求することができる。当事者双方が返還する義務を負う場合には，当事者双方は，それらの返還を同時に行わなければならない。

第82条　(1)　買主は，受け取った時と実質的に同じ状態で物品を返還することができない場合には，契約の解除の意思表示をする権利及び売主に代替品の引渡しを請求する権利を失う。

(2)　(1)の規定は，次の場合には，適用しない。

　(a)　物品を返還することができないこと又は受け取った時と実質的に同じ状態で物品を返還することができないことが買主の作為又は不作為によるものでない場合

　(b)　物品の全部又は一部が第38条に規定する検査によって滅失し，又は劣化した場合

　(c)　買主が不適合を発見し，又は発見すべきであった時より前に物品の全部又は一部を通常の営業の過程において売却し，又は通常の使用の過程において消費し，若しくは改変した場合

第83条　前条の規定に従い契約の解除の意思表示をする権利又は売主に代替品

の引渡しを請求する権利を失った買主であっても，契約又はこの条約に基づく他の救済を求める権利を保持する。

第84条　(1)　売主は，代金を返還する義務を負う場合には，代金が支払われた日からの当該代金の利息も支払わなければならない。

(2)　買主は，次の場合には，物品の全部又は一部から得たすべての利益を売主に対して返還しなければならない。

(a)　買主が物品の全部又は一部を返還しなければならない場合

(b)　買主が物品の全部若しくは一部を返還することができない場合又は受け取った時と実質的に同じ状態で物品の全部若しくは一部を返還することができない場合において，契約の解除の意思表示をし，又は売主に代替品の引渡しを請求したとき。

第6節　物品の保存

第85条　買主が物品の引渡しの受領を遅滞した場合又は代金の支払と物品の引渡しとが同時に行われなければならず，かつ，買主がその代金を支払っていない場合において，売主がその物品を占有しているとき又は他の方法によりその処分を支配することができるときは，売主は，当該物品を保存するため，状況に応じて合理的な措置をとらなければならない。売主は，自己の支出した合理的な費用について買主から償還を受けるまで，当該物品を保持することができる。

第86条　(1)　買主は，物品を受け取った場合において，当該物品を拒絶するために契約又はこの条約に基づく権利を行使する意図を有するときは，当該物品を保存するため，状況に応じて合理的な措置をとらなければならない。買主は，自己の支出した合理的な費用について売主から償還を受けるまで，当該物品を保持することができる。

(2)　買主に対して送付された物品が仕向地で買主の処分にゆだねられた場合において，買主が当該物品を拒絶する権利を行使するときは，買主は，売主のために当該物品の占有を取得しなければならない。ただし，代金を支払うことなく，かつ，不合理な不便又は不合理な費用を伴うことなしに占有を取得することができる場合に限る。この規定は，売主又は売主のために物品を管理する権限を有する者が仕向地に存在する場合には，適用しない。買主がこの (2) の規定に従い物品の占有を取得する場合には，買主の権利及び義務は，(1) の規定によって規律される。

第 87 条　物品を保存するための措置をとる義務を負う当事者は，相手方の費用負担により物品を第三者の倉庫に寄託することができる。ただし，それに関して生ずる費用が不合理でない場合に限る。

第 88 条　（1）　第 85 条又は第 86 条の規定に従い物品を保存する義務を負う当事者は，物品の占有の取得若しくは取戻し又は代金若しくは保存のための費用の支払を相手方が不合理に遅滞する場合には，適切な方法により当該物品を売却することができる。ただし，相手方に対し，売却する意図について合理的な通知を行った場合に限る。

（2）　物品が急速に劣化しやすい場合又はその保存に不合理な費用を伴う場合には，第 85 条又は第 86 条の規定に従い物品を保存する義務を負う当事者は，物品を売却するための合理的な措置をとらなければならない。当該当事者は，可能な限り，相手方に対し，売却する意図を通知しなければならない。

（3）　物品を売却した当事者は，物品の保存及び売却に要した合理的な費用に等しい額を売却代金から控除して保持する権利を有する。当該当事者は，その残額を相手方に対して返還しなければならない。

第 4 部　最終規定

第 89 条　国際連合事務総長は，ここに，この条約の寄託者として指名される。

第 90 条　この条約は，既に発効し，又は今後発効する国際取極であって，この条約によって規律される事項に関する規定を含むものに優先しない。ただし，当事者双方が当該国際取極の締約国に営業所を有する場合に限る。

第 91 条　（1）　この条約は，国際物品売買契約に関する国際連合会議の最終日に署名のために開放し，1981 年 9 月 30 日まで，ニューヨークにある国際連合本部において，すべての国による署名のために開放しておく。

（2）　この条約は，署名国によって批准され，受諾され，又は承認されなければならない。

（3）　この条約は，署名のために開放した日から，署名国でないすべての国による加入のために開放しておく。

（4）　批准書，受諾書，承認書及び加入書は，国際連合事務総長に寄託する。

第 92 条　（1）　締約国は，署名，批准，受諾，承認又は加入の時に，自国が第 2 部の規定に拘束されないこと又は第 3 部の規定に拘束されないことを宣言する

ことができる。

(2)　第2部又は第3部の規定に関して（1）の規定に基づいて宣言を行った締約国は，当該宣言が適用される部によって規律される事項については，第1条（1）に規定する締約国とみなされない。

第93条　（1）　締約国は，自国の憲法に従いこの条約が対象とする事項に関してそれぞれ異なる法制が適用される2以上の地域をその領域内に有する場合には，署名，批准，受諾，承認又は加入の時に，この条約を自国の領域内のすべての地域について適用するか又は1若しくは2以上の地域についてのみ適用するかを宣言することができるものとし，いつでも別の宣言を行うことにより，その宣言を修正することができる。

(2)　（1）に規定する宣言は，寄託者に通報するものとし，この条約が適用される地域を明示する。

(3)　この条約がこの条の規定に基づく宣言により締約国の1又は2以上の地域に適用されるが，そのすべての地域には及んでおらず，かつ，当事者の営業所が当該締約国に所在する場合には，当該営業所がこの条約の適用される地域に所在するときを除くほか，この条約の適用上，当該営業所は，締約国に所在しないものとみなす。

(4)　締約国が（1）に規定する宣言を行わない場合には，この条約は，当該締約国のすべての地域について適用する。

第94条　（1）　この条約が規律する事項に関して同一の又は密接に関連する法規を有する2以上の締約国は，売買契約の当事者双方がこれらの国に営業所を有する場合には，この条約を当該売買契約又はその成立について適用しないことをいつでも宣言することができる。その宣言は，共同で又は相互の一方的な宣言によって行うことができる。

(2)　この条約が規律する事項に関して1又は2以上の非締約国と同一の又は密接に関連する法規を有する締約国は，売買契約の当事者双方がこれらの国に営業所を有する場合には，この条約を当該売買契約又はその成立について適用しないことをいつでも宣言することができる。

(3)　（2）の規定に基づく宣言の対象である国がその後に締約国となった場合には，当該宣言は，この条約が当該締約国について効力を生じた日から，（1）の規定に基づく宣言としての効力を有する。ただし，当該締約国が当該宣言に加わり，又は相互の一方的な宣言を行った場合に限る。

第95条　いずれの国も，批准書，受諾書，承認書又は加入書の寄託の時に，第

１条 (1) (b) の規定に拘束されないことを宣言することができる。

第96条　売買契約が書面によって締結され，又は証明されるべきことを自国の法令に定めている締約国は，売買契約，合意によるその変更若しくは終了又は申込み，承諾その他の意思表示を書面による方法以外の方法で行うことを認める第11条，第29条又は第2部のいかなる規定も，当事者のいずれかが当該締約国に営業所を有する場合には第12条の規定に従って適用しないことを，いつでも宣言することができる。

第97条　(1)　署名の時にこの条約に基づいて行われた宣言は，批准，受諾又は承認の時に確認されなければならない。

(2)　宣言及びその確認は，書面によるものとし，正式に寄託者に通報する。

(3)　宣言は，それを行った国について，この条約の効力発生と同時にその効力を生ずる。ただし，寄託者がこの条約の効力発生後に正式の通報を受領した宣言は，寄託者がそれを受領した日の後6箇月の期間が満了する日の属する月の翌月の初日に効力を生ずる。第94条の規定に基づく相互の一方的な宣言は，寄託者が最も遅い宣言を受領した日の後6箇月の期間が満了する日の属する月の翌月の初日に効力を生ずる。

(4)　この条約に基づく宣言を行った国は，寄託者にあてた書面による正式の通告により，当該宣言をいつでも撤回することができる。その撤回は，寄託者が当該通告を受領した日の後6箇月の期間が満了する日の属する月の翌月の初日に効力を生ずる。

(5)　第94条の規定に基づいて行われた宣言の撤回は，その撤回が効力を生ずる日から，同条の規定に基づいて行われた他の国による相互の宣言の効力を失わせる。

第98条　この条約において明示的に認められた留保を除くほか，いかなる留保も認められない。

第99条　(1)　この条約は，(6) の規定に従うことを条件として，第10番目の批准書，受諾書，承認書又は加入書（第92条の規定に基づく宣言を伴うものを含む。）が寄託された日の後12箇月の期間が満了する日の属する月の翌月の初日に効力を生ずる。

(2)　いずれかの国が，第10番目の批准書，受諾書，承認書又は加入書の寄託の後に，この条約を批准し，受諾し，承認し，又はこれに加入する場合には，この条約（適用が排除される部を除く。）は，(6) の規定に従うことを条件として，当該国の批准書，受諾書，承認書又は加入書が寄託された日の後12箇月

の期間が満了する日の属する月の翌月の初日に当該国について効力を生ずる。

(3)　1964 年 7 月 1 日にハーグで作成された国際物品売買契約の成立についての統一法に関する条約（1964 年ハーグ成立条約）及び 1964 年 7 月 1 日にハーグで作成された国際物品売買についての統一法に関する条約（1964 年ハーグ売買条約）のいずれか一方又は双方の締約国であって，この条約を批准し，受諾し，承認し，又はこれに加入するものは，その批准，受諾，承認又は加入の時に，オランダ政府に通告することにより，場合に応じて 1964 年ハーグ成立条約及び 1964 年ハーグ売買条約のいずれか一方又は双方を廃棄する。

(4)　1964 年ハーグ売買条約の締約国であって，この条約を批准し，受諾し，承認し，又はこれに加入し，及び第 92 条の規定に基づき第 2 部の規定に拘束されないことを宣言する，又は宣言したものは，その批准，受諾，承認又は加入の時に，オランダ政府に通告することにより，1964 年ハーグ売買条約を廃棄する。

(5)　1964 年ハーグ成立条約の締約国であって，この条約を批准し，受諾し，承認し，又はこれに加入し，及び第 92 条の規定に基づき第 3 部の規定に拘束されないことを宣言する，又は宣言したものは，その批准，受諾，承認又は加入の時に，オランダ政府に通告することにより，1964 年ハーグ成立条約を廃棄する。

(6)　この条の規定の適用上，1964 年ハーグ成立条約又は 1964 年ハーグ売買条約の締約国によるこの条約の批准，受諾，承認又はこれへの加入は，これらの 2 条約について当該締約国に求められる廃棄の通告が効力を生ずる時まで，その効力を生じない。この条約の寄託者は，この点に関して必要な調整を確保するため，当該 2 条約の寄託者であるオランダ政府と協議する。

第 100 条　(1)　この条約は，第 1 条 (1)（a）に規定する双方の締約国又は同条 (1)（b）に規定する締約国についてこの条約の効力が生じた日以後に契約を締結するための申入れがなされた場合に限り，その契約の成立について適用する。

(2)　この条約は，第 1 条 (1)（a）に規定する双方の締約国又は同条 (1)（b）に規定する締約国についてこの条約の効力が生じた日以後に締結された契約についてのみ適用する。

第 101 条　(1)　締約国は，寄託者にあてた書面による正式の通告により，この条約又は第 2 部若しくは第 3 部のいずれかを廃棄することができる。

(2)　廃棄は，寄託者がその通告を受領した後 12 箇月の期間が満了する日の属する月の翌月の初日に効力を生ずる。当該通告において廃棄の効力発生につき一

層長い期間が指定されている場合には，廃棄は，寄託者が当該通告を受領した後その一層長い期間が満了した時に効力を生ずる。

1980 年 4 月 11 日にウィーンで，ひとしく正文であるアラビア語，中国語，英語，フランス語，ロシア語及びスペイン語により原本一通を作成した。

以上の証拠として，下名の全権委員は，各自の政府から正当に委任を受けてこの条約に署名した。

〈資料3〉　民事訴訟法（抜粋）

平成 8 年 6 月 26 日法律第 109 号
最終改正　　平成 24 年 5 月 8 日法律第 30 号

第 1 編　総　　則　〔第 1 章　省略〕

第 2 章　裁判所

第 1 節　日本の裁判所の管轄権

（被告の住所等による管轄権）

第 3 条の 2　①　裁判所は，人に対する訴えについて，その住所が日本国内にあるとき，住所がない場合又は住所が知れない場合にはその居所が日本国内にあるとき，居所がない場合又は居所が知れない場合には訴えの提起前に日本国内に住所を有していたとき（日本国内に最後に住所を有していた後に外国に住所を有していたときを除く。）は，管轄権を有する。

②　裁判所は，大使，公使その他外国に在ってその国の裁判権からの免除を享有する日本人に対する訴えについて，前項の規定にかかわらず，管轄権を有する。

③　裁判所は，法人その他の社団又は財団に対する訴えについて，その主たる事務所又は営業所が日本国内にあるとき，事務所若しくは営業所がない場合又はその所在地が知れない場合には代表者その他の主たる業務担当者の住所が日本国内にあるときは，管轄権を有する。

（契約上の債務に関する訴え等の管轄権）

第 3 条の 3　次の各号に掲げる訴えは，それぞれ当該各号に定めるときは，日本の裁判所に提起することができる。

一　契約上の債務の履行の請求を目的とする訴え又は契約上の債務に関して行われた事務管理若しくは生じた不当利得に係る請求，契約上の債務の不履行による損害賠償の請求その他契約上の債務に関する請求を目的とする訴え
　　契約において定められた当該債務の履行地が日本国内にあるとき，又は契約において選択された地の法によれば当該債務の履行地が日本国内にあるとき。

二　手形又は小切手による金銭の支払の請求を目的とする訴え　手形又は小切手の支払地が日本国内にあるとき。

三　財産権上の訴え　請求の目的が日本国内にあるとき，又は当該訴えが金銭の支払を請求するものである場合には差し押さえることができる被告の財産が日本国内にあるとき（その財産の価額が著しく低いときを除く。）。

四　事務所又は営業所を有する者に対する訴えでその事務所又は営業所における業務に関するもの　当該事務所又は営業所が日本国内にあるとき。

五　日本において事業を行う者（日本において取引を継続してする外国会社（会社法（平成 17 年法律第 86 号）第 2 条第 2 号に規定する外国会社をいう。）を含む。）に対する訴え　当該訴えがその者の日本における業務に関するものであるとき。

六　船舶債権その他船舶を担保とする債権に基づく訴え　船舶が日本国内にあるとき。

七　会社その他の社団又は財団に関する訴えで次に掲げるもの　社団又は財団が法人である場合にはそれが日本の法令により設立されたものであるとき，法人でない場合にはその主たる事務所又は営業所が日本国内にあるとき。

　　イ　会社その他の社団からの社員若しくは社員であった者に対する訴え，社員からの社員若しくは社員であった者に対する訴え又は社員であった者からの社員に対する訴えで，社員としての資格に基づくもの

　　ロ　社団又は財団からの役員又は役員であった者に対する訴えで役員としての資格に基づくもの

　　ハ　会社からの発起人若しくは発起人であった者又は検査役若しくは検査役であった者に対する訴えで発起人又は検査役としての資格に基づくもの

　　ニ　会社その他の社団の債権者からの社員又は社員であった者に対する訴えで社員としての資格に基づくもの

八　不法行為に関する訴え　不法行為があった地が日本国内にあるとき（外国で行われた加害行為の結果が日本国内で発生した場合において，日本国内におけるその結果の発生が通常予見することのできないものであったときを除く。）。

九　船舶の衝突その他海上の事故に基づく損害賠償の訴え　損害を受けた船舶が最初に到達した地が日本国内にあるとき。

十　海難救助に関する訴え　海難救助があった地又は救助された船舶が最初に到達した地が日本国内にあるとき。

十一　不動産に関する訴え　不動産が日本国内にあるとき。

十二　相続権若しくは遺留分に関する訴え又は遺贈その他死亡によって効力を

生ずべき行為に関する訴え　相続開始の時における被相続人の住所が日本国内にあるとき，住所がない場合又は住所が知れない場合には相続開始の時における被相続人の居所が日本国内にあるとき，居所がない場合又は居所が知れない場合には被相続人が相続開始の前に日本国内に住所を有していたとき（日本国内に最後に住所を有していた後に外国に住所を有していたときを除く。）。

十三　相続債権その他相続財産の負担に関する訴えで前号に掲げる訴えに該当しないもの　同号に定めるとき。

（消費者契約及び労働関係に関する訴えの管轄権）

第3条の4　①　消費者（個人（事業として又は事業のために契約の当事者となる場合におけるものを除く。）をいう。以下同じ。）と事業者（法人その他の社団又は財団及び事業として又は事業のために契約の当事者となる場合における個人をいう。以下同じ。）との間で締結される契約（労働契約を除く。以下「消費者契約」という。）に関する消費者からの事業者に対する訴えは，訴えの提起の時又は消費者契約の締結の時における消費者の住所が日本国内にあるときは，日本の裁判所に提起することができる。

②　労働契約の存否その他の労働関係に関する事項について個々の労働者と事業主との間に生じた民事に関する紛争（以下「個別労働関係民事紛争」という。）に関する労働者からの事業主に対する訴えは，個別労働関係民事紛争に係る労働契約における労務の提供の地（その地が定まっていない場合にあっては，労働者を雇い入れた事業所の所在地）が日本国内にあるときは，日本の裁判所に提起することができる。

③　消費者契約に関する事業者からの消費者に対する訴え及び個別労働関係民事紛争に関する事業主からの労働者に対する訴えについては，前条の規定は，適用しない。

（管轄権の専属）

第3条の5　①　会社法第7編第2章に規定する訴え（同章第4節及び第6節に規定するものを除く。），一般社団法人及び一般財団法人に関する法律（平成18年法律第48号）第6章第2節に規定する訴えその他これらの法令以外の日本の法令により設立された社団又は財団に関する訴えでこれらに準ずるものの管轄権は，日本の裁判所に専属する。

②　登記又は登録に関する訴えの管轄権は，登記又は登録をすべき地が日本国内にあるときは，日本の裁判所に専属する。

③　知的財産権（知的財産基本法（平成14年法律第122号）第2条第2項に規定する知的財産権をいう。）のうち設定の登録により発生するものの存否又は効力に関する訴えの管轄権は，その登録が日本においてされたものであるときは，日本の裁判所に専属する。

（併合請求における管轄権）

第3条の6　一の訴えで数個の請求をする場合において，日本の裁判所が一の請求について管轄権を有し，他の請求について管轄権を有しないときは，当該一の請求と他の請求との間に密接な関連があるときに限り，日本の裁判所にその訴えを提起することができる。ただし，数人からの又は数人に対する訴えについては，第38条前段に定める場合に限る。

（管轄権に関する合意）

第3条の7　①　当事者は，合意により，いずれの国の裁判所に訴えを提起することができるかについて定めることができる。

②　前項の合意は，一定の法律関係に基づく訴えに関し，かつ，書面でしなければ，その効力を生じない。

③　第1項の合意がその内容を記録した電磁的記録（電子的方式，磁気的方式その他人の知覚によっては認識することができない方式で作られる記録であって，電子計算機による情報処理の用に供されるものをいう。以下同じ。）によってされたときは，その合意は，書面によってされたものとみなして，前項の規定を適用する。

④　外国の裁判所にのみ訴えを提起することができる旨の合意は，その裁判所が法律上又は事実上裁判権を行うことができないときは，これを援用することができない。

⑤　将来において生ずる消費者契約に関する紛争を対象とする第1項の合意は，次に掲げる場合に限り，その効力を有する。

　　一　消費者契約の締結の時において消費者が住所を有していた国の裁判所に訴えを提起することができる旨の合意（その国の裁判所にのみ訴えを提起することができる旨の合意については，次号に掲げる場合を除き，その国以外の国の裁判所にも訴えを提起することを妨げない旨の合意とみなす。）であるとき。

　　二　消費者が当該合意に基づき合意された国の裁判所に訴えを提起したとき，又は事業者が日本若しくは外国の裁判所に訴えを提起した場合において，消費者が当該合意を援用したとき。

⑥　将来において生ずる個別労働関係民事紛争を対象とする第1項の合意は，次に掲げる場合に限り，その効力を有する。

　一　労働契約の終了の時にされた合意であって，その時における労務の提供の地がある国の裁判所に訴えを提起することができる旨を定めたもの（その国の裁判所にのみ訴えを提起することができる旨の合意については，次号に掲げる場合を除き，その国以外の国の裁判所にも訴えを提起することを妨げない旨の合意とみなす。）であるとき。

　二　労働者が当該合意に基づき合意された国の裁判所に訴えを提起したとき，又は事業主が日本若しくは外国の裁判所に訴えを提起した場合において，労働者が当該合意を援用したとき。

（応訴による管轄権）

第3条の8　被告が日本の裁判所が管轄権を有しない旨の抗弁を提出しないで本案について弁論をし，又は弁論準備手続において申述をしたときは，裁判所は，管轄権を有する。

（特別の事情による訴えの却下）

第3条の9　裁判所は，訴えについて日本の裁判所が管轄権を有することとなる場合（日本の裁判所にのみ訴えを提起することができる旨の合意に基づき訴えが提起された場合を除く。）においても，事案の性質，応訴による被告の負担の程度，証拠の所在地その他の事情を考慮して，日本の裁判所が審理及び裁判をすることが当事者間の衡平を害し，又は適正かつ迅速な審理の実現を妨げることとなる特別の事情があると認めるときは，その訴えの全部又は一部を却下することができる。

（管轄権が専属する場合の適用除外）

第3条の10　第3条の2から第3条の4まで及び第3条の6から前条までの規定は，訴えについて法令に日本の裁判所の管轄権の専属に関する定めがある場合には，適用しない。

（職権証拠調べ）

第3条の11　裁判所は，日本の裁判所の管轄権に関する事項について，職権で証拠調べをすることができる。

（管轄権の標準時）

第3条の12　日本の裁判所の管轄権は，訴えの提起の時を標準として定める。

〔以下，省略〕

◆主要参考文献◆ （なお，ゴチック体は，本書中に略称で引用したものを示す）

国際取引法

澤田壽夫他『**国際取引法講義**』（有斐閣，1982 年）

遠藤浩＝林良平＝水本浩監修『**現代契約法大系 8 巻** 国際取引契約(1)』（有斐閣，1983 年）

遠藤浩＝林良平＝水本浩監修『**現代契約法大系 9 巻** 国際取引契約(2)』（有斐閣，1985 年）

曽野和明＝山手正史『**国際売買法**』（青林書院，1993 年）

高桑昭＝江頭憲治郎編『**国際取引法**〔第 2 版〕』（青林書院，1993 年）

松岡博編『**現代国際取引法講義**』（法律文化社，1996 年）

甲斐道太郎＝石田喜久夫＝田中英司編『**注釈国際統一売買法 I**』（法律文化社，2000 年）

甲斐道太郎＝石田喜久夫＝田中英司＝田中康博編『**注釈国際統一売買法 II**』（法律文化社，2003 年）

北川俊光＝**柏木**昇『**国際取引法**〔第 2 版〕』（有斐閣，2005 年）

中村秀雄『国際動産売買契約法入門』（有斐閣，2008 年）

木棚照一編『国際取引法〔第 2 版補訂版〕』（成文堂，2011 年）

高桑昭『新版 **国際商取引法**』（東信堂，2019 年）

久保田隆『国際取引法講義〔第 3 版〕』（中央経済社，2021 年）

松岡博編『**レクチャー国際取引法**〔第 3 版〕』（法律文化社，2022 年）

江頭憲治郎『**商取引法**〔第 9 版〕』（弘文堂，2022 年）

国際経済法

松下満雄＝神崎克郎＝岡村堯＝小原喜雄『国際取引と法』（現代経済法講座 10）（三省堂，1991 年）

丹宗昭信＝山手治之＝小原喜雄編『新版 **国際経済法**』（青林書院，1993 年）

松下満雄『**国際経済法**〔第 3 版〕』（有斐閣，2001 年）

中川淳司＝清水章雄＝平覚＝間宮勇『**国際経済法**〔第 3 版〕』（有斐閣，2019 年）

国際私法・国際民事訴訟法

久保岩太郎先生還暦記念論文集『**国際私法の基本問題**』（有信堂，1962 年）

折茂豊『国際私法（各論）〔新版〕』（有斐閣，1972 年）

山田鐐一『国際私法〔第 3 版〕』（有斐閣，2004 年）

溜池良夫『国際私法講義〔第 3 版〕』（有斐閣，2005 年）

木棚照一＝松岡博＝渡辺惺之『国際私法概論〔第 5 版〕』（有斐閣，2007 年）

櫻田嘉章＝道垣内正人編『**注釈国際私法** 第 1 巻』（有斐閣，2011 年）

櫻田嘉章＝道垣内正人編『**注釈国際私法** 第 2 巻』（有斐閣，2011 年）

澤木敬郎＝道垣内正人『**国際私法入門**〔第 8 版〕』（有斐閣，2018 年）

櫻田嘉章『国際私法〔第 7 版〕』（有斐閣，2020 年）

鈴木忠一＝三ケ月章監修『**新・実務民事訴訟講座 7 国際民事訴訟・会社訴訟**』
（日本評論社，1982 年）

澤木敬郎＝青山善充編『国際民事訴訟法の理論』（有斐閣，1987 年）

石川明＝**小島武司編**『**国際民事訴訟法**』（青林書院，1994 年）

高桑昭＝道垣内正人編『**国際民事訴訟法**（財産法関係）』（新・裁判実務大系第 3
巻）（青林書院，2002 年）

本間靖規＝中野俊一郎＝酒井一『**国際民事手続法**〔第 2 版〕』（有斐閣，2012 年）

嶋拓哉＝高杉直編『国際民事手続法』（勁草書房，2022 年）

澤木敬郎＝秌場準一編『**国際私法の争点**〔新版〕』ジュリスト増刊（有斐閣，
1996 年）

道垣内正人＝中西康編『**国際私法判例百選**〔第 3 版〕』別冊ジュリスト 256 号
（有斐閣，2021 年）

条約・法令集等

澤田壽夫編『解説 国際取引法令集』（三省堂，1994 年）

小原喜雄＝小室程夫＝山手治之編著『国際経済条約・法令集〔第 2 版〕』（東信堂，
　2002 年）

澤田壽夫ほか編著『マテリアルズ国際取引法〔第 3 版〕』（有斐閣，2014 年）

事 項 索 引

374

378

著者紹介　　佐野 寛（さの・ひろし）

1978 年　名古屋大学法学部卒業
1993 年　岡山大学法学部教授
現　在　岡山大学名誉教授
〔主要著作〕
「EU 国際私法における製造物責任の準拠法」『法学と政治学の新たなる展開——岡山大学創立 60 周年記念論文集』（有斐閣，2010 年）
「国際企業活動と法」国際法学会編『日本と国際法の 100 年　第 7 巻』（三省堂，2001 年）
「生産物責任の法選択に関する一考察(1)〜(3)」名古屋大学法政論集 91 号，97 号，99 号（1982〜1984 年）

国際取引法〔第 5 版〕
International Trade Law, 5th edition

1992 年 5 月 20 日　初　版第 1 刷発行	2009 年 2 月 10 日　第 3 版補訂 2 版第 1 刷発行
1998 年 7 月 20 日　新　版第 1 刷発行	2014 年 10 月 20 日　第 4 版第 1 刷発行
2006 年 4 月 20 日　第 3 版第 1 刷発行	2023 年　4 月 20 日　第 5 版第 1 刷発行
2008 年 2 月 10 日　第 3 版補訂版第 1 刷発行	

著　者　　佐野　寛
発行者　　江草貞治
発行所　　株式会社有斐閣
　　　　　〒101-0051 東京都千代田区神田神保町 2-17
　　　　　https://www.yuhikaku.co.jp/
装　丁　　与儀勝美
印　刷　　株式会社理想社
製　本　　大口製本印刷株式会社
装丁印刷　株式会社亨有堂印刷所